电子信息技术基础实验教程

梁文海　廖　磊　周晓林　主编

科 学 出 版 社

北　京

内 容 简 介

本书包括电路分析、模拟电子技术、数字电子技术和信号与系统四门电子信息类基础课程实验教学内容。在参考了多所高等院校电子信息类专业基础实验教学大纲基础上，重点选择了38个具有代表性的实验内容。本书分为基础性实验和综合设计性实验，共四部分，第一部分是绪论，主要介绍实验测量基础知识和常用电子仪器设备使用；第二部分是电子技术基础实验，主要介绍电路分析、模拟电子技术和数字电子技术基础实验；第三部分是信号与系统基础实验；第四部分是综合设计性实验，主要介绍模拟电子技术、数字电子技术和信号与系统综合设计性实验。本书引入了MATLAB仿真实验内容，加强了仿真技术在课程实验教学中的应用。

本书可作为高等院校电子信息工程、通信工程、电气工程及其自动化、计算机科学与技术、测控技术与仪器、机械设计及其自动化、物理学等专业的实验课程教材，也可作为学生课程设计和电子设计与制作等实践性教学活动用书。

图书在版编目（CIP）数据

电子信息技术基础实验教程 / 梁文海，廖磊，周晓林主编. —北京：科学出版社，2014.9

ISBN 978-7-03-041148-8

Ⅰ. ①电… Ⅱ. ①梁… ②廖… ③周… Ⅲ. ①电子技术–实验–高等学校–教材 Ⅳ. ①TN-33

中国版本图书馆CIP数据核字(2014)第130381号

责任编辑：李小锐　杨　岭 / 责任校对：刘亚琦

责任印制：余少力 / 封面设计：墨创文化

科学出版社 出版

北京东黄城根北街16号

邮政编码：100717

http://www.sciencep.com

四川煤田地质制图印刷厂 印刷

科学出版社发行　各地新华书店经销

*

2014年9月第　一　版　开本：787×1092 1/16

2016年1月第二次印刷　印张：13.75

字数：330 000

定价：39.00元

（如有印装质量问题，我社负责调换）

本书编委会

主编：梁文海　廖　磊　周晓林

编委：孙三山　卫萌菡　麦　文

　　　汪文蝶　陈冰洁　赵仕良

统稿：周晓林

前　言

电路分析、模拟电子技术基础、数字电子技术基础和信号与系统是电子信息工程、通信工程、电气工程及其自动化等电子信息类专业的重要基础理论课程。对培养学生电子技术基本技能与综合应用能力有着非常重要的作用，同时也是学生学习后续专业课程的重要基础。

本书在保证基础性、系统性的前提下，力求体现实验内容的典型性、实用性和可操作性。本书引入了 MATLAB 仿真实验内容，加强了仿真技术在课程实验教学中的应用。在编写过程中，参考了多所高等院校电子信息类专业基础实验教学大纲和实验项目，并选取了 38 个具有典型性和代表性的实验项目，其中基础实验项目 26 项，综合设计性实验项目 12 项。基础实验项目紧密结合课堂教学内容与实践教学环节，精选部分经典案例作为实验内容；综合设计部分体现了一定的设计性、综合创新性和实用性。本书实验项目基本涵盖了电子技术基础和信号与系统课程的主要知识点。

本书分为四部分，共 9 章。第一部分是绪论，包括实验测量基础知识和常用电子仪器设备使用两章；第二部分是电子技术基础实验，包括电工与电路理论基础实验、模拟电子技术基础实验和数字电子技术基础实验三章，共 21 个基础实验项目；第三部分是信号与系统基础实验，共 5 个基础实验项目；第四部分是综合设计性实验，包括模拟电子技术综合设计性实验、数字电子技术综合设计性实验和信号与系统综合设计性实验三章，共 12 个综合设计性实验项目。

本书由梁文海、廖磊和周晓林完成组稿、修改和统稿工作。其中第 1 和第 7 章由梁文海编写，第 2 和第 4 章由孙三山编写，第 3 章由卫萌菡和麦文编写（麦文执笔 3.8 节），第 5 章由廖磊和汪文蝶编写（汪文蝶执笔 5.5、5.6 和 5.7 节），第 6 章由陈冰洁和赵仕良编写（赵仕良执笔 6.3 和 6.4 节），第 8 章由廖磊编写，第 9 章由陈冰洁和赵仕良编写（赵仕良执笔 9.1 节）。

本书在编写过程中参阅了浙江天煌科技实业有限公司和启东新科教电子仪器厂的相关技术资料，同时得到了四川师范大学物理与电子工程学院电子教研室老师的大力支持和帮助，在此一并表示感谢。

本书在编写中力求简洁、易懂，但限于编者能力和水平有限，书中必存不妥之处，恳请广大读者批评指正。

编　者

2014 年 6 月 10 日

目　　录

第一部分　绪　　论

第二部分　电子技术基础实验

第三部分 信号与系统基础实验

第四部分 综合设计性实验

第一部分　绪　　论

第 1 章　实验测量基础知识

1.1　电子电路中测量的电参数

电子电路的主要参数有电能量的测量、电子元器件参数的测量、电信号特征的测量、电路性能的测量和特性曲线的测量五类。电子信息基础实验就是通过各种电子测量仪器设备对电路的参数进行测量或调整，以验证或测试电子线路的特性，并在反复的实验过程中掌握测量的基本原理和测量方法。

电子电路中测量的主要参数如下。

1）电能量的测量

电能量的测量包括电流、电压、功率和电场强度等的测量。

2）电子元器件参数的测量

电子元器件参数的测量包括电阻、电感、电容、阻抗的品质因数和电子器件的参数等的测量。

3）电信号特征的测量

电信号特征的测量包括信号的波形、周期、频率、相位、频谱、时间、失真度、调制度、噪声和数字信号的逻辑状态等的测量。

4）电路性能的测量

电路性能的测量包括放大电路放大倍数、灵敏度、衰减系数、噪声系数和通频带等的测量。

5）特性曲线的测量

特性曲线的测量包括如三极管的输入特性曲线、输出特性曲线、二极管特性曲线以及放大器的幅频特性曲线与相频特性曲线等的测量。

电子电路实验测量是以频率测量、电压测量、阻抗测量为重点，对它们的测量是其他许多派生参数测量的基础。掌握好测量这些参数的基本原理与测量方法，并了解用于测量这些参数的电子仪器设备的基本工作原理与使用方法是本书的基本要求之一。

1.2　测量的基本方法

在实验过程中，为了得到正确的测量结果，需要正确地选择测量的仪器设备和测量的方法。实验中的测量方法有很多种，下面介绍几种常用的测量方法。

1. 按测量方式分类

1）直接测量

直接测量是指在测量过程中能直接从仪器、仪表上读出测量结果。例如，使用数字频率计测量输入信号的频率，用万用表电阻挡测量电阻的阻值，用晶体管毫伏表测量输入信号的有效值等。直接测量的测量过程简单迅速，是实验中常用的测量方法。

2）间接测量

先直接测量出与被测量有确定函数关系的量，再通过函数计算出被测量的测量方法称为间接测量。例如，测量电路中流过某已知阻值电阻（设其阻值为 R）的直流电流时，常采用间接测量法。首先直接测量出该电阻两端的电压 U_R，再根据式（1-1）就可以计算出流过该电阻的电流 I_R。

$$I_R=\frac{U_R}{R} \tag{1-1}$$

在以上测量情况中，采用间接测量的方法优于直接测量。因为采用间接测量方法可以不必切断支路串入电流表，该测量方法常用在测量三极管放大电路中测量静态时的基极电流、集电极电流和发射极电流等。

3）组合测量

当被测量与几个未知量有关，且测量一次无法计算出被测量时，可以通过改变测量条件进行多次测量，然后根据被测量与未知量的函数关系列方程组，求解方程组解出被测量。它是一种兼有直接测量和间接测量的方法。

2. 按测量的性质分类

1）时间域测量

时间域测量是指测量随时间变化的被测量的特性，被测量是时间的函数。例如，用示波器观测输入正弦波信号的峰值、周期等参数。

2）频域测量

频域测量是指测量随频率变化的被测量的特性，被测量是频率的函数。例如，通过扫频仪测量放大器的幅频特性。

3）数据域测量

数据域测量是指对数字系统数字量进行的测量。例如，用逻辑分析仪观测微处理器数据总线、地址总线和控制总线上的信号，并分析其逻辑状态、时序等。

4）随机测量

随机测量是目前较新的测量技术，主要是对各种噪声信号、干扰信号进行测量和统计分析。

1.3 测量误差基本知识

1. 测量误差的来源

在测量过程中，由于各种原因，测量结果与被测量的客观真值之间总存在一定的差值，即测量的误差。所有的测量都存在误差，引起误差的原因是多方面的。下面介绍几种在电子线路实验中常见的误差和减小的方法。

1）仪器误差

仪器误差是测量仪器、仪表本身的电气性能或机械性能不完善产生的。例如，元器件老化、机械部件磨损、零点偏移以及仪器仪表内部的标准量不稳定等因素引起的误差均属于仪器误差。

2）人身误差

人身误差是测量者感官分辨率、测量习惯以及测量过程中不够仔细等因素引起的。例如，运用指针式电压表测电压时，若测量者未正对指针而将头偏左，则测量的读数值偏大；反之，则读数偏小。要减小人身误差，必须养成正确的测量习惯、严谨认真的态度，并加强责任心。

3）环境影响误差

环境影响误差是指环境的温度、湿度、电磁干扰、机械振动等因素造成的误差。要减小环境影响误差，应选择符合要求的实验室进行测量。例如，测试过程中若要尽可能减小电磁干扰，可以选择在电磁屏蔽室中进行测量。

4）测量方法误差

测量方法误差是指测量过程中，使用的方法不合理或不完善而引起的误差。例如，使用低输入阻抗的电压表测量高输入阻抗电路的输入电压时，电压表分流会给测量结果带来较大误差。减小测量方法误差的方法是改进测量方法，严格按照仪器的操作要求，选择合适的测量量程。

2. 测量误差的表示方法

1）绝对误差

绝对误差等于被测量的示值 x 与被测量的真值 A_0 之差，用 Δx 表示，则绝对误差为

$$\Delta x = x - A_0 \tag{1-2}$$

由式（1-2）可知，绝对误差的单位与测量值的单位相同，而且绝对误差是可正、可负的数值，其大小和正负分别表示测量值偏离被测量真值的程度和方向。当绝对误差为正值时，测量值偏大；反之，测量值偏小。

由于被测量的真值是客观存在的一个确定数值，是被测量在一定时间和环境下的真实量值，是一个理想值。一般情况下难于确定，只能通过测量或测量处理后的值接近真值。通常，可以采用高一级标准测量仪器的测量值或用多次测量求得的平均值 A 代替真值 A_0，则绝对误差可表示为

$$\Delta x = x - A \tag{1-3}$$

与绝对误差的大小相等、符号相反的值称为修正值，用 C 表示，则

$$C = -\Delta x = A - x \tag{1-4}$$

修正值是通过检定，由上一级标准以表格、曲线、公式或数字等形式提供的。在实际测量中，利用修正值可算出被测量的实际值 A，即

$$A = x + C \tag{1-5}$$

例 1-1 用电压表 2V 挡测量电压时，电压表的读数为 1.625V，而该表在检定时，2V 挡的修正值为–0.002V，则被测电压的实际值为多少？

解 由式（1-5）可得被测电压实际值为

$$A = 1.625\text{V} + (-0.002\,\text{V}) = 1.623\,\text{V} \tag{1-6}$$

现在的智能化测试仪器、仪表中，修正值预先存入设备中或通过键盘预设入仪器中，测试仪器会自动对误差进行修正，仪器示值就是被测量的实际值。

2）相对误差

绝对误差可以表示测量值偏离被测量实际值的程度，但不能反映测量的精确度。

例 1-2 测量甲、乙两正弦信号的频率，测得甲信号的频率 f_1 为 100Hz，测量的绝对误差 Δf_1 为 1Hz；测得乙信号的频率 f_2 为 10^6Hz，测量的绝对误差 Δf_2 也为 1Hz。

从例 1-2 可以看出两次测量的绝对误差相等，但哪一种测量更精确？

在实验或工程中，常采用相对误差来反映测量结果的精确程度，相对误差通常用百分数表示，可分为实际相对误差、示值相对误差和满度相对误差。

（1）实际相对误差。

相对误差定义为绝对误差 Δx 与被测量真值 A_0 的百分比值，用 γ_0 表示，则

$$\gamma_0 = \frac{\Delta x}{A_0} \times 100\% \tag{1-7}$$

它仅反映相对误差的定义，因被测量的真值无法得到，没有实际应用意义。实际应用中，通常采用实际相对误差，实际相对误差是用绝对误差与被测量实际值的百分比值来表示，即

$$\gamma_A = \frac{\Delta x}{A} \times 100\% \tag{1-8}$$

在例 1-1 中，Δx 为 0.002V，被测电压的实际值 A 为 1.623V，则

$$\gamma_A = \frac{0.002}{1.623} \times 100\% = 0.123\% \tag{1-9}$$

（2）示值相对误差。

用绝对误差 Δx 与被测量的测量值 x 的百分比值来表示的相对误差称为示值相对误差，即

$$\gamma_x = \frac{\Delta x}{x} \times 100\% \tag{1-10}$$

在例 1-2 中，甲、乙两正弦信号频率测量示值相对误差 γ_1、γ_2 分别为

$$\gamma_1 = \frac{\Delta f_1}{f_1} \times 100\% = \frac{1}{100} \times 100\% = 1\% \tag{1-11}$$

$$\gamma_2 = \frac{\Delta f_2}{f_2} \times 100\% = \frac{1}{10^6} \times 100\% = 0.0001\% \tag{1-12}$$

从式（1-11）和式（1-12）可以看出：甲、乙两正弦信号频率测量的绝对误差相等，但示值相对误差不等，乙信号的示值相对误差远远小于甲信号的示值相对误差，即对乙信号的测量准确度远高于甲信号。

（3）满度相对误差。

满度相对误差是用绝对误差 Δx 与仪器满刻度值 x_m 的百分比值来表示的，即

$$\gamma_m = \frac{\Delta x}{x_m} \times 100\% \tag{1-13}$$

常用电工仪表准确度等级 S 就是用满度相对误差 γ_m 表示的，如电工仪表分为±0.1、±0.2、±0.5、±1.0、±1.5、±2.5、±5.0 七级。例如，某电压表为±0.1 级，表示它的满度相对误差的绝对值不大于 0.1%。根据满度相对误差定义可得

$$|\Delta x| \leqslant |x_m \times S\%| \tag{1-14}$$

例 1-3　用一台满度值为 5A，1.5 级的电流表测量电路中的电流，显示值为 1.500A，求测量的示值相对误差。

解　根据式（1-14）测量的绝对误差为

$$|\Delta x| \leqslant 5\text{A} \times 1.5\% = 0.75\text{A}$$

则测量的示值相对误差为

$$|\gamma_A| \leqslant \frac{|\Delta x|}{A} \times 100\% = \frac{0.075}{1.500} \times 100\% = 5\%$$

3. 实验数据处理

在实验过程中测得的实验数据都要进行处理。常用的处理方法有误差位对齐法和有效数字表示法。

1）误差位对齐法

仪器、仪表测量误差的小数点后面有几位，则测量数据的小数点后面也应取几位。

例 1-4　用一块 0.1 级的电压表测量电路中某电阻两端的电压，当量程为 20V 时，由 3 位同学分别测得的电压为 12.53V、12.57V、12.56V，则该电压的平均值为多少？

解　该电压表在 20V 挡的最大绝对误差为

$$\Delta x_m = x_m \times S\% = 20\text{V} \times 0.1\% = 0.02\text{V}$$

则该电压平均值小数点后也应取 2 位，即

$$\bar{x} = \frac{12.53\text{V}+12.57\text{V}+12.56\text{V}}{3} = 12.55\text{V}$$

2）有效数字表示法

（1）数字的舍入规则。

为了使正、负舍入误差出现的概率大致相等，通常采用近似古典四舍五入规则保留有效数字的位数。其规则为：小于 5 舍，大于 5 进，等于 5 时看奇偶。具体舍入规定为：以保留数字的末位为单位，末位后面的数大于末位的 0.5 时，末位进 1；小于末位的 0.5 时，末位不变；等于末位的 0.5 时，如果末位为奇数则末位进 1，末位为偶数则末位不变。该舍入规则克服了古典四舍五入规则中，末位后面的数刚好为末位的 0.5 时，只入不舍的缺点。

（2）有效数字。

测量中总是存在误差，所以用以表示测量结果的数是近似数。当用这个数表示一个

量时，通常规定误差绝对值不得超过该近似数末位的半个单位，则该近似数从左边第一个不为零的数字到最末一位数为止的全部数字，称为有效数字。例如，末位数字是个位，则误差绝对值不大于 0.5，末位数字是十位，则误差绝对值不大于 5，如 0.03650 就是 4 位有效数字。有效数字的位数表达了一定的测量准确度，所以末位的零不能随便添减。例如，测量某信号频率，其测量结果是 50.560Hz，则表示测量误差绝对值不大于 0.0005 Hz，如果写为 50.56Hz，则表示测量误差绝对值不大于 0.005 Hz。

1.4 思 考 题

（1）试分析实验测量过程中主要误差来源及减小方法？

（2）什么是绝对误差？什么是相对误差？绝对误差和相对误差的区别和联系是什么？

第 2 章　常用电子仪器设备使用

在电子信息技术实验中，经常会使用一系列专用仪器和设备来测量和分析电子线路系统的静态和动态指标，并对一些常用的电子器件进行测试。熟悉仪器和设备的工作原理，掌握其基本功能和操作，正确选择合适的电子器件，是顺利开展各项实验的基础和前提。图 2-1 展示了常用电子仪器在电路测试中的一般连接示意。

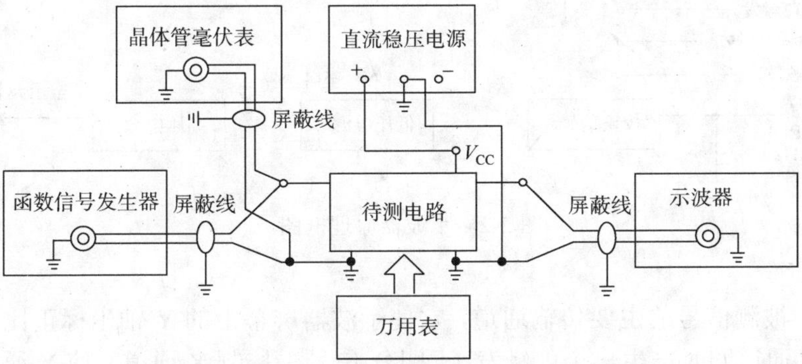

图 2-1　电子线路系统测试仪器一般连接示意图

本章将对图中涉及的示波器、函数发生器、直流稳压电源、晶体管毫伏表、万用表等的原理、功能和使用进行详细讲述。

2.1　示　波　器

2.1.1　示波器的基本原理

示波器是一种用途广泛的电子测量仪器，主要用来观察信号的波形。本部分主要分析阴极射线管（cathode ray tube，CRT）示波器，其主要由主机、Y 通道（垂直通道）和 X 通道（水平通道）三部分组成，其内部结构如图 2-2 所示。

1）主机部分

示波器的主机部分又包括示波管、Z 通道、校准信号源和电源四部分。示波管可理解成示波器的密闭显示器，里面由电子枪从 Z 轴打出电子，穿过由 X、Y 两轴偏转极板所部署的电场，射在荧光屏上发出辉光。Z 通道是电子射出的通道，可用来传输和增大辉光信号。校准信号源是一个幅度和频率准确的已知内部信号源，用以校准示波器的 X、Y 轴刻度，也可作为标准信号源输出使用。电源部分为示波器内部各基本电路提供低压电源，为示波管电路提供高压电源。

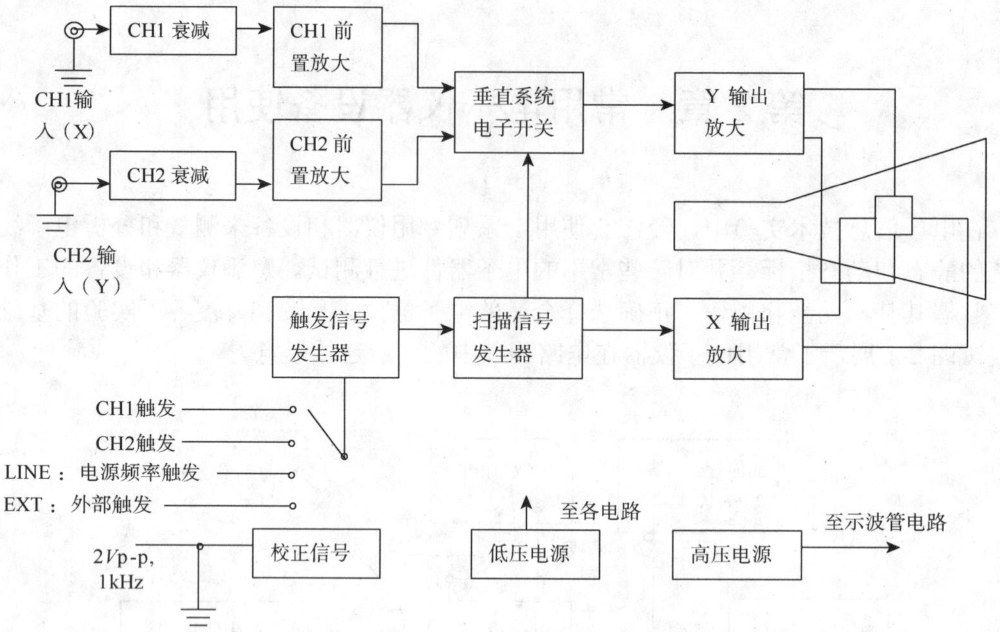

图 2-2 示波器原理框图

2）Y 通道

Y 通道是被测信号的主要传输通道，它使示波器屏幕上的 Y 轴坐标正比于信号的电压瞬时值。Y 通道同时产生一个内触发（同步）信号去控制 X 通道，使 X 通道内的扫描发生器产生的锯齿波信号与被测信号同步。

3）X 通道

X 通道为示波器产生与触发信号有固定时间关系的锯齿波电压（或称为扫描电压）。这个电压加到示波器的 X 轴偏转板上，使电子束沿水平方向随时间线性偏移，形成时间基线。

4）波形显示原理

当示波管的垂直和水平偏转板都没有加电压时，电子束穿过它们之间将不发生偏转，直接射至荧光屏，而在其中心位置上出现一个亮点。如果只在垂直偏转板上加电压，则电子束受电场力作用而发生垂直偏转，这时亮点沿垂直方向移动。同理，如果只在水平偏转板上加直流电压，亮点将在水平方向移动，偏移的距离与加在两偏转板上的电压成正比。当两对偏转板上同时加直流电压时，亮点将按电场合力的方向移动。因此，只要在两对偏转板上加不同极性、不同大小的直流电压，亮点就能显示在屏幕的任何位置上。示波器面板上的“垂直位移”和“水平位移”旋钮就是调节这两对偏转板上直流电压的电位器。

由于偏转板上的电压能控制电子束在荧光屏上移动的轨迹，即亮点显示在荧光屏上的位置。若在示波器的 Y 轴输入端加上一个正弦电压信号 U_Y，电子束的垂直偏转距离则正比于正弦信号的瞬时值；同时再在示波管的水平偏转板上加上一个锯齿波电压信号 U_X，因电子束的水平偏转距离正比于时间，这样，在示波管的屏幕上就会显示出正弦信号的波形。

2.1.2 示波器的功能按钮说明

下面以模拟双踪示波器 GOS-630FC 为例说明示波器的基本使用，该示波器面板示意图如图 2-3 所示。

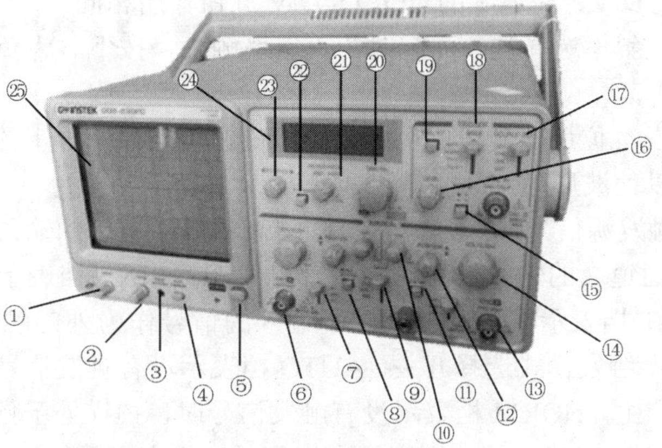

图 2-3　模拟双踪示波器面板示意图

面板示意中各标注号含义如下。

①INTEN。轨迹显示亮度调节旋钮。

②FOCUS。轨迹显示聚焦调节旋钮。

③TRACE ROTATION。轨迹显示水平调节钮，需要用螺丝刀旋转调节。

④AUTO TIMEBASE。在频率计数器稳定计频时，切换扫描时间至合适挡位。

⑤POWER。电源主开关。

⑥CH1（X）。通道 1 的垂直输入端，在 X-Y 模式下，为 X 轴的信号输入端。

⑦AC-GND-DC。输入信号的耦合选择开关，其中 AC 挡表示输入信号电容耦合，只允许交流信号输入；GND 挡表示输入端直接接地，隔离信号输入；DC 挡表示输入信号直流耦合，即允许交流信号和直流信号叠加输入。

⑧ALT-CHOP。在双轨迹模式下，按下此键，通道 1 和通道 2 的信号以切割方式显示（一般用于较慢速的水平扫描文件位）；弹起此键，通道 1 和通道 2 的信号以交替方式显示（一般用于较快速的水平扫描文件位）。正常测试情况下，保持该键弹起。

⑨VERTICAL MODE。用于控制通道 1 和通道 2 的波形显示状态。其中，CH1 挡表示只显示通道 1 的波形，CH2 挡表示只显示通道 2 的波形，DUAL 挡表示同时显示通道 1 和通道 2 的波形，ADD 档表示将通道 1 和通道 2 的信号进行线性叠加后再显示。

⑩VAR。通道 2 的灵敏度控制旋钮，可控制波形幅值的显示比例，最少可调至显示值的 1/2.5。把该旋钮旋至最右边时（CAL 位置），灵敏度就是挡位显示值，在显示屏上对波形进行读数测量才准确。通道 1 的 VAR 旋钮作用相同。因此，在正常的测量情况下，都要求把该旋钮旋至最右边。

⑪CH2 INV。通道 2 的信号反向控制按钮。按钮按下状态时，通道 2 的信号反向显示。与 ADD 挡配合使用，可实现通道 1 和通道 2 的信号相减运算。

⑫上、下 POSITION。通道 2 的垂直位置调节旋钮，可实现显示波形的上、下移动。通道 1 的 POSITION 旋钮作用相同。

⑬CH2（Y）。通道 2 的垂直输入端，在 X-Y 模式下，为 Y 轴的信号输入端。

⑭VOLTS/DIV。通道 2 的垂直测量挡位调节旋钮，用于控制通道 2 的波形显示比例，范围为 1×10^{-3}～5V/DIV。通道 1 的 VOLTS/DIV 旋钮作用相同。

⑮SLOPE。触发斜率选择键，弹起时为正斜率触发，按下时为负斜率触发。一般情况下，选择将该键弹起。

⑯LEVEL。触发准位调整旋钮，也称为同步旋钮。当显示屏上的波形左右移动时，通过旋转该旋钮可以使波形静止。

⑰SOURCE。触发源信号选择开关。CH1 挡表示以通道 1 的输入信号作为内部触发源，CH2 挡表示以通道 2 的输入信号作为内部触发源；LINE 挡表示以 AC 电源线频率作为触发信号；EXT 挡表示将 TRIG.IN 端子输入的信号作为外部触发信号源。

⑱TRIG.MODE。触发模式选择开关。AUTO 挡表示没有触发信号或触发信号的频率过小时，扫描自动产生。NORM 档表示没有触发信号时，扫描处于预备状态，屏幕不显示任何波形。TV-V 挡和 TV-H 挡分别表示电视信号的垂直画面信号和水平画面信号。

⑲TRIG.ALT。触发源交替设定按键。当采用双踪显示或相加显示时，若 SOURCE 开关置于 CH1 挡或 CH2 挡，示波器自动设定通道 1 和通道 2 的信号以交替方式轮流作为内部触发信号源。

⑳TIME/DIV。扫描时间调节旋钮，用于选择信号波形的水平方向测量挡位。

㉑SWP.VAR。扫描时间的灵敏度控制旋钮，可控制波形周期的显示比例，最长可延长至显示值的 2.5 倍。把该旋钮旋至最右边时（CAL 位置），灵敏度就是挡位显示值，在显示屏上对波形进行读数测量才准确。因此，在正常的测量情况下，要求把该旋钮旋至最右边。

㉒×10 MAG。水平放大键，该键按下时可将扫描时长放大 10 倍。正常的测量情况下，要求该键保持弹起状态。

㉓左、右 POSITION。水平位置调节旋钮，可实现显示波形的左、右移动。

㉔LCD 显示屏。用于显示信号的周期、频率、垂直挡位量程等信息。

㉕CRT 显示屏。用于显示信号的波形。

㉖其他。在面板的左下角有一个金属环片，会对外输出一个峰峰值为 2V，频率为 1kHz 的标准方波信号，用于校准示波器的灵敏度。在面板的两个信号输入端之间有一个示波器的接地端子。在面板的右上角有一个 TRIG.IN 端子，用于接收外部输入的信号作为外部触发信号源。

2.1.3 示波器的简单使用

示波器的基本使用流程如下。

（1）打开电源开关，将 VERTICAL MODE 开关拨至 CH1，且将 SOURCE 拨至 CH1，将 TRIG.MODE 拨至 AUTO，其余按键均弹起，待 CRT 显示屏出现一水平亮线时，调整 INTEN 适中，调整 FOCUS 适中，将 AC-GND-DC 拨至 GND，通过上、下 POSITION 将亮线调至屏幕中央。然后将 AC-GND-DC 拨至 AC，接入示波器自带的方波信号至 CH1，读取 LCD 屏信息来测量波形的周期和幅度，若与标示值不符，再调整垂直或水平的灵敏度旋钮。

（2）完成上述校准步骤后，可接入各种信号进行测量。为了说明测量时的读数规则，以图 2-4 为例加以说明。图 2-4 中，由于是双通道交流信号输入，所以将 VERTICAL MODE 拨至 DUAL 挡，将 AC-GND-DC 拨至 AC 挡，然后将 CH1 的探头接至待测信号 1，将 CH2 的探头接至待测信号 2。分别调整 CH1 和 CH2 的 VOLTS/DIV 旋钮，使其信号的波峰和波谷均能正常显示在显示屏中。再调整 TIME/DIV 旋钮，以显示屏能显示出 2～3 个周期波形为宜。最后调整 LEVEL 旋钮，使其波形能够静止在显示屏中。读数时，若 CH1 的 VOLTS/DIV 显示为 S_{Y1}，CH2 的 VOLTS/DIVS 显示为 S_{Y2}，分别数出 CH1 和 CH2 信号的波峰至波谷的格数 D_1 和 D_2，则 CH1 和 CH2 的信号峰-峰值（V_{p-p}）为

$$V_{p\text{-}p\text{-}CH1} = D_1 \times S_{Y1} \tag{2-1}$$

$$V_{p\text{-}p\text{-}CH2} = D_2 \times S_{Y2} \tag{2-2}$$

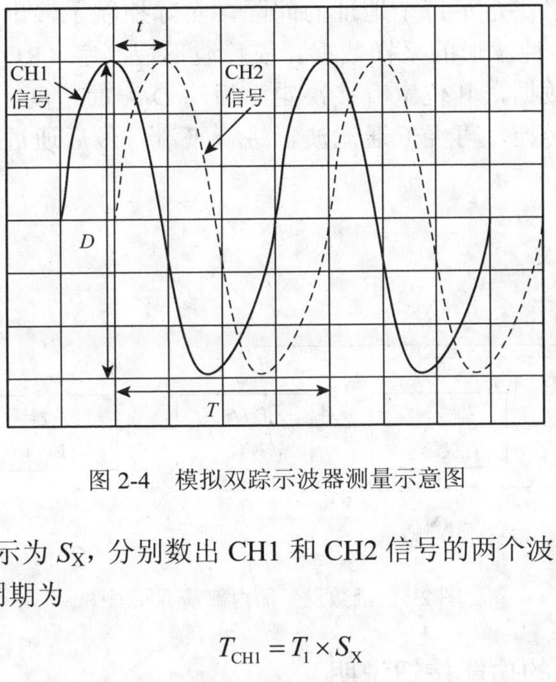

图 2-4　模拟双踪示波器测量示意图

若 TIME/DIV 显示为 S_X，分别数出 CH1 和 CH2 信号的两个波峰的格数 T_1 和 T_2，则 CH1 和 CH2 的信号周期为

$$T_{CH1} = T_1 \times S_X \tag{2-3}$$

$$T_{CH2} = T_2 \times S_X \tag{2-4}$$

显然 CH1 和 CH2 的信号频率为

$$f_{CH1} = 1 / T_{CH1} \tag{2-5}$$

$$f_{CH2} = 1 / T_{CH2} \tag{2-6}$$

最后，数出 CH1 和 CH2 信号的首个波峰间隔 t 格，则 CH1 和 CH2 信号的相位差为

$$\Delta\phi = \frac{2\pi}{S_X} \times t \tag{2-7}$$

2.2　函数发生器

2.2.1　函数发生器的基本原理

函数发生器主要用来产生各种不同波形的测试信号，从而对目标电路系统进行特性测试。传统的函数发生器一般只产生三角波、方波和正弦波三种波形，内部结构由振荡器、波形变换器和输出电路三部分组成，且目前主要由一些集成芯片来完成。而随着可编程器件的迅速发展，越来越多的函数发生器采用直接数字频率合成（direct digital synthesizer，DDS）技术来实现，频率精度和幅度精度都有了较大提高。这类数字式的函数发生器，主要包括相位累加器，波形数据 ROM 和 D/A 转换输出等部分，如图 2-5 所示。其中，相位累加器输出的是读取波形数据 ROM 的地址信号，频率控制字决定了每个地址的间隔，实际控制了输出信号的频率。波形数据 ROM 用于存放各种波形的采样数据。依赖波形控制字，ROM 中实现了分区，每一区存储一种波形数据，其位宽直接决定了后端 D/A 的精度。D/A 将 ROM 读出的采样数据进行模数转换，再经低通滤波器进行平滑，最后通过比较器得到标准的模拟信号输出。

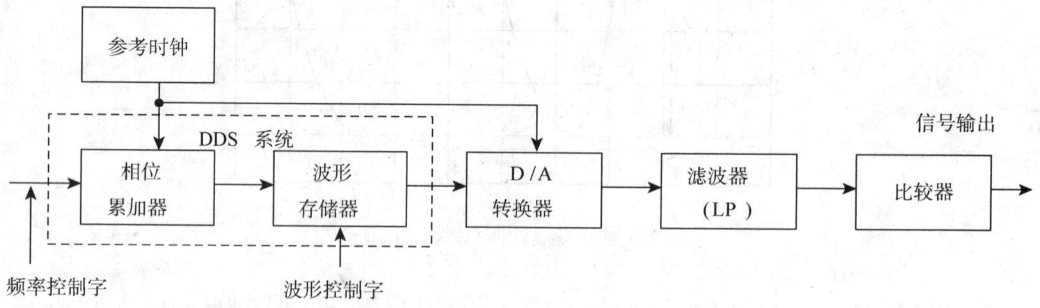

图 2-5　函数发生器内部基本原理图

2.2.2　函数发生器的功能按钮说明

下面介绍 DDS 函数发生器 DF1405 的基本使用，其面板示意图如图 2-6 所示。

面板示意中各标注号含义如下。

（1）功能按键区。此区域分布了 14 个多功能按键，每个按键的基本功能标注在键面上，要实现其基本功能，只需要按下该键。大多数按键有第二功能，用蓝色字体标注在按键上方。要实现其第二功能，需要先按下蓝色的 shift 键后再按下该键。部分按键还具有单位功能，单位标注在按键下方。要实现其单位功能，只有先按下数字键后，再按下相应的单位键。各主要按键功能如下。

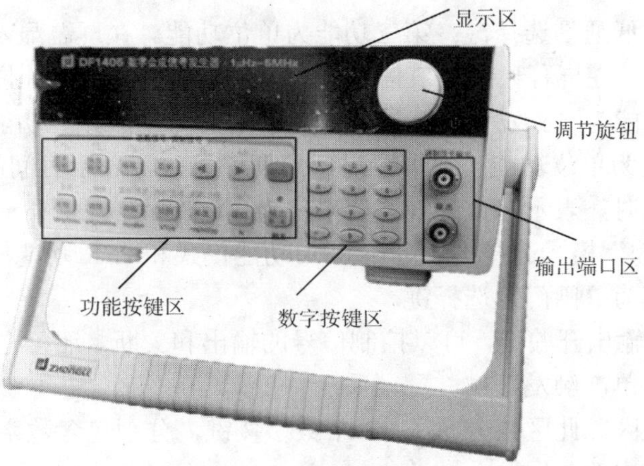

图 2-6　函数发生器面板示意图

①频率/周期。用于信号频率和周期的显示切换。当函数发生器开机时，会自动显示输出信号的频率信息，按下此键，可切换至该信号的周期显示。再按下此键，再切换至该信号的频率显示。在按下 shift 键后，再按下此键，向外输出正弦波形。

②幅度/脉宽。用于信号幅度和脉宽的显示切换。按下此键，显示输出信号的幅值信息。当输出信号为方波信号时，按下此键，可从幅值信息切换至脉宽信息。在按下 shift 键后，再按下此键，向外输出方波。

③偏移。按下此键，切换至直流电压偏移量的显示。在按下 shift 键后，再按下此键，向外输出三角波。

④菜单。按下此键，进入菜单选择界面。在按下 shift 键后，再按下此键，向外输出升锯齿波。

⑤←键。按下此键，使屏幕中闪烁显示的数字左移一位。在按下 shift 键后，再按下此键，向外输出脉冲波形。

⑥→键。按下此键，使屏幕中闪烁显示的数字右移一位。在按下 shift 键后，再按下此键，向外输出任意波形。

⑦shift 键。和其他按键配合使用，实现该按键的第二功能。

⑧点频。主功能为“点频”选择，第二功能为“系统”选择，第三功能为单位功能。在屏幕显示频率信息时，表示频率的单位为“MHz”；在屏幕显示偏移信息时，表示幅值的有效值单位为“Vrms”。

⑨调频。主功能为“调频”选择，第二功能为“程控”选择，第三功能为单位功能。在屏幕显示频率信息时，表示频率的单位为“kHz”；在屏幕显示偏移信息时，表示幅值的有效值单位为“mVrms”。

⑩调幅。主功能为“调幅”选择；第二功能为“储存”选择，在“测频”功能下，还作为“衰减”选择键；第三功能为单位功能。在屏幕显示频率信息时，表示频率的单位为“Hz”，在屏幕显示偏移信息时，表示幅值的单位为“dBm”。

⑪扫频。主功能为“扫频”功能选择；第二功能为“调用”功能选择，在“测频”

功能下，还作为“低通”选择键；第三功能为单位功能。在屏幕显示周期信息时，表示时间的单位为“s”，在屏幕显示幅值信息时，表示幅值的峰峰值单位为“Vpp”。

⑫猝发。主功能为“猝发”功能选择；第二功能为“测频”功能选择和“计数”功能选择；第三功能为单位功能。在屏幕显示周期信息时，表示时间的单位为“ms”，在屏幕显示幅值信息时，表示幅值的峰峰值单位为“mVpp”。

⑬键控。“键控”模式选择键，可在 FSK 功能模式和 PSK 功能模式间切换。在“测频”功能下，还作为“闸门”选择键。

⑭输出。信号输出开关键，可以控制信号的输出和关断。还可在“猝发”和“扫描”功能模式下作为“单次触发”键。

（2）数字按键区。此区域分布了 12 个数字按键，分别包含数字 0～9，小数点号和负号，主要用于用户的数据输入。

（3）输出端口区。此区域分布了两个输出端口，分别是“调制信号输出”端口和“输出”端口。“调制信号输出”端口向外输出经调频、调幅、FSK、PSK 等调制处理后的信号波形，而“输出”端口则向外输出普通信号波形。

（4）调节旋钮。通过旋转该旋钮，改变显示区中闪烁显示的数字大小，从而改变输出信号的各项指标。同时也可作为函数发生器的电源软开关，按住旋钮 2s，可实现函数发生的开机和关机。

（5）显示区。用于显示输出信号的各项指标。在多功能按键的配合使用下，可切换显示输出信号的波形、频率、周期、电压峰峰值、电压偏移量等多项信息。同时也可显示按键操作中的标记，如调频（FM）、调幅（AM）、猝发（burst）、扫频（sweep）等信息。

2.2.3　函数发生器的简单使用

函数发生器的基本使用流程如下。

（1）打开函数发生器背部的电源开关，屏幕短暂显示“WELCOME”字样后，显示输出信号的波形为正弦波“∿”，频率为“10.0000…kHz”，且“输出开/关”按键上方的指示灯变为绿色，说明此时有信号输出，函数发生器工作正常。

（2）要改变信号的输出波形，可以利用 shift 键和其他多功能按键进行配合操作。要改变信号的频率、周期和幅度等参数，先利用主功能键切换至相应的显示界面。例如，可以按下“幅度/脉宽”键进入幅值显示界面，屏幕显示“2.000Vpp”。然后可以发现屏幕上有某一位数字闪烁显示，此时旋转“调节旋钮”，可线性增大或减小该闪烁位的值，从而改变信号输出的幅值。

（3）如果改变其他数位的值，可利用“←”键和“→”键将闪烁数位左移和右移，然后旋转“调节旋钮”。如果需要快速调整这些参数，可以在相应的显示界面下，直接通过数字按键区输入想要得到的值，然后再加上相应的单位。例如，要使信号输出 3.5Vpp 的幅值时，可以依次按下“3”键、“.”键、“5”键、“扫频”键。此时“扫频”键是第三功能，单位为“Vpp”。

（4）如果其中发生误操作，可以利用“点频”键恢复到先前的初始状态。一般情况下，信号的输出探头都接在“输出”端口。

2.3　直流稳压电源

2.3.1　直流稳压电源的基本原理

直流稳压电源主要用来为电路系统提供工作电压。按工作原理分为两类，一类是线性电源，另一类是开关电源。这两类电源各有特点，以适应不同的使用要求。线性电源具有较高的性能指标，它的稳定度和纹波系数可达 10^{-7}～10^{-6}。而作为仪器仪表用途的直流稳压电源多数属于线性电源，其典型原理结构如图 2-7 所示。

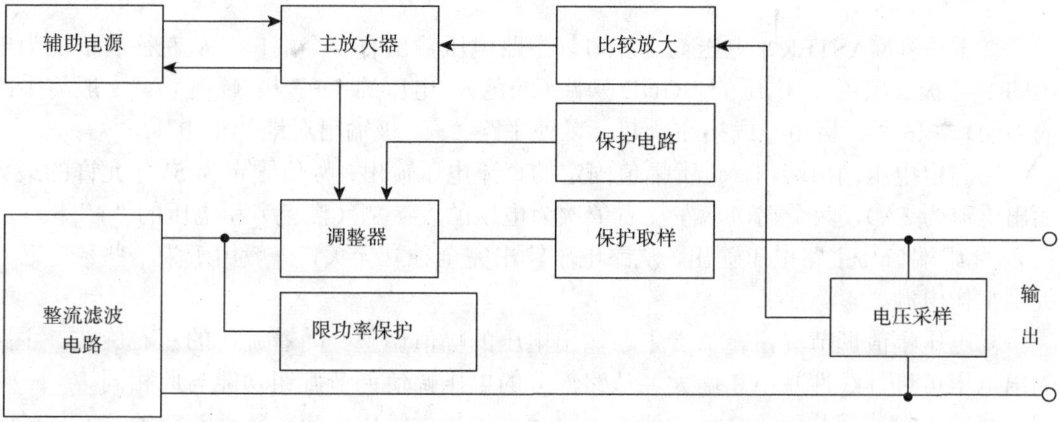

图 2-7　直流稳压电源的内部结构原理图

图 2-7 中，由于直流稳压电源的输入都是交流市电，所以需要利用二极管组成的桥式电路进行整流，并利用随后的充放电电路来实现滤波，从而最终将交流电变成直流电。实现整流滤波后，再利用电压采样、基准电压、比较放大器和调整管形成一个闭环的稳压电路，通过采样电阻的连续变化，实现电压的线性输出。此外，稳压电路中还会加入辅助电源、限流保护和限功率保护等模块。

2.3.2　直流稳压电源的功能按钮说明

下面以一款常用的带过流保护的双路直流稳压电源 DF1731SLL3A 为例说明稳压电源的基本使用，其面板示意图如图 2-8 所示。

面板示意中各标注号含义如下。

①电源开关。控制直流稳压电源的电源接通和关断。

②从路（SLAVE）电压输出端口。从路的电压输出有 3 个端口，从左往右依次为电压的“–”极（黑色），电压的“GND”端（绿色），电压的“+”极（红色）。一般将从路的“GND”端和“+”极用导线接在一起，以使从路“–□极输出对地的负电压。

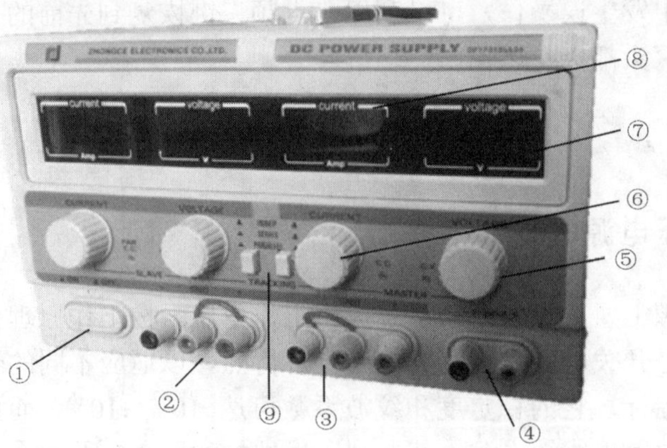

图 2-8　直流稳压电源面板示意图

③主路（MASTER）电压输出端口。主路电压输出有 3 个端口，从左往右依次为电压的“–□极（黑色），电压的“GND”端（绿色），电压的“+”极（红色）。一般将主路的 GND 端和“–□极用导线接在一起，以使主路“+”极输出对地的正电压。

④固定电压输出端口。负责幅值固定的直流电压输出（幅值固定为 5V，允许的最大输出电流为 3A），两个端口从左往右依次为电压的“–□极（黑色）和电压的“+”极（红色）。此组端口与主路电压输出、从路电压输出完全独立无关，一般用于为一些数字芯片提供工作电源。

⑤电压幅值调节旋钮。负责主路输出电压的幅值调整。随着旋钮的左右旋转，主路输出电压可进行线性减小和增大。从路部分的电压幅值调节旋钮功能与此相同。

⑥过流保护调节旋钮。负责调节主路允许的最大输出电流。随着旋钮的左右旋转，主路的过流保护阈值可进行线性减小和增大。从路部分的过流保护调节旋钮与此相同。为了避免过流保护阈值设置过小而引起电源输出功率低，一般都将该旋钮旋转至最右边。

⑦输出电压幅值显示。用以显示主路输出电压的幅值。从路部分的输出电压幅值显示功能与此相同。

⑧输出电流幅值显示。用以显示主路输出电流的幅值。从路部分的输出电流幅值显示功能与此相同。

⑨主从路跟踪方式控制按键（TRACKING）。该组控制按键共有左、右两个，不同的按下、弹起状态可以改变主路电压输出和从路电压输出的关系。当左、右两个按键同时弹起时（INDEP），主路电压输出和从路电压输出各自独立，互不影响。当左键按下、右键弹起时（SERIES），从路电压输出和主路电压输出进行串联后输出，从路电压随主路电压变化。当左键按下、右键也按下时（PARALLEL），从路电压输出和主路电压输出进行并联后输出，从路电压随主路电压变化。

2.3.3　直流稳压电源的简单使用

直流稳压电源的基本使用流程如下。

（1）打开电源开关，将主从路跟踪方式控制按键（TRACKING）均保持弹起，分别将主路、从路的过流保护调节旋钮旋至最右边。

（2）观察输出电压幅值显示，利用电压幅值调节旋钮分别将主路和从路的电压输出调至使用值，再利用万用表电压挡测量无误后，即可外接电路使用。

需要注意的是，直流稳压电源的输出电压由接线柱“+”、“–”供给，而“GND”接线柱仅与机壳相连，所以在与其他仪器或电路连用时，需要注意共地问题，一般建议直接先将“GND”接线柱和“–”接线柱用导线短接。

2.4　晶体管毫伏表

2.4.1　晶体管毫伏表的基本原理

晶体管毫伏表主要用来测量交流信号的有效值，广泛应用于放大电路中的正弦信号电压测量。低频晶体管毫伏表一般属于放大-检波型电压表，即将输入信号接入仪表，分压器拓宽测量量程，交流放大电路进行放大处理，最后再由检波电路输出直流平均值给直流表头，从而驱动指针摆动进行显示。其典型应用的内部结构原理如图 2-9 所示。

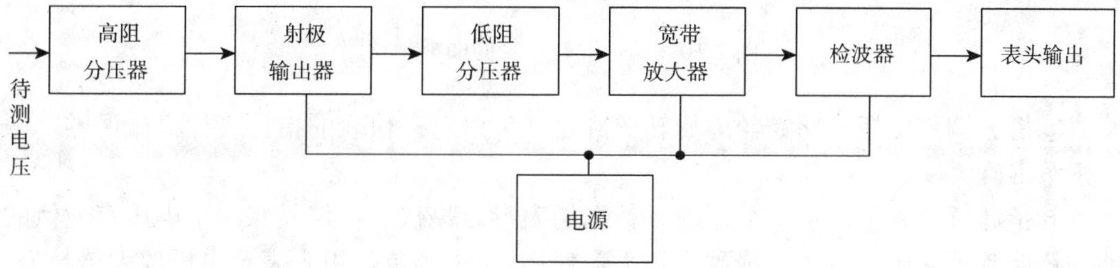

图 2-9　晶体管毫伏表的内部结构原理图

2.4.2　晶体管毫伏表的功能按钮说明

下面以常用的模拟式单通道晶体管毫伏表 DF2175A 为例说明毫伏表的基本使用，其面板示意图如图 2-10 所示。

面板示意中各标注号含义如下。

①电源开关。控制晶体管毫伏表的电源接通和关断。

②电压量程选择旋钮。毫伏表对输入信号的电压测量范围为 0.3×10^{-3}～300V，为了测量准确，将其分为多个量程，可左右旋转该旋钮来移动 LED 指示灯，从而改变测量的电压量程。

③信号输入端口。将外部的交流信号输入至毫伏表内部进行测量。

④量程挡位指示灯。通过绿色的 LED 指示灯来显示当前所选中的电压量程。例如，选中的是 10V 量程挡，则该挡位下方的 LED 指示灯显示绿色。需要注意的是，每个量程的文字标识都同时用黑色字体和红色字体标出。黑色字体标出的是毫伏表用于测量电

压时的单位（V 或 mV）和量程，而红色字体标出的是毫伏表用于监视信号输出时的电平测量单位（dB）和量程。一般情况下，只需要读取黑色字体标识出的电压测量单位和量程。

图 2-10　晶体管毫伏表的面板示意图

⑤机械调零旋钮。用螺丝刀旋转该旋钮，可以对毫伏表的指针进行机械调零，从而使读数准确。

⑥指针读数表盘。用于显示测量数据的表盘。毫伏表不仅具有测量电压有效值的功能，还能监视输出信号（当成独立放大器使用，dB 的单位用来表示电压放大倍数），因此，该表盘有黑色字体和红色字体标出的两种刻度，黑色表示电压的刻度，红色表示放大倍数的刻度。一般情况下，只需要读取黑色字体标识出的刻度。而黑色刻度又分为外圈和内圈两环，外圈刻度对应以“1”开头的电压量程，内圈刻度对应以“3”开头的电压量程。

2.4.3　晶体管毫伏表的简单使用

晶体管毫伏表的基本使用流程如下。

（1）打开电源开关，LED 量程指示灯将从左往右依次检测各挡位量程，最后停留在“300V”挡。

（2）观察毫伏表指针，若没有归零，则利用调零旋钮进行机械调零。接入信号，旋转电压量程选择（RANGE）旋钮，观察指针读数，使指针尽可能地停留在刻度的中间位置（尽量避免零偏和满偏），然后观察 LED 量程指示灯停留在哪个量程挡位。

（3）若该挡位的量程以“3”开头，则读取表盘的黑色内圈刻度，并乘以相应的系数。若该挡位的量程以“1”开头，则读取表盘的黑色外圈刻度，并乘以相应的系数。例如，若 LED 量程指示灯停留在“10V”挡，则应读取黑色外圈刻度，如果读数为 0.5，则表示电压读数为 5V，因为此时的刻度满偏已经从 1V 变为了 10V。

另外需要注意的是：该款晶体管毫伏表测量的交流信号频率范围为 1×10^{-5}～2MHz，且其直流分量电压值应小于 100V。当交流信号不是正弦信号时，其测量值仅作为参考，可能存在误差。

2.5　万　用　表

2.5.1　万用表的基本原理

万用表是一种多用途多量程的小型测量仪表，主要用来测量电阻阻值，交、直流电流值和电压值，以及二极管或电路的导通情况。目前还有部分万用表支持电容、三极管、电感等电子器件的测量。

万用表按工作原理的不同可分为指针式万用表和数字式万用表。考虑到便携性和一些高输入阻抗的测量要求，实际中，数字万用表的使用较为广泛。图 2-11 展示了数字式万用表的内部结构原理，为测量不同的物理量，需要拨动挡位开关来进行选择。

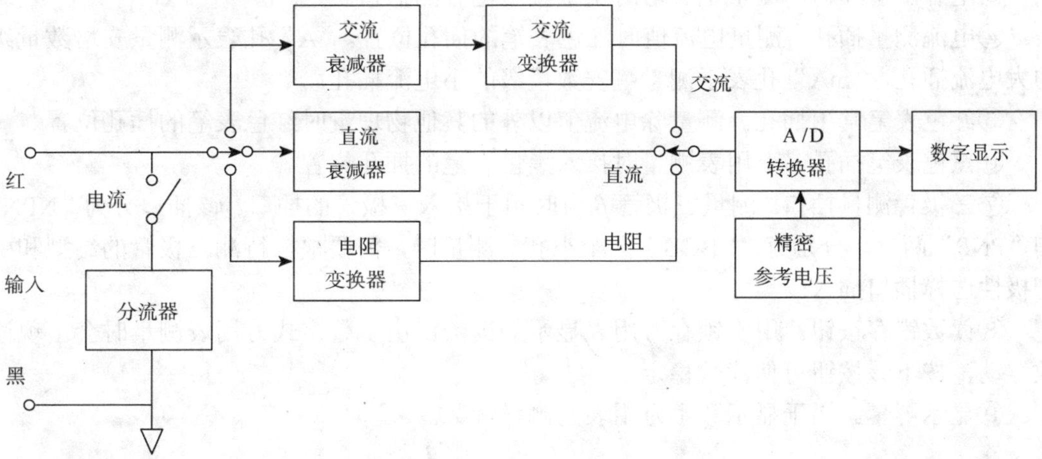

图 2-11　万用表的内部结构原理图

数字万用表的测量灵敏度和精度相对较低，测量时的频率特性也较差（测量信号的频率范围为 45～1000Hz），只能用于工频或低频信号的测量。另外，数字万用表多为三位半显示，开始测试时会出现读数浮动现象，一般应待显示稳定后再读数。

2.5.2　万用表的功能按钮说明

下面以常用的数字式万用表 UT56 为例说明其基本使用，其面板示意图如图 2-12 所法。

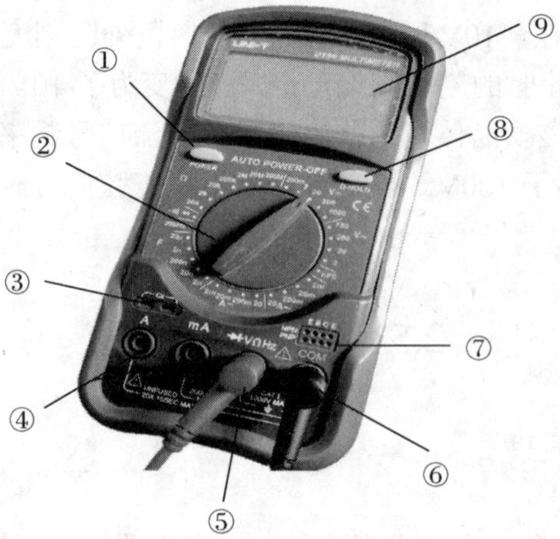

图 2-12　万用表的面板示意图

面板示意中各标注号含义如下。

①电源开关。控制数字式万用表的电池接通和关断。

②旋转开关。用于万用表测量功能和量程的选择。带箭头一端所在位置的刻度读数代表了当前的测量功能和量程。

③电容测量插口。测量电容值时用于接入电容的插口。

④电流测量插孔。测量电流值时红色表笔的插孔位置。“A”孔表示测量安培数量级的大电流插孔，“mA”孔表示测量毫安数量级的小电流插孔。

⑤红色表笔常用插孔。测量除电流值以外的其他物理量时红色表笔的插孔位置。

⑥黑色表笔插孔。万用表测量时接入黑色表笔的插孔位置。

⑦三极管测量插口。测量三极管 β 值时用于接入三极管的插口。该插口分为“NPN”和“PNP”两行，分别有“EBCB”四个小孔。测量时，需要根据待测三极管的结型和引脚极性选择插口插入。

⑧读数锁存按钮。用于锁存万用表显示的读数。由于数字式万用表测量时会出现读数浮动，按下该按钮可使读数稳定。

⑨显示屏幕。用于显示数字万用表的测量读数。

2.5.3　万用表的简单使用

万用表的使用流程按测试对象的不同可分为以下几种情况。

（1）测量电阻。打开电源，通过旋转开关选择电阻挡“Ω”，将红色表笔插入常用测量插孔，将黑表笔插入“COM”插孔。随后将表笔探头跨接到电阻两端开始读数。读数过程中为保证合适的测量精度，可再通过旋转开关变换量程。注意不要测量电路中的带电电阻。

（2）测量直流电压。打开电源，通过旋转开关选择“V–”挡及合适的量程，将红色表笔插入常用测量插孔，将黑色表笔插入“COM”插孔，接入测试点后开始读数。

（3）测量交流电压。打开电源，通过旋转开关选择“V～”挡及合适的量程，表笔接法和测量直流电压时相同，随后接入测试点开始读数。注意被测电压的频率应在所用数字万用表测量的信号频率范围之内。

（4）测量直流电流。打开电源，通过旋转开关选择“A–”挡及合适的量程。若被测电流低于“200mA”的测量范围，将红色表笔插入“mA”测量插孔，否则将红色表笔插入“A”测量插孔，而黑色表笔始终插入“COM”插孔，接入测试点后开始读数。注意测量过程中不要把红、黑表笔短接。

（5）测量交流电流。打开电源，通过旋转开关选择“A～”挡及合适的量程。表笔接法和测量直流电流时相同，接入测试点后开始读数。注意测量过程中不要把红、黑表笔短接。

（6）测量二极管压降。打开电源，通过旋转开关选择“▶|”档。将红色表笔插入常用插孔，外接二极管的正极，将黑色表笔插入“COM”插孔，外接二极管的负极。测量时，若二极管正向导通，万用表还会发出蜂鸣声。因此，还可以用该挡位检测电路中的通路，若导线连通，也会发出蜂鸣声。

（7）测量电容值。打开电源，通过旋转开关选择电容“F”挡，并选择合适的量程。测量时，直接将电容的两个引脚插入电容测量插口“Cx”并开始读数。

（8）测量三极管 β 值。打开电源，通过旋转开关选择“hFE”挡。测量时，首先按照三极管的类型选择“NPN”或“PNP”插口，再将 3 个引脚插入对应的极性插孔，最后读数测量。

第二部分　电子技术基础实验

第3章 电工与电路理论基础实验

3.1 基尔霍夫定律和叠加原理的验证

3.1.1 实验目的

（1）验证基尔霍夫定理的正确性，加深对定理的理解。

（2）验证线性电路叠加原理的正确性，从而加深对线性电路的叠加性和齐次性的认识和理解。

（3）熟悉实验箱的操作方法，并学会使用万用表。

3.1.2 实验原理

1）基尔霍夫定律

（1）基尔霍夫电流定律（Kirchhoff current law，KCL）。对于任一集总参数电路中的任一节点，在任一时刻，流出（或流入）节点的所有支路电流的代数和为零。其数学表达式为

$$\sum_{k=1}^{K} i_k(t) = 0 \tag{3-1}$$

（2）基尔霍夫电压定律（Kirchhoff voltage law，KVL）。对于任一集总参数电路中的任一回路，在任一时刻，沿着该回路的所有支路电压降的代数和为零。其数学表达式为

$$\sum_{k=1}^{K} u_k(t) = 0 \tag{3-2}$$

2）线性电路的性质

（1）齐次性。当激励信号（某独立源的值）增加 K 倍或减小为原来的 $1/K$ 时，电路的响应（在电路其他各电阻元件上建立的电流和电压值）也将增加 K 倍或减小为原来的 $1/K$。

（2）叠加性。在有多个独立源共同作用下的线性电路中，通过每一个元件的电流或其两端的电压，可以看成由每一个独立源单独作用时在该元件上所产生的电流或电压的代数和。

3.1.3 实验内容和步骤

1）基尔霍夫定律的验证

（1）实验前，先任意设定3条支路的电流参考方向，如图3-1所示，并熟悉线路结构，掌握各开关的操作使用方法。

（2）分别将两路直流稳压电源接入电路，令 E_1=12V，E_2=6V。

（3）用万用表或实验箱上直流数字电压表分别测量两路电源和电阻元件上的电压值，用万用表或实验箱上直流数字毫安表测量电阻元件上的电流值，并填入表3-1。

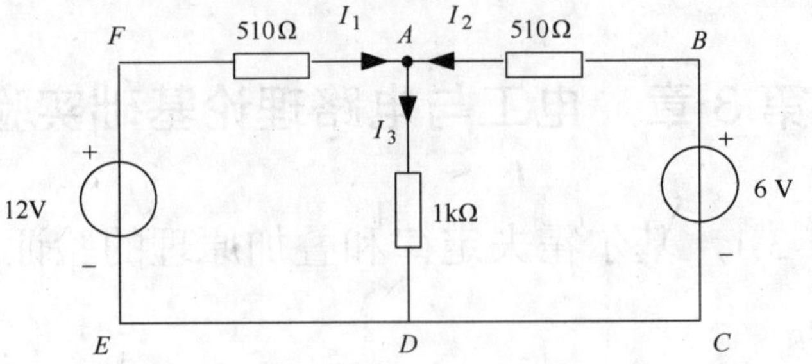

图 3-1　实验电路图

表 3-1　基尔霍夫定理验证数据记录表

被测量	I_1/mA	I_2/mA	I_3/mA	E_1/V	E_2/V	U_{FA}/V	U_{AB}/V	U_{AD}/V
计算值								
测量值								
相对误差								

2）叠加定理的验证

（1）令 E_1 电源单独作用，使用万用表或用直流电压表和毫安表测量各支路电流和各电阻元件两端的电压，记录数据并填入表 3-2。

（2）令 E_2 电源单独作用，使用万用表或用直流电流表和毫安表测量各支路电流和各电阻元件两端的电压，记录数据并填入表 3-2。

（3）将 E_2 的数值调至＋12V，使用万用表或用直流电压表和毫安表测量各支路电流和各电阻元件两端的电压，记录数据并填入表 3-2。

表 3-2　基尔霍夫定理验证数据记录表

被测量 实验内容	I_1/mA	I_2/mA	I_3/mA	E_1/V	E_2/V	U_{FA}/V	U_{AB}/V	U_{AD}/V
E_1、E_2 共同作用								
E_1 单独作用								
E_2 单独作用								
$2E_2$ 单独作用								

3.1.4　实验器材

（1）电路分析实验箱（基尔霍夫定律和叠加原理实验模块，直流电压源）。

（2）直流电压表、直流电流表、万用表。

（3）导线若干。

3.1.5　注意事项

（1）所有需要测量的电压值，均以电压表测量的读数为准，不以电源表盘指示值为准。
（2）防止电源两端碰线短路。
（3）测量各支路电流时，应注意仪表的极性和数据表格中“＋”、“－”号的记录。
（4）注意仪表量程的及时更换。

3.1.6　实验报告

（1）根据实验数据，选定实验电路中的任一节点，验证 KCL 的正确性。
（2）根据实验数据，选定实验电路中的任一回路，验证 KVL 的正确性。
（3）根据实验数据，验证线性电路的叠加性与齐次性。
（4）各电阻器所消耗的功率能否用叠加原理计算出？
（5）心得体会及其他。

3.1.7　思考题

（1）用指针式仪表进行测量，什么情况下可能出现指针反偏，应如何处理？在记录数据时应注意什么？

（2）在叠加原理实验中，令两个电源分别单独作用，应如何操作，可否直接把不同的电压源开路？

3.2　戴维南定理的验证

3.2.1　实验目的

（1）验证戴维南定理的正确性，加深对定理的理解。
（2）掌握测量有源二端网络等效参数的一般方法。

3.2.2　实验原理

（1）戴维南定理。任何一个线性有源网络，总可以用一个等效的电压源去代替，此电压源的电动势等于该有源二端网络的开路电压 U_{OC}，其等效内阻等于该网络中所有独立源置零时的等效电阻 R_o。

(2) 开路电压、短路电流法。在有源二端网络输出端开路时，用电压表直接测其输出端的开路电压 U_{OC}，然后将其输出端短路，用电流表测其短路电流 I_{SC}，则内阻 $R_o=U_{OC}/I_{SC}$。

3.2.3　实验内容和步骤

（1）用开路电压、短路电流法测定戴维南等效电路的 U_{OC} 和 R_o。
按图 3-2 接入稳压电源 E_S，测定 U_{OC} 和 R_o，填入表 3-3。

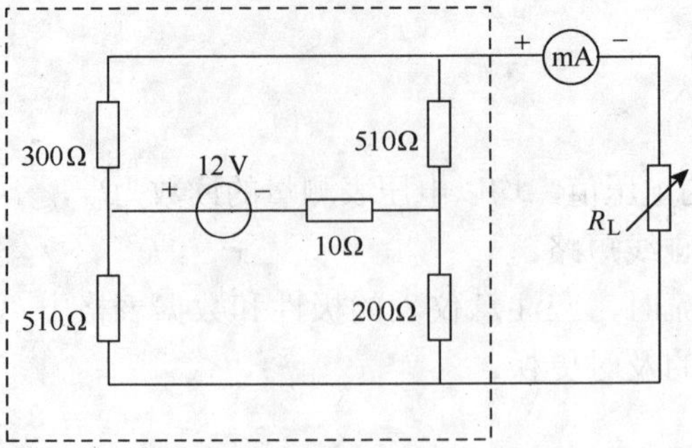

图 3-2　有源二端网络

表 3-3　戴维南等效电路参数记录表

待测（求）量	U_{OC}/V	I_{SC}/mA	R_o=（U_{OC}/I_{SC}）/Ω
计算值			
测量值			

（2）负载实验。

如图 3-2 所示，接入独立元件 R_L 作为负载，并改变其阻值大小，测量有源二端网络的外特性，将测量的电压和电流值填入表 3-4。

表 3-4　有源二端网络负载实验测量数据记录表

R_L/Ω	0	510	750	820	1000	2700	∞
U/V							
I/mA							

（3）验证戴维南定理。

将电位器阻值调到按步骤（1）所得的等效电阻之值，直流稳压电源输出调至制按步骤（1）测得的 U_{OC} 的大小。电路接线如图 3-3 所示。仿照步骤（2）测其外特性，将测量的电压和电流值填入表 3-5。

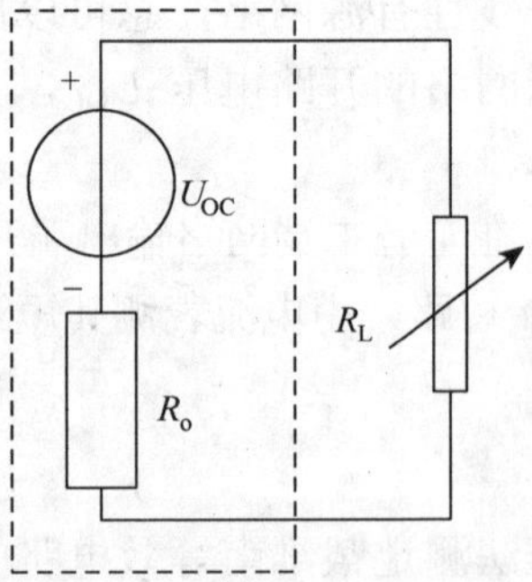

图 3-3　戴维南等效电路

表 3-5　戴维南等效电路负载实验测量数据记录表

R_L/Ω	0	510	750	820	1000	2700	∞
U/V							
I/mA							

（4）测定有源二端网络等效电阻的其他方法。

将被测有源网络内的所有独立源置零（去掉电压源，并在原电压源所接的两点用一根短路导线相连），从端口加入电压源，应用伏安法测定负载 R_L 开路后 A、B 两点间的电阻，此即为被测网络的等效内阻 R_o，将测量的数据填入表 3-6。

表 3-6　测量等效电路电阻数据记录表

U/V	I/mA	R_o=（U/I）/Ω

3.2.4　实验器材

（1）电路分析实验箱（戴维南定理实验模块、直流稳压电源、电位器）。

（2）直流电压表、直流电流表、万用表。

（3）导线若干。

3.2.5　注意事项

（1）测量时，注意仪表量程的更换。

（2）改接线路时，要关掉电源。

3.2.6　实验报告

（1）根据步骤（2）和步骤（3）所测数据，分别绘出伏安特性曲线，并验证定理的正确性。

（2）心得体会及其他。

3.2.7　思考题

（1）比较测量等效电阻的三种方法：直接用万用表测量，开路电压、短路电流法，以及伏安法的优缺点。

（2）理论分析和实测结果不同的原因是什么，如何减小误差？

3.3　受控源特性的研究

3.3.1　实验目的

（1）熟悉 4 种受控源的基本特性。

（2）掌握受控源的转移特性、输入特性、输出特性的测试方法。

（3）了解 4 种受控源之间的级联。

3.3.2 实验原理

（1）电源可分为独立源（电池、发电机等）与非独立源（又称为受控源）两种。受控源在网络分析中，已成为一个与电阻、电容、电感等无源元件一样经常遇到的元件，其特点是输出电压（或电路）随网络中某支路的电压（或电流）变化而变化。

根据控制量是电压还是电流，受控源可分为 4 种：电压控制电压源（voltage controlled voltage source，VCVS）、电流控制电压源（current controlled voltage source，CCVS）、电压控制电流源（voltage oontrolled current source，VCCS）、电流控制电流源（current controlled current source，CCCS），如图 3-4 所示。μ、g、γ、β 都是相关的控制量。当这些参数为常数时，这种受控源为线性受控源，这里只研究线性受控源。

（2）受控源可以看成具有两对端子的元件。它的基本特性有输入特性、输出特性和转移特性。输入特性是指控制端电压与电流之间的关系。输出特性是指控制量为某常数时，输出端电压与电流之间的关系，转移特性是指输出量与控制量之间的关系。4 种理想受控源的转移特性如下：

①VCVS：$\mu=u_2/u_1$，称为转移电压比；

②CCVS：$\gamma=u_2/i_1$，称为转移电阻；

③VCCS：$g=i_2/u_1$，称为转移电导；

④CCCS：$\beta=i_2/i_1$，称为转移电流。

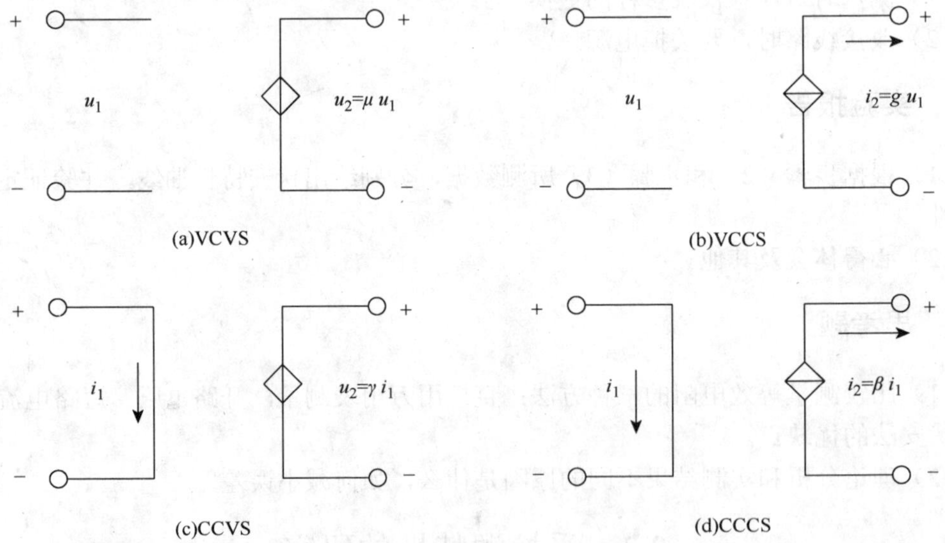

图 3-4 4 种受控源

（3）不同种类的受控源也可以进行级联，如图 3-5 所示，将 VCVS 与 VCCS 级联，可以得到等效的 VCCS。

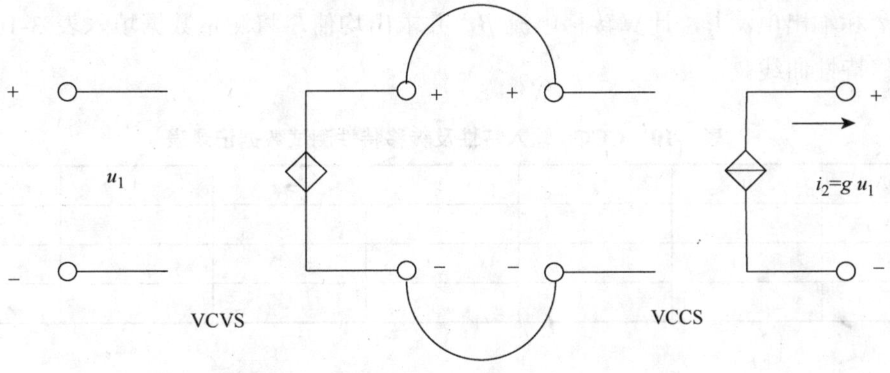

图 3-5　受控源级联

3.3.3　实验内容和步骤

1）VCCS 的基本特性测试

（1）输出特性测试，使 VCCS 控制电压 u_1=2V，负载电阻 R 分别为 510Ω、1kΩ、2.7kΩ 时，测量输出电流 i_2 和输出电压 u_2，填入表 3-7。

表 3-7　VCCS 输出特性测试数据记录表

R /Ω	510	1000	2700
u_2 /V			
i_2 /mA			

（2）转移特性和输入特性测试，使 VCCS 负载 R=1kΩ，改变控制量 u_1 的大小，测量控制端电流 i_1 和输出电流 i_2，计算转移电导 g，填入表 3-8，并求出均值，绘制出转移特性曲线。

表 3-8　VCCS 输入特性及转移特性测试数据记录表

u_1 /V	0	2	4	6	8	10
i_1 /mA						
i_2 /mA						
g						

2）CCCS 的基本特性测试

（1）输出特性测试，使 CCCS 控制电流 i_1=2mA，负载电阻 R 分别为 510Ω、1kΩ、2.7kΩ 时，测量输出电流 i_2 和输出电压 u_2，填入表 3-9。

表 3-9　CCCS 输出特性测试数据记录表

R / Ω	510	1000	2700
u_2 /V			
i_2 /mA			

（2）转移特性和输入特性，使 CCCS 负载 R=1kΩ，改变控制量 i_1 的大小，测量控制

端电压 u_1 和输出电流 i_2，计算转移电流 β，并求出均值，将测量数据填入表 3-10，并绘制出转移特性曲线。

表 3-10 CCCS 输入特性及转移特性测试数据记录表

i_1 /mA	0	1	2	3	4	5
u_1 /V						
i_2 /mA						
β						

3.3.4 实验器材

（1）电路分析实验箱（受控源实验模块、直流稳压电源）。

（2）直流电压表、直流电流表、万用表。

（3）导线若干。

3.3.5 注意事项

（1）换接线路时，必须关闭电源开关。

（2）万用表使用时特别注意极性与量程。

3.3.6 实验报告

（1）根据步骤（1）和步骤（2）所测数据，计算均值，画出转移特性曲线。

（2）心得体会及其他。

3.3.7 思考题

（1）受控源的输出特性是否适用于交流信号。

（2）比较受控源与独立源的异同点。

3.4 RC 一阶电路响应测试

3.4.1 实验目的

（1）测定 RC 一阶电路的零输入响应、零状态响应、全响应。

（2）学习电路时间常数的测量方法。

（3）用示波器观察、测绘波形。

3.4.2 实验原理

（1）一般的双踪示波器观察过渡过程是十分短暂的单次变化过程，要用示波器观察过渡过程和测量有关的参数，就必须使这种单次变化的过程重复出现。为此，本实验利用信号发生器输出的方波来模拟阶跃激励信号，即令方波输出的上升沿作为零状态响应的正阶跃激励信号；方波下降沿作为零输入响应的负阶跃激励信号，只要方波的重复周期远大于电路的时间常数，如图3-6所示，电路在这样的方波脉冲信号的激励下，它的响应和直流接通与断开的过渡过程是基本相同的。图3-7（a）所示为零输入响应的电路和波形，图3-7（b）所示为零状态响应的电路和波形。

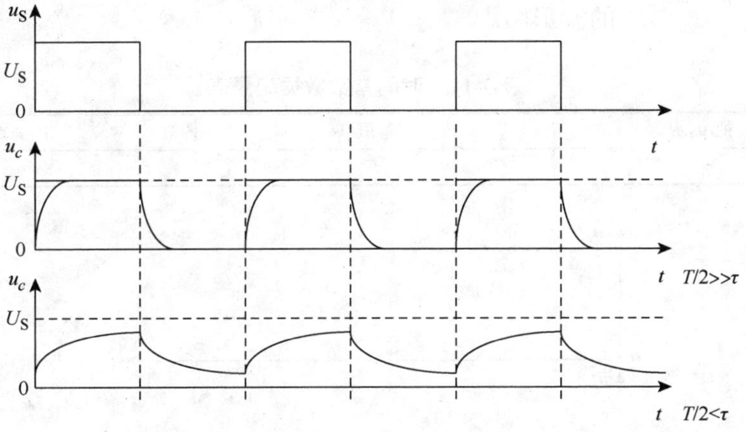

图3-6　不同时间常数下 u_c 的输出波形

（2）时间常数 τ 的测定方法。

用示波器测量零输入响应的（电路及输入输出）波形如图3-7（a）所示。开关K的断开过程，用方波信号下降沿模所占。根据一阶微分方程的求解得知 $u_c(t)=U_S e^{-t/RC}=U_S e^{-t/\tau}$，当 $t=\tau$ 时，$u_c(\tau)=0.368U_S$，此时所对应的时间就为 τ，亦可用零状态响应波形增加到 $0.632U_S$ 所对应的时间测得，如图3-7（b）所示。

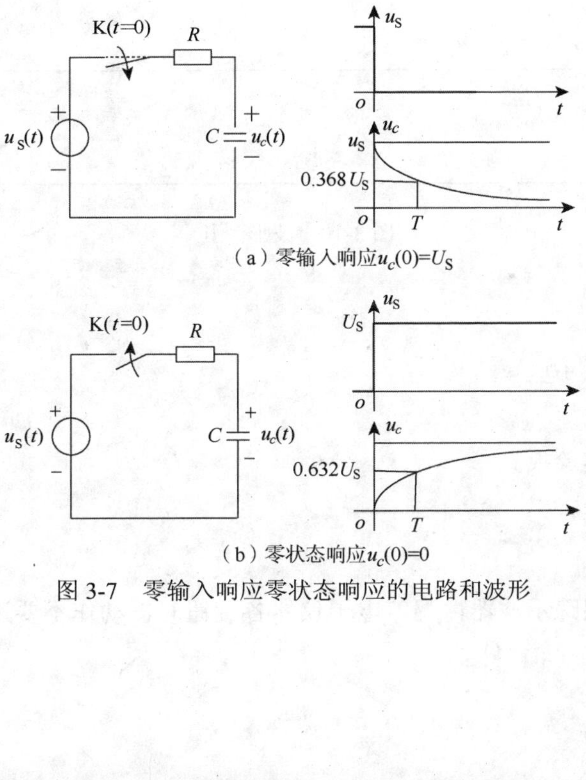

图3-7　零输入响应零状态响应的电路和波形

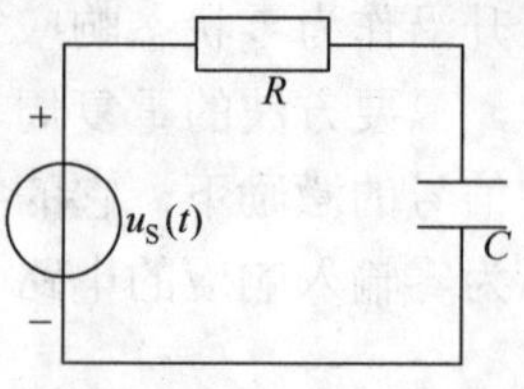

图 3-8 RC 一阶电路

3.4.3 实验内容和步骤

（1）选择动态实验电路板上的 RC 元件，按图 3-8 接线。令 $R = 10\text{k}\Omega$，$C = 6800\text{pF}$，$u_S(t)$ 为 $U_S = 3\text{V}$、$f = 1\text{kHz}$ 的方波。

（2）用示波器两通道 Y_A 和 Y_B 分别观察 $u_S(t)$ 和 $u_c(t)$，计算时间常数 τ，填入表 3-11，并在图 3-9 的坐标系上画出一个周期的波形图。

表 3-11 时间常数数据记录表

计算值/μs	测量值/μs	相对误差

图 3-9 波形图 I

（3）令 R=10kΩ，C=0.1μF，在图 3-10 的坐标系上画出响应波形。继续增大 C 的值，定性地观察 C 对响应的影响。$\tau=RC=10\text{k}\Omega\times0.1\mu\text{F}=$______________。

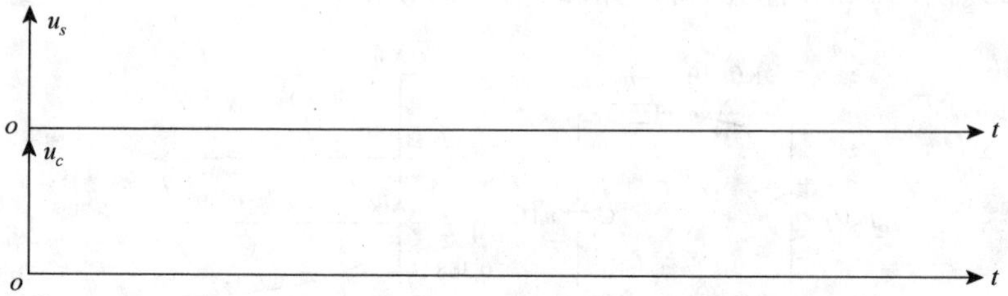

图 3-10 波形图 II

3.4.4 实验器材

（1）函数信号发生器。

（2）双踪示波器。

（3）动态电路实验板。

3.4.5 注意事项

（1）正确使用双踪示波器，调节电子仪器各旋钮时，动作不要过快、过猛，示波器辉度不应过亮，以延长示波器寿命。

（2）信号源接地端与示波器的接地端连在一起（共地），以防外界干扰而影响测量的准确性。

3.4.6　实验报告

（1）按步骤（2）求时间常数 τ，并画出一个周期的波形图。

（2）画出步骤（3）的响应波形。

（3）心得体会及其他。

3.4.7　思考题

（1）已知 R=5.1kΩ，C=0.2μF，试计算时间常数 τ，并根据 τ 值的物理意义，拟定测量 τ 的方案。

（2）R、C 大小变化时，对电路的响应有何影响。

3.5　RLC 串联电路的研究

3.5.1　实验目的

（1）研究 RLC 串联电路中各元件电压与输入电压间的关系。

（2）加深对 RLC 串联谐振电路特性的理解。

3.5.2　实验原理

1）RLC 串联电路中各电磁量之间的关系

RLC 串联电路如图 3-11 所示，其中输入电压 $\dot{U}_S$ 和电流 $\dot{I}$ 计算公式为式（3-3），阻抗计算公式为式（3-4）。

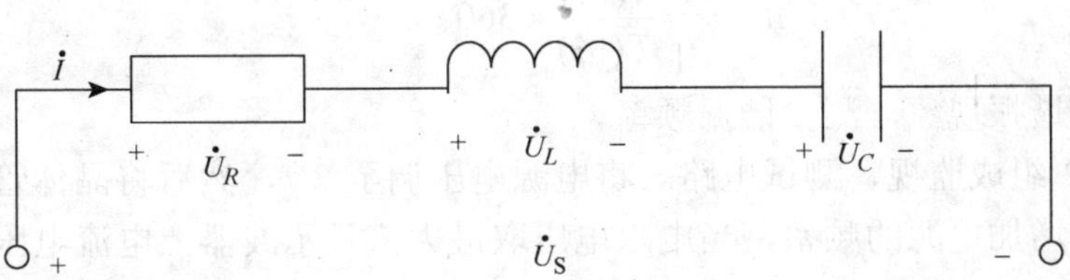

图 3-11　RLC 串联电路

$$\dot{U}_S = \dot{U}_R + \dot{U}_L + \dot{U}_C \quad , \quad \dot{I} = \frac{\dot{U}_S}{Z} \tag{3-3}$$

$$Z = R + \mathrm{j}X = R + \mathrm{j}(\omega L - \frac{1}{\omega C}) = |Z| \angle \varphi_z$$

$$|Z| = \sqrt{R^2 + X^2}\ ,\quad \varphi_z = \arctan\frac{X}{R} \tag{3-4}$$

$$\begin{cases} X > 0, X_L > X_C\ , & \text{则电路感性}, \varphi > 0, u\text{超前}i \\ X < 0, X_L < X_C\ , & \text{则电路容性}, \varphi < 0, i\text{超前}u \\ X = 0, X_L = X_C, & \text{则电路阻性}, \varphi = 0, ui\text{同相} \end{cases}$$

2）串联谐振

当正弦交流信号源的频率改变时，电路中的感抗、容抗随之改变，电路中的电流也随之改变。取电阻两端的电压$\dot{U}_R$作为响应。当$X = 0$，即$Z = R$，$|Z| = R$取到最小值，电路处于串联谐振状态，此时，在输入电压幅值维持不变时，电路中的电流达到最大值，且与输入电压同相位。谐振角频率$\omega_0 = \frac{1}{\sqrt{LC}}$，谐振频率$f_0 = \frac{1}{2\pi\sqrt{LC}}$。

3.5.3 实验内容和步骤

（1）测量电感 L。将信号源频率调至 4kHz，电压调至 5V，用晶体管毫伏表分别测量 U_L、U_R，则电感 L 为

$$L = \frac{X_L}{\omega} = \frac{X_L}{2\pi f} = \frac{1}{2\pi f}\cdot\frac{U_L}{I} = \frac{1}{2\pi f}\cdot\frac{U_L}{1}\cdot\frac{R}{U_R} = \frac{U_L R}{2\pi f U_R} \tag{3-5}$$

（2）验证电压三角形。用晶体管毫伏表分别测量 R、L、C 两端电压并验证

$$U_\mathrm{s} = \sqrt{U_R^2 + (U_L - U_C)^2} \tag{3-6}$$

（3）计算谐振频率 f_0 为

$$f_0 = \frac{\omega_0}{2\pi} = \frac{1}{2\pi\sqrt{LC}} \tag{3-7}$$

（4）利用示波器测量并计算电流与电压间的相位差为

$$\varphi = \frac{\tau(\text{格})}{T(\text{格})} \times 360° \tag{3-8}$$

（5）观察谐振现象，测量谐振频率。

按图 3-12 组成监视、测试电路。将电源电压调至 3V，然后将晶体管毫伏表接至电阻两端，逐渐增加电源的频率，当电阻电压取最大值且示波器上电流电压同相位时，此时谐振频率为 f_0。

3.5.4 实验器材

（1）函数信号发生器。

（2）双踪示波器。

（3）晶体管毫伏表。

（4）谐振电路实验板。

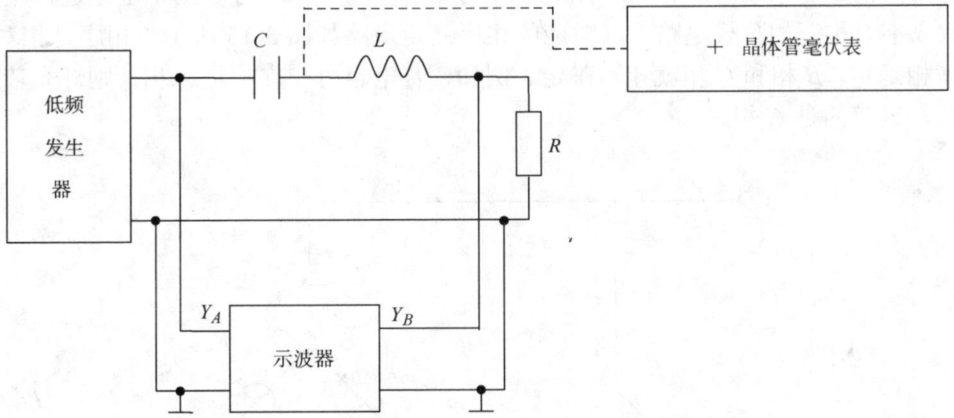

图 3-12　测量电路

3.5.5　注意事项

（1）晶体管毫伏表使用前应垂直放置。在未接通电源的情况下，先进行机械调零。（方法：用螺丝刀调节表头上的机械零位螺丝，使表针指准零位）然后将两个输入接线端短接后，接通 220V 工作电源，预热数分钟，使仪表达到稳定工作状态。再进行电气调零，即将量程开关置于所需测量的范围，调节靠左面中间的“调零”旋钮，使表针指向零位。使用中每当量程变换后应重新电气调零。

（2）晶体管毫伏表接线时，先地后“＋”；拆线时，先“＋”后地。在测量 U_L、U_C 时，“＋”接 L、C 公共端，“－”接近地端。

3.5.6　实验报告

（1）记录实验数据，完成步骤（1）～（5）的内容。

（2）谐振时，比较输出电压 U_o 与输入电压 U_i 是否相等？试分析原因。

3.5.7　思考题

（1）改变电路的哪些参数可以使电路发生谐振，电路中 R 的数值是否影响谐振频率值？谐振频率由哪些参数决定？

（2）如何辨别电路是否发生谐振？

3.6　功率因数和相序的测量

3.6.1　实验目的

（1）掌握三相交流电路相序的测量方法。

（2）熟悉功率因数表的使用方法，了解负载性质对功率因数的影响。

3.6.2　实验原理

电动势由起前相到滞后相的轮流顺序称为相序。将一个电容和两个电灯进行星形连接，构成不对称三相负载电路。其对应的相序测定电路如图 3-13 所示。相序是相对的，如果 *A* 相确定，*B* 相和 *C* 相就相对确定。例如，若电容所在支咱是 *A* 相，则灯光较亮的是 *B* 相，较暗的是 *C* 相。

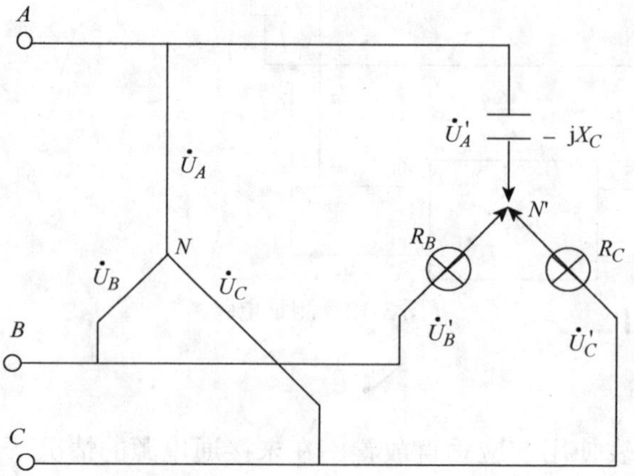

图 3-13　相序指示器电路

设 $X_C = R_B = R_C = R$ ，$\dot{U}_A = U_P\angle 0^\circ$

则
$$\dot{U}_{N'N} = \frac{U_P\left(\frac{1}{-\mathrm{j}R}\right) + U_P\left(-\frac{1}{2}-\mathrm{j}\frac{\sqrt{3}}{2}\right)\left(\frac{1}{R}\right) + U_P\left(-\frac{1}{2}+\mathrm{j}\frac{\sqrt{3}}{2}\right)\left(\frac{1}{R}\right)}{\frac{1}{-\mathrm{j}R}+\frac{1}{R}+\frac{1}{R}} \tag{3-9}$$

$$\begin{aligned}\dot{U}'_B &= \dot{U}_B - \dot{U}'_{N'N} = U_P\left(-\frac{1}{2}+\mathrm{j}\frac{\sqrt{3}}{2}\right) - U_P(-0.2+\mathrm{j}0.6) \\ &= U_P(-0.3+\mathrm{j}1.466) = 1.49\angle -101.6^\circ U_P\end{aligned} \tag{3-10}$$

$$\begin{aligned}\dot{U}'_C &= \dot{U}_C - \dot{U}'_{N'N} = U_P\left(-\frac{1}{2}+\mathrm{j}\frac{\sqrt{3}}{2}\right) - U_P(-0.2+\mathrm{j}0.6) \\ &= U_P(-0.3+\mathrm{j}0.266) = 0.4\angle -138.4^\circ U_P\end{aligned} \tag{3-11}$$

由于 $\dot{U}'_B > \dot{U}'_C$，故 *B* 相灯较亮。

3.6.3　实验内容和步骤

1）相序的测定

用 220V、25W 白炽灯和 1μF / 500V 电容器，按图 3-14 接线，经三相调压器接入线电压为 220V 的三相交流电源，观察两只灯泡的亮、暗，判断三相交流电源的相序。将电源线任意调换两相后再接入电压，观察两灯的明亮状态，判断三相交流电源的相序。

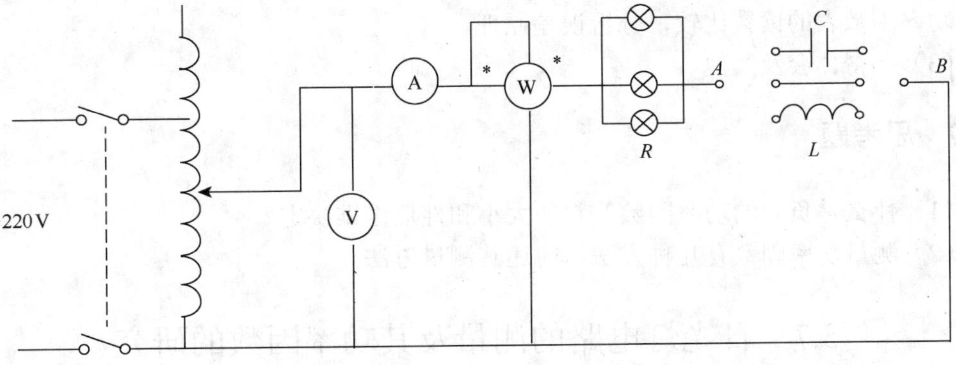

图 3-14　测量电路

2）电路功率（P）和功率因数 $\cos\varphi$ 的测定

按图 3-14 接线，在 A、B 间接入不同器件，记录数据填入表 3-12，并分析负载性质。

表 3-12　数据记录表

A、B 间接入	U/V	U_R/V	U_L/V	U_C/V	I/A	P/W	$\cos\varphi$	负载性质
短接								
C①								
L②								
C 和 L 并联								

注：①C 为 4.7μF / 500V 的电容；②L 为 30W 的日光灯镇流器。

3.6.4　实验器材

（1）单相功率表。
（2）交流电压表。
（3）交流电流表。
（4）日光灯负载。
（5）电感线圈。
（6）电容。

3.6.5　注意事项

每次改接线路都必须先断开电源。

3.6.6　实验报告

（1）简述实验线路的相序检测原理。

（2）根据交流电压表、交流电流表和单相功率表测定的数据，计算功率因数（$\cos\varphi$）并与功率因数表的读数比较，分析误差原理。

（3）心得体会及其他。

3.6.7　思考题

（1）什么是负载的功率因数？它的大小和性质由谁决定？

（2）测量功率因数有几种方法，简述其测量方法。

3.7　日光灯电路的测量及其功率因数的研究

3.7.1　实验目的

（1）掌握单相瓦特表、交流电压表、交流电流表的使用方法，测量日光灯电路的功率因数。

（2）研究提高感性电路功率因数的意义和方法。

3.7.2　实验原理

电力系统中的负载大部分是感性负载，其功率因数较低，为提高电源利用率并减少供电线路的损耗，通常采用在感性负载两端并联电容器的方法，进行无功补偿以提高线路的功率因数。日光灯电路为感性负载，其功率因数一般为 0.3～0.4。本实验利用日光灯电路模拟实际的感性负载观察其功率因数的变化。

1）日光灯的工作原理

如图 3-15 所示，日光灯电路由灯管、镇流器和启辉器三部分组成。

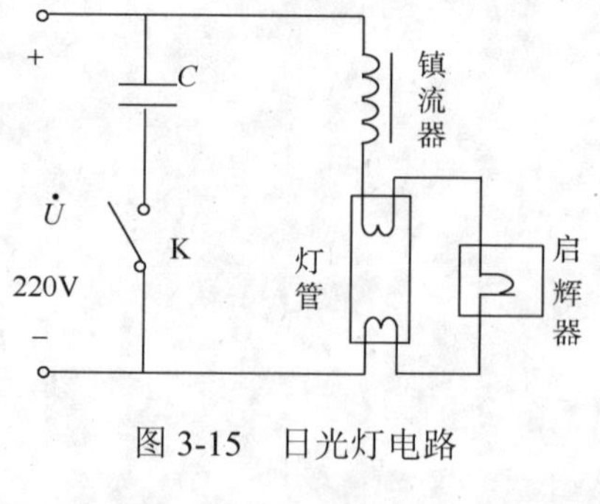

图 3-15　日光灯电路

（1）灯管。日光灯管是一根普通真空玻璃管，它的内壁均匀地涂有一层薄薄的荧光粉，灯管两端各有一个阳极和一根钨丝制成的灯丝。灯丝的作用是发射电子，阳极是两根镍丝，焊在灯丝上，与灯丝具有相同的电位，其主要作用是当它具有正电位时吸收部分电子，以减少电子对灯丝的撞击。此外，它还具有帮助灯管点燃的作用。

灯管内还充有惰性气体（如氮气）与水银蒸气。由于有水银蒸气，当管内产生辉光放电时，就会放射紫外线。这些紫外线照射到荧光粉上就会发出可见光。

（2）镇流器。它是绕在硅钢片铁芯上的电感线圈，在电路上与灯管相串联。其作用有两个。一是产生高电压，以点燃灯管；二是在日光灯正常工作时，限制灯管电流。

（3）启辉器。它是一个充有氖气的玻璃泡，并装有两个电极：一个是固定电极，一个是倒“U”形的可动电极，如图 3-16 所示。两电极上都焊接有触头。固定电极由一片金属片构成，称为静触片倒“U”形可动电极由热膨胀系数不同的两种金属片制成。

接下来介绍点燃过程。日光灯管、镇流器和启辉器的连接电路如图 3-15 所示。刚接通电源时，灯管内气体尚未放电，电源电压全部加在启辉器上，使它产生辉光放电并发热，可动电极的双金属片受热后趋于伸直，使金属片上的触点闭合，形成通路。电流使灯丝受热后发射电子，而当启辉器的触点闭合后，两电极间的电压降为零，辉光放电停止，双金属片经冷却后恢复到原来位置，两触点重新分开，电路断开。为了避免启辉器断开时产生火花，将触点烧毁，通常在两电极间并联一只极小的电容器。

在双金属片冷却后触点断开瞬间，镇流器两端产生相当高的自感电势，这个自感电势与电源电压一起加到灯管两端（约 500V），使灯管发生弧光放电，弧光放电所放射的紫外线照射到灯管的荧光粉上，就发出可见光。

灯管点亮后，电源电压降落在镇流器上，灯管电压只有 100V 左右，这个较低的电压不足以使启辉器放电，因此，它的触点不能闭合。日光灯电路的等效电路如图 3-17 所示。

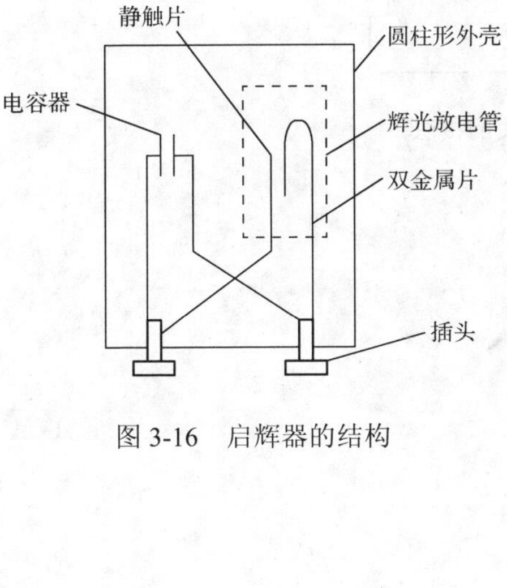

图 3-16　启辉器的结构

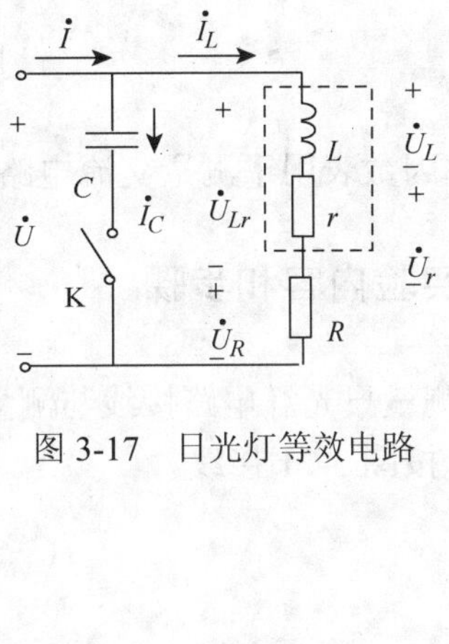

图 3-17　日光灯等效电路

2）日光灯电路原理分析

日光灯电路可以看成 R、L 串联的感性电路（见图 3-17）。以电流 $\dot{I}_{\mathrm{L}}$ 为参考相量，则电压、电流关系为

$$U=\dot{U}_R+\dot{U}_r+\dot{U}_L=\dot{I}(R+r+\mathrm{j}X)=\dot{I}Z \tag{3-12}$$

其相量图如图 3-18 和图 3-19 所示。

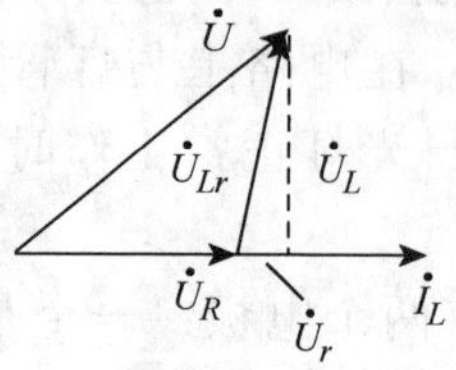

图 3-18　日光灯电路相量图

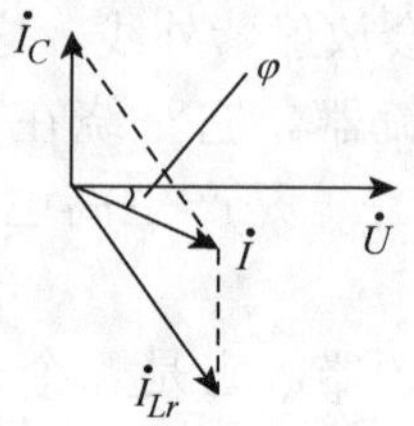

图 3-19　提高功率因数相量图

3）功率因数的提高

如果负载功率因数低（日光灯电路的功率因数为 0.3～0.4），不仅电源利用率不高，而且供电线路损耗加大。因此，供电部门规定，当负载（或单位供电）的功率因数低于 0.85 时，必须对其进行改善和提高。

提高功率因数的常用的方法是在负载两端并联电容器组（接线方法如图 3-15 所示），补偿无功功率，以提高线路的功率因数。功率因数提高的相量图如图 3-19 所示。

4）单相瓦特表的使用

瓦特表（功率表）用于测量交流电路的有功功率，测量时其电流线圈与负载串联，电压线圈与负载并联，接法如图 3-20 所示。

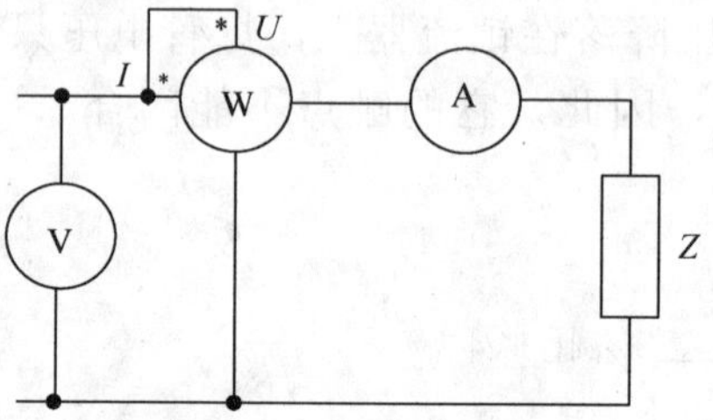

图 3-20　功率表的接法

功率因数表用于测量交流电路的功率因数。

3.7.3　实验内容和步骤

1）测量日光灯电路接线与测量

（1）按图 3-21 接线。

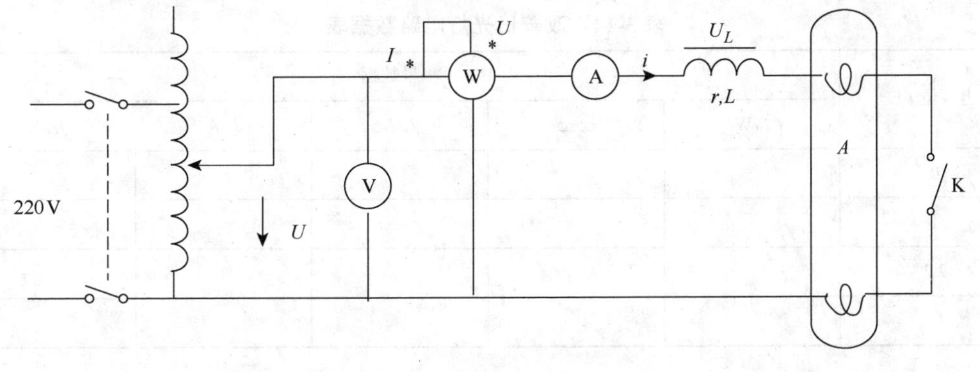

图 3-21　日光灯电路接线

（2）检查接线正确后接通电源，缓慢调节自耦变压器的输出至 220V，测量电路中各参量的数据，并填入表 3-13。

表 3-13　日光灯电路数据表

测量数据						计算值		
P/W	$\cos\varphi$	I/A	U/V	U_L/V	U_A/V	r/Ω	R/Ω	L/H

注：$R=\dfrac{U_A}{I}$；$r=\dfrac{P-U_AI}{I^2}$；$L=\dfrac{\sqrt{U_L^2-(rI)^2}}{2\pi fI}$。

2）日光灯功率因数的改善

按图 3-22 接线，并联适当的电容器，测量接入电容后电路中各参量的数据，将数据填入表 3-14。

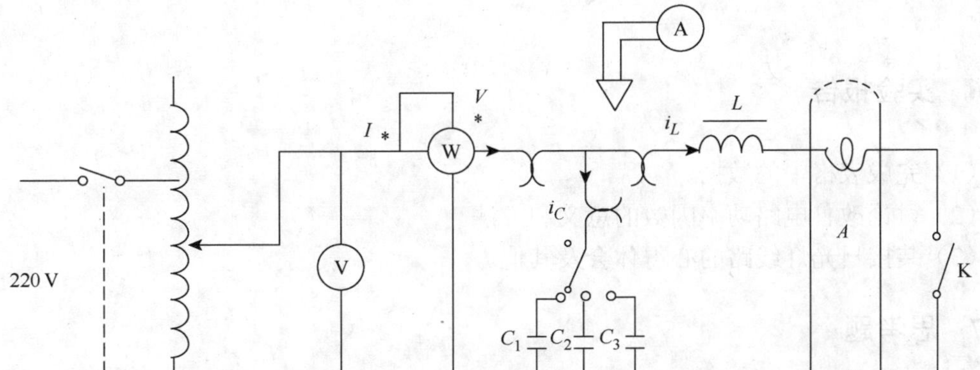

图 3-22　改善日光灯电路接线

表 3-14　改善日光灯电路数据表

电容值/μF	测量数据				
	P/W	$\cos\varphi$	I_1/A	I_L/A	I_C/A
0					
1					
2.2					
4.7					

3.7.4　实验器材

（1）交流电压表、交流电流表、功率表。

（2）自耦变压器、镇流器、电容器（1μF、2.2μF、4.7μF）、启辉器、电门插座、日光灯管。

（3）导线若干。

3.7.5　注意事项

（1）本实验用交流市电 220V，务必注意用电和人身安全。灯管一定要与镇流器串联后接到电源上，切勿将灯管直接接到 220V 电源上。

（2）日光灯启动时，启动电流很大。为防止过大启动的电流损坏电流表，电流表不要直接连接在电路中。实验时，用电流插座替代电流表接入电路；日光灯亮后，再接入电压表与电流表进行测量。

（3）测功率时分清功率表的电压线圈和电流线圈，注意电压线圈要并联在被测电路两端。

3.7.6　实验报告

（1）完成表格中的数据。

（2）讨论改善电路功率因数的意义和方法。

（3）装接日光灯线路的心得体会及其他。

3.7.7　思考题

（1）日光灯电路接通电源后，如果启动器的触点闭合后不能跳开，电路会发生什么现象？是否会损坏灯管？

（2）实验中，总电压等于日光灯管电压加上镇流器电压吗？为什么？

3.8　阻抗匹配电路研究

3.8.1　实验目的

（1）了解常见阻抗匹配电路设计方未能与原理。

（2）设计实现一种阻抗变换电路并验证。

3.8.2　实验原理

已知一个正弦电压激励源内阻为 50Ω，可输出频率为 10MHz 峰值幅度为 1V 的正弦波。负载为一个纯电阻，阻抗为 100Ω。设计一个变换电路，通过这个变换电路可使负载获得最大功率。要求变换电路是无源无耗的，或尽可能减少功率损耗的电路，如图 3-23 所示。

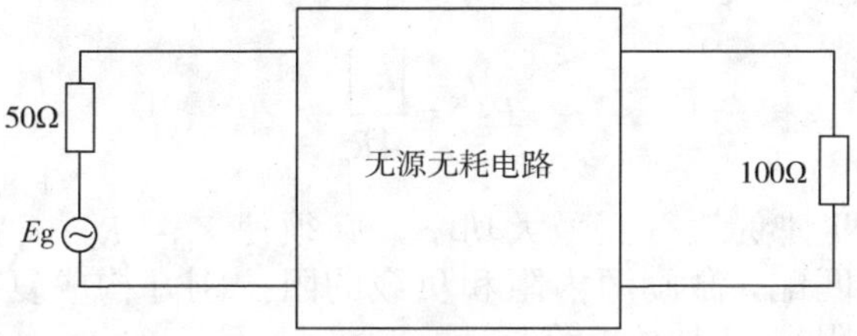

图 3-23　变换电路

1）阻抗匹配原理与作用

一个电路可以由电阻、电容、电感和三极管、二极管集成电路等元件组成。考察这些元件的功率消耗性能可知：电阻、二极管、三极管集成电路等，在无源情况下都要消耗有用功率；电感和电容是无功耗元件，它们不会消耗能量，能量在它们内部只是做储存与转换。可见，一个无源、无耗电路应该只由电感和电容组成，因此，图 3-23 中要设计的网络是一个 LC 网络。但实际的元件都是有损耗的，非理想电感和电容在工作过程中都存在一定的耗损。图 3-23 提出的问题实际只能是尽可能减少损耗。

当激励源各项参数确定后给它连接一个负载，这个负载的阻抗应该为多少才能获得最大功率？图 3-24 给出这个问题的电路，下面进行讨论。

假设信号源的内阻抗为 Z_g，电压为 E_g，负载阻抗为 Z_{in}。可计算出负载上获得的功率为

$$P = \mathrm{Re}[U_i I_i^*] = \mathrm{Re}[Z_{in} I_i I_i^*]$$

式中

$$I_i = \frac{E_g}{Z_g + Z_{in}} \quad = |I_i|^2 \mathrm{Re}[Z_{in}] = |I_i|^2 R_{in}$$
$$= \frac{|E_g|^2 R_{in}}{(R_g + R_{in})^2 + (X_g + X_{in})^2} \quad = \frac{|E_g|^2}{|Z_g + Z_{in}|^2} R_{in} \qquad (3\text{-}13)$$

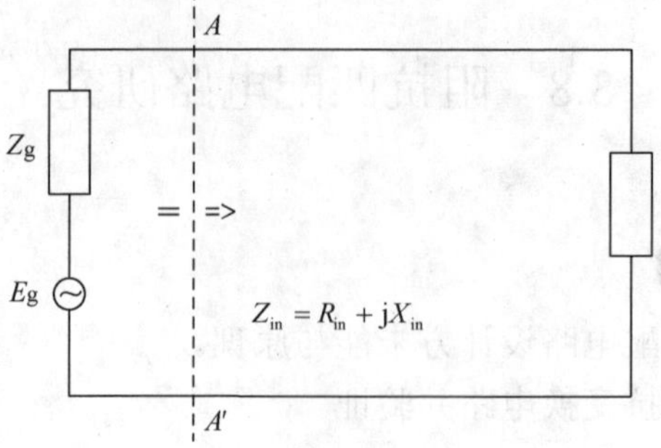

图 3-24 阻抗匹配原理

给定 E_g、Z_g 时，仅当 $X_g+X_{in}=0$ 时，式（3-13）分母最小，对应功率最大为

$$P=\frac{|E_g|^2}{(R_g+R_{in})^2}R_{in}$$

即 $R_{in}=R_g$ 时，输出功率最大，最大功率为

$$P_{max}=\frac{|E_g|^2}{4R_g} \tag{3-14}$$

式（3-14）表明要使负载得到最大功率，必须使 $Z_{in}=R_{in}+jX_{in}=R_g-jX_g=Z_g^*$，这就是通常所说的共轭匹配，激励源内阻和负载的阻抗刚好构成复共轭。如果都是纯电阻，那么源和负载的阻抗就刚好相等。

因此，可以将图 3-23 中所要设计的电路看成一个阻抗转换电路，经过这个电路与负载相连，从左端口看进去的阻抗应该和激励源构成复共轭。此时激励源就能输出最大功率。由于这个网络无源无耗，它本身不消耗能量，激励源输入的功率就只能是被负载吸收，这样负载就获得了最大功率。可见图 3-23 中所要设计的电路，其实就是一个阻抗转换电路，它完成的功能就是把负载阻抗转换成与激励源内阻形成复共轭的阻抗。

2）阻抗变换器设计

（1）变压器阻抗变换器。

图 3-25 给出了一个变压器结构及其等效电路，这里讨论变压器对阻抗的变换作用。假设变压器是理想变压器，它就是无耗的。初级线圈匝数为 n_1，次级线圈匝数为 n_2。在次级线圈上接阻抗为 R_L 的负载。

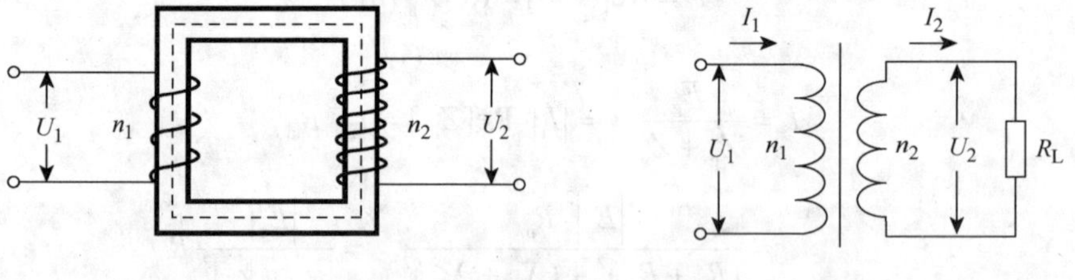

图 3-25 变压器及其等效原理

由图 3-25 给出的等效原理可知，从初级线圈看进去的输入阻抗可以用式（3-15）表示，变压器对电压的转换可由式（3-16）表示，I_2的电流可由式（3-17）表示。

$$R_i = \frac{U_1}{I_1} \tag{3-15}$$

$$\frac{I_1}{I_2} = \frac{U_2}{U_1} = \frac{n_2}{n_1} \tag{3-16}$$

$$I_2 = \frac{U_2}{R_L} \tag{3-17}$$

将式（3-16）和式（3-17）代入式（3-15）可得 R_i 表达式，即

$$R_i = \left(\frac{n_1}{n_2}\right)^2 R_L \tag{3-18}$$

式（3-18）表明变压器可以实现阻抗变换，只要恰当设计初级线圈和次级线圈的匝数比就能达到改变阻抗的目的。变压器可以把负载阻抗变大或者变小。

（2）L 型阻抗变换器。

讨论这种阻抗变换器之前先来研究一个串联与并联等效问题，图 3-26 所示为串联与并联阻抗转换原理。假设一个串联元件的复阻抗有实部也有虚部，记为 Y_S；并联元件的复阻抗也有实部和虚部，记为 Y_P。显然这两种结构的电路要等效，必须使它们的实部与虚部分别相等。为了分析方便引入品质因数 Q，串联与并联回路的品质因数定义如下。

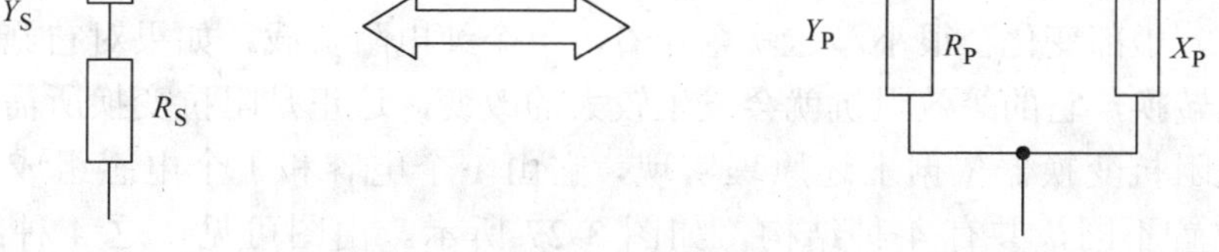

图 3-26 元件串联与并联等效转换

串联品质因数：

$$Q = \frac{|X_S|}{R_S} \tag{3-19}$$

并联品质因数：

$$Q = \frac{R_P}{|X_P|} \tag{3-20}$$

这两种定义都是根据能量关系确立的，必然是等效的。回到图 3-26 中的等效问题，串联与并联等效记为 Y_S=Y_P 这里，阻抗表达式的实部与虚部分别相等，于是可以得到串联与并联的转换关系。

$$
\begin{aligned}
Y_{\mathrm{S}} &= \frac{1}{R_{\mathrm{S}} + \mathrm{j}X_{\mathrm{S}}} = \frac{R_{\mathrm{S}}}{R^2{}_{\mathrm{S}} + X^2{}_{\mathrm{S}}} - \frac{\mathrm{j}X_{\mathrm{S}}}{R^2{}_{\mathrm{S}} + X^2{}_{\mathrm{S}}} \\
Y_{\mathrm{P}} &= \frac{1}{R_{\mathrm{P}}} + \frac{1}{\mathrm{j}X_{\mathrm{P}}} = \frac{1}{R_{\mathrm{P}}} - \frac{\mathrm{j}}{X_{\mathrm{P}}}
\end{aligned} \tag{3-21}
$$

式（3-21）中两式的实部与虚部分别相等，可得

$$
\begin{aligned}
R_{\mathrm{P}} &= \frac{R^2{}_{\mathrm{S}} + X^2{}_{\mathrm{S}}}{R_{\mathrm{S}}} = R_{\mathrm{S}}\left(1 + \frac{X^2{}_{\mathrm{S}}}{R^2{}_{\mathrm{S}}}\right) = R_{\mathrm{S}}(1+Q^2) \\
X_{\mathrm{P}} &= \frac{R^2{}_{\mathrm{S}} + X^2{}_{\mathrm{S}}}{X_{\mathrm{S}}} = X_{\mathrm{S}}\left(1 + \frac{R^2{}_{\mathrm{S}}}{X^2{}_{\mathrm{S}}}\right) = X_{\mathrm{S}}\left(1 + \frac{1}{Q^2}\right)
\end{aligned} \tag{3-22}
$$

式（3-22）就是串联与并联相互转换的关系式，进一步把方程式整理如下。
串联转并联关系：

$$
\begin{aligned}
R_{\mathrm{P}} &= R_{\mathrm{S}}(1+Q^2) \\
X_{\mathrm{P}} &= X_{\mathrm{S}}\left(1 + \frac{1}{Q^2}\right)
\end{aligned} \tag{3-23}
$$

并联转串联关系：

$$
\begin{aligned}
R_{\mathrm{S}} &= \frac{R_{\mathrm{P}}}{1+Q^2} \\
X_{\mathrm{S}} &= \frac{X_{\mathrm{P}}}{1+1/Q^2}
\end{aligned} \tag{3-24}
$$

品质因数 Q 通常大于 1，因此，$Q^2>>1$，$1/Q^2\approx 0$。在串联和并联的转换中，实部变化会很大，虚部变化会很小。这就意味着，一个纯电阻负载，如果对它施加一定的串联或者并联转换，它的等效阻抗就会发生较大的改变，这正是阻抗变换所需要的。

L 型阻抗变换器依据上述原理实现，它由 1 个电容和 1 个电感组成。根据电容和电感的位置不同，共有 4 种结构，如图 3-27 所示。由图可见，这 4 种结构中，前两种属于低通类型，后两种属于高通类型。在实际应用中，可根据需要进行选择。一般来说，低通类型比较常用，因为低通类型除了可以实现阻抗匹配以外，还可以实现高频抑制滤波。

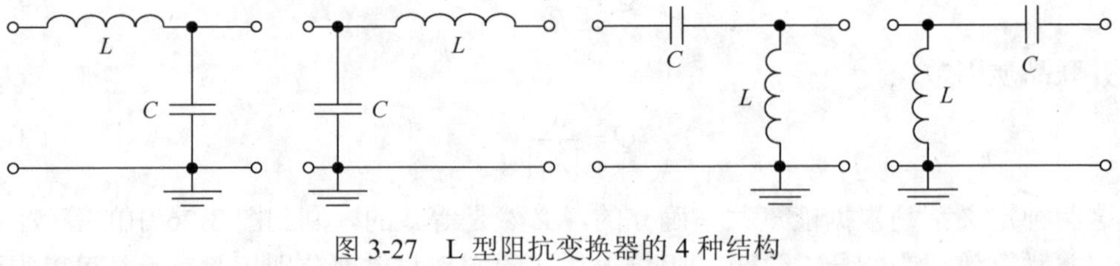

图 3-27　L 型阻抗变换器的 4 种结构

正如前面讨论的结果，L 型阻抗变换器可以实现低阻抗转变成高阻抗或者把高阻抗

转变成低阻抗，下面来讨论这两种情况，给出具体计算式。

①低阻变高阻型。

如图 3-28 所示，负载 R_L 是一个较小的电阻，经过 L 型变换器转换后从端口看进去的阻抗将变大。根据串联转并联关系方程式，可以计算出图 3-28 中 L'和 R' 的大小。

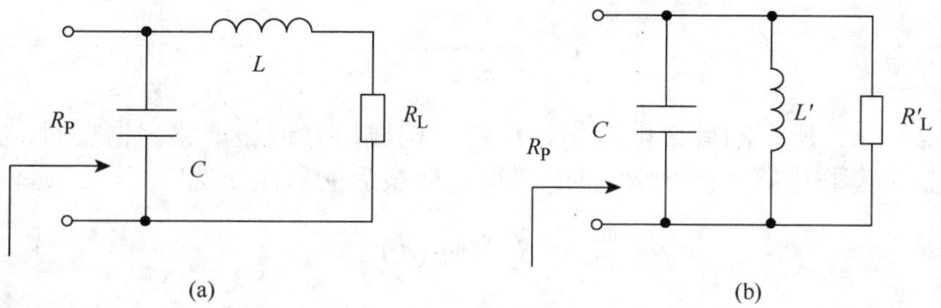

图 3-28　低阻抗变高阻抗变换原理

$$R'_L = R_L(1+Q^2)\ ,\ \ L' = L(1+\frac{1}{Q^2}) \tag{3-25}$$

设计 L 型变换器时，考虑 L 和 C 工作在谐振状态，即

$$\omega L' = \frac{1}{\omega C} \tag{3-26}$$

对于如图 3-28（b）所示电路，$L'C$ 是并联谐振的，它的阻抗将无限大，所以整个电路的阻抗主要由 R_L'决定，故

$$R_P = R'_L = R_L(1+Q^2) \tag{3-27}$$

式（3-27）表明 R_L 的阻抗变大了 $1+Q^2$ 倍。实际设计时，只要选取适当的 Q 值，就能达成低阻抗转变成高阻抗的目的。这里的 Q 值可以由式（3-28）确定。

$$Q = \sqrt{\frac{R_P}{R_L} - 1}\ ,\ \ Q = \frac{\omega L}{R_L} \tag{3-28}$$

②高阻变低阻型。

图 3-29 中的左图给出了这种变换，仍旧采用低通类型。假设原负载 R_L 是一个较大的电阻，现在通过变换把它转变成一个低电阻。

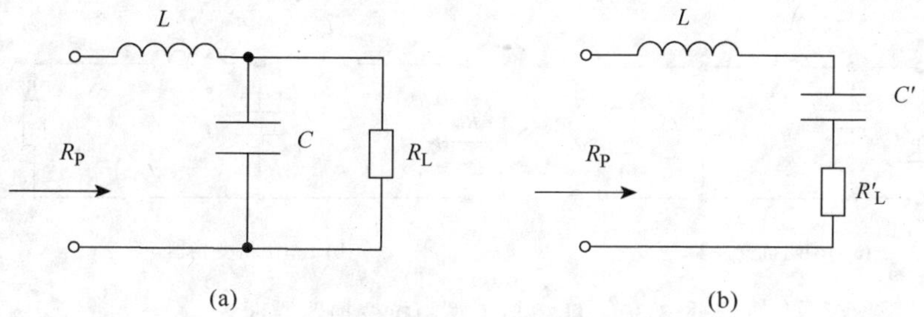

图 3-29　高阻抗变低阻抗原理

将 C 与 R_L 构成的并联回路转变成右边的串联回路，由并联转串联关系方程得

$$R_L' = R_L / (1+Q^2)\ ,\ \ C' = C\left(1+\frac{1}{Q^2}\right) \tag{3-29}$$

同样，在设计这个电路时将 L 和 C' 考虑为工作频率点上的谐振状态，即

$$\omega L = \frac{1}{\omega C'} \tag{3-30}$$

如图 3-29（b）所示的等效电路中，L 和 C' 构成串联谐振电路。谐振时，LC' 串联阻抗为 0，故整个串联电路阻抗由 R_L' 决定，得到变换后的总阻抗为

$$R_P = R_L / (1+Q^2) \tag{3-31}$$

式（3-31）表明 R_L 的阻抗减小为原来的 $1/(HQ^2)$。实际设计时，只要选取适当的 Q 值，就能达成高阻抗转变成低阻抗的目的。这里的 Q 值可以由式（3-32）确定。

$$Q = \sqrt{\frac{R_L}{R_P}-1}\ ,\ \ Q = R_L \omega C \tag{3-32}$$

以上讨论了负载与激励源阻抗不同时的两种转换方法，都是低通类型。还有两种高通类型分析方法与上述原理类似，就留给读者来分析。

（3）Π 型与 T 型阻抗变换器。

在前面讨论的问题中，因为通常的 Q 是远大于 1 的，故转换后的阻抗与原阻抗会相差比较大。也就是说，以上介绍的阻抗变换方法适合阻抗差距比较大的场合。例如，Q=5 则变换前后阻抗相差 $1+Q^2$=26 倍。实际的情况可能是，激励源和负载阻抗相差很小，按上面的办法就很难实现阻抗变换。但这个问题可以用 Π 型或 T 型阻抗变换器来解决。

如图 3-30 所示，Π 型或 T 型阻抗变换器使用 3 个元件来完成阻抗匹配。Π 型变换器如图 3-30（a）所示，分析时可以将 L_1 看成两个电感，它由 L_{11}、L_{12} 串联构成，这样，Π 型变换器就可以看成两个 L 型变换器的级联，相当于左边一个是低阻变高阻，右边是高阻变低阻的两个 L 型变换器。同样，对于图 3-30（b）的 T 型阻抗变换器，可以把 C_1 看成由 C_{11}、C_{12} 两个电容并联构成，于是 T 型变换器也可以看成两个 L 型变换的级联。

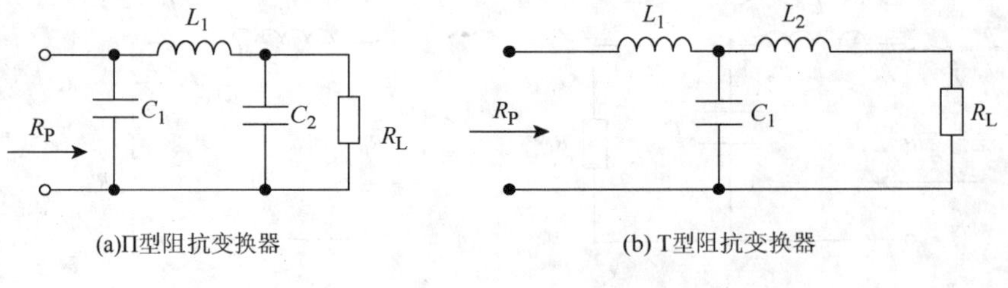

图 3-30　Π 型与 T 型阻抗变换器原理

下面对 Π 型变换器进行分析，说明这种阻抗变换器的应用。将图 3-30 中的 Π 型变

换器等效为如图 3-31 所示的两个 L 型阻抗变换器级联电路。这里的 L_{11}、L_{12} 串联后的值为 L_1 并且考虑这两个电感之间没有相互耦合，即 $L_1=L_{11}+L_{12}$。按照 L 型匹配原理，可以对Π型变换器进行分析，只要选择好恰当的 Q 值，这个电路不仅能完成阻抗匹配，还能实现滤波作用。事实上，这里介绍的Π型与 T 型阻抗变换器都是低通类型，如果将图中电感与电容互换位置，这两个电路就变成了高通类型，分析方法类同。

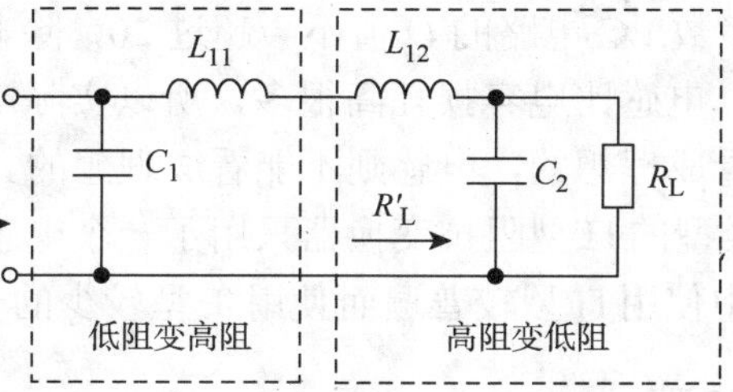

图 3-31　Π 型阻抗变换器拆分成两个 L 型阻抗变换器原理图

下面举例说明阻抗匹配的设计方法。假设发射机输出内阻为 150Ω，发射频率为 50MHz，天线阻抗为 50Ω，试设计一个阻抗匹配电路，使天线获得最大的辐射功率。这是通信电路经常遇到的问题。

根据设计要求绘制出如图 3-32 所示电路，这里采用Π型阻抗变换器。图中 R_L 为 50Ω，它与阻抗变换器连接后，若从左边看进去的阻抗变为 150Ω，那么这个设计就算完成了。将图 3-32 拆分成两个 L 型变换器，如图 3-33 所示。将左边和右边的 L 型变换器分别取品质因素为 Q_1 与 Q_2。

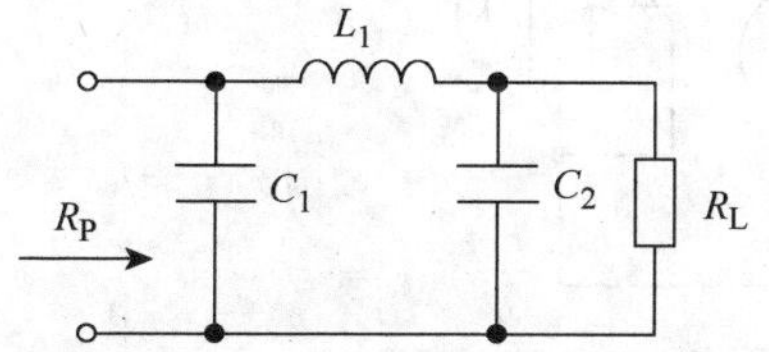

图 3-32　50Ω 变 150Ω 电路原理

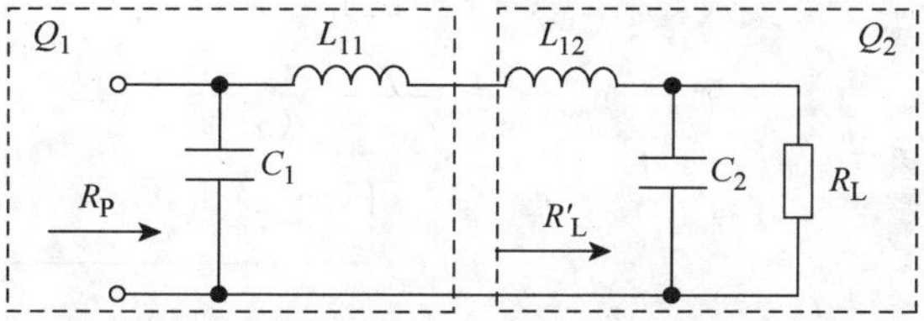

图 3-33　Π 型等效电路

计算从右边开始，假设右边品质因素取 Q_2=4，根据高阻抗变低阻抗计算公式可得

$$R'_L=\frac{R_L}{1+Q_2^2}=\frac{50}{17}=2.94\ (\Omega)\ ,\quad C_2=\frac{Q_2}{\omega R_L}=255\ (\text{pF})\ ,\quad L_{12}=\frac{Q_2R'_L}{\omega}=37.4\ (\text{nH})$$

再根据低阻抗变高阻抗公式计算出品质因素 Q_1 的值，并由 Q_1 的值计算出 L_{11} 和 C_1。

$$Q_1=\sqrt{R_P/R'_L-1}=7.07\ ,\quad C_1=\frac{Q_1}{\omega R_P}=151\ (\text{pF})\ ,\quad L_{11}=\frac{Q_1R'_L}{\omega}=66\ (\text{nH})$$

那么

$$L_1=L_{11}+L_{12}=103.4(\text{nH})$$

至此，这个Π型阻抗变换器的 3 个元件 C_1、C_2 和 L_1 参数都确定出来，设计到此完毕。由计算过程可以发现，这个Π型阻抗变换器的参数并不是唯一的，它实际上可有无穷多个取值。例如，前面计算时，假设取 $Q_2=5$ 就会有新的一组解。这会带来不少的疑惑，该如何选取适当的 Q 值呢？

一般来说，实际电路不会只考虑阻抗匹配这一个因素，实际电路还会有其他约束条件需要考虑，会进一步帮助确定 Q 值。对于 LC 电路，Q 值不能取得很大，因为实际的电感自身的 Q 值一般不会超过 100，而电容自身的 Q 值也不是无限大，这是因为它们都存在损耗。这样，大多数 LC 电路的 Q 值不会超过 20，除非电路有非常高的阶数，但这样，损耗会急剧增加。电感比电容损耗高很多，所以实际电路都尽可能少使用电感。一般情况下，电容可以看成理想的，电感则不能看成理想的。低通类型的 T 型阻抗变换器用了两个电感，低通类型的Π型阻抗变换器只用了一个电感，所以 T 型一般比Π型损耗高，这就是实际电路中使用Π型较普遍而使用 T 型较少的一个重要原因。

3.8.3　实验内容和步骤

1）直流稳压电源的最大传输功率

将一个 100Ω 电阻串联在 5V 直流稳压源上，作为直流稳压电源的内阻。然后用一个 1kΩ 的电位器作为负载，用直流电压表和电流表测量电位器上的电压与电流，计算电位器上消耗的功率，如图 3-34 所示。改变电位器的电阻大小，寻找电位器上获得最大功率的条件。

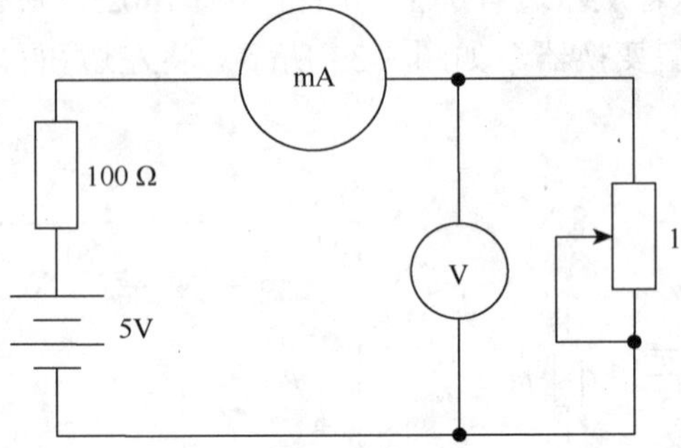

图 3-34　寻找电位器上获得最大功率条件

2）阻抗变换器设计

已知信号源频率为 10MHz，输出电压有效值为 1V，内阻约 50Ω。现有一个 100Ω 负载，设计一个Π型阻抗变换器使负载获得最大功率。给出Π型阻抗变换器各元件的值，并验证设计结果的正确性。

（1）信号源内阻测量。如图 3-35 所示，首先将开关 K 断开，使用高频毫伏电压表测量信号源的开路电压，记为 V_1。然后，将开关 K 闭合测量信号源输出电压，记为 V_2。根据式（3-33）计算信号源内阻，获得内阻 r 的实际值。

$$r=\frac{(V_1-V_2)R_L}{V_2} \tag{3-33}$$

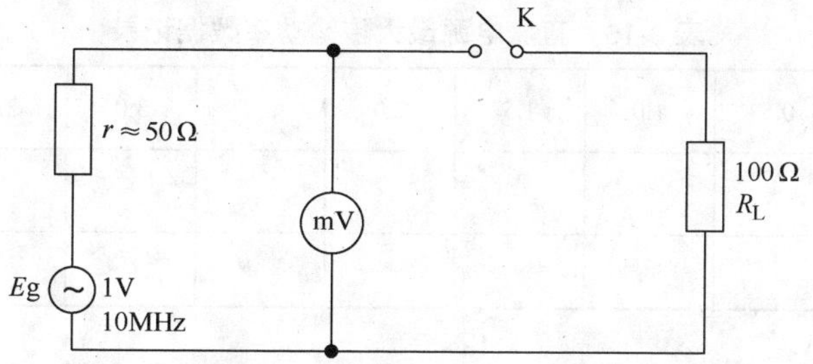

图 3-35　交流信号源内阻测量

（2）Π 型阻抗变换器设计。根据测量得到的信号源内阻 r 设计变换到 100Ω 的阻抗变换器。

（3）最大传输功率验证。完成阻抗变换电路后，按如图 3-36 所示方法连接线路，开关 K 置于断开状态，测量信号源开路输出电压，记为 V_p。若图 3-36 所示的阻抗变换电路设计正确，从高频毫伏表端口向右看进去的阻抗就应该是 r，此时，电路的阻抗特征是纯电阻特征，因此毫伏表的读数记为 V_T 应该为 $V_p/2$，这就是最大功率状态。

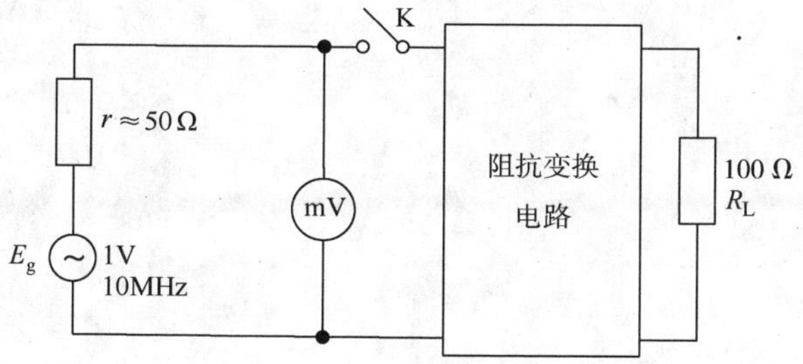

图 3-36　设计 Π 型阻抗变换器

（4）用扫频仪观察阻抗变换电路的幅频曲线。将扫频仪的输出连接阻抗变换器输入端，负载端接扫频仪输入端，观察阻抗变换器的幅频特征曲线。注意参考扫频仪的输入输出阻抗，使它与被测线路阻抗相匹配。

3.8.4　实验仪器

高频信号源、高频毫伏电压表、直流稳压电源、直流电压表、直流电流表、扫频仪、焊接台等。

3.8.5　数据记录与分析

1）直流稳压电源的最大传输功率记录

根据表 3-15 测量数据绘制负载电阻-负载功率曲线图。

表 3-15　直流电源最大传输功率数据记录

电压表读数/V	0	0.5	1.0	1.5	2.0	2.5	3.0	3.5	4.0	4.5
负载电阻阻值/Ω										
负载功率/mW										

根据负载电阻-负载功率曲线图估计负载电阻获得最大功率时的阻值是_____Ω。

2）阻抗变换器测量

（1）测量信号源内阻：V_1=___________；V_2 =___________；计算内阻 r=__________。

（2）绘制阻抗变换器电路图，并标注元件参数。绘制阻抗变换器的幅频特征曲线。

（3）最大传输功率验证。

测量如图 3-36 所示的电路，开关 K 断开后毫伏表测量电压 V_P=___________；开关 K 闭合后毫伏表测量电压 V_T=_____________。

3）阻抗匹配电路实验总结

分析阻抗匹配电路理论设计与实验之间的关系，分析设计误差的主要来源，撰写实验心得体会。

第 4 章　模拟电子技术基础实验

模拟电子技术主要关注连续函数形式的电子信号处理，涉及二极管、三极管和场效应管等半导体器件。在此基础上，重点研究由这些器件组成的一系列放大电路及其他多种应用。本章将首先对模拟电子技术中各个典型的放大电路进行实验测量，通过相应的实验结果分析电路的性能和特点。

4.1　单级放大器

4.1.1　实验目的

（1）熟悉三极管放大器静态工作点的意义和电路元件参数对静态工作点的影响。

（2）掌握单级放大器电路静态工作点的调整和测试方法。

（3）学会单级放大器电路输入电阻、输出电阻和电压放大倍数测试方法。

（4）理解电路参数对放大倍数的影响。

（5）进一步熟悉常用电子仪器的使用方法。

4.1.2　实验原理

由 NPN 三极管构成的阻容耦合单级放大电路如图 4-1 所示。该电路采用基极分压、射极偏置结构。

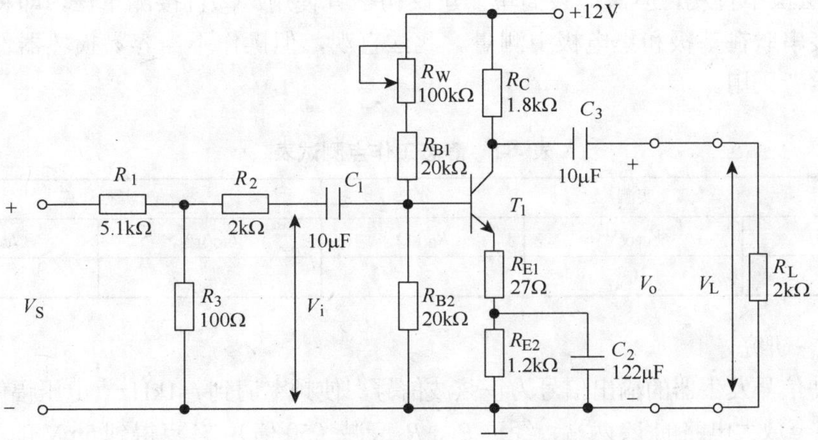

图 4-1　单级放大器实验电路

直流状态下，R_W、R_{B1}、R_{B2} 三个电阻所在的支路通过串联分压，将基极电压 V_{BQ} 钳制在一个基准值。

$$V_{BQ} = \frac{R_{B1} + R_W}{R_W + R_{B1} + R_{B2}} V_{CC} \tag{4-1}$$

射极电阻 R_{E1}、R_{E2} 上流过的电流 I_{EQ} 则近似等于 I_{CQ}：

$$I_{CQ} \approx I_{EQ} = \frac{V_{BQ} - 0.7\text{V}}{R_{E1} + R_{E2}} \tag{4-2}$$

因此，可调电阻 R_W 阻值的改变便可以引起 V_{BQ} 分压值的变化，从而控制 I_{CQ}，并最终达到控制静态工作点 V_{CEQ} 的目的：

$$V_{CEQ} = V_{CC} - I_{CQ}(R_C + R_{E1} + R_{E2}) \tag{4-3}$$

测量静态工作点是为了了解静态工作点的选取是否合理。若测出 $V_{CEQ}<0.5\text{V}$，则三极管已饱和；若测出 $V_{CEQ} \approx V_{CC}$，则说明三极管已截止。对于线性放大电路，这种静态工作点是不合适的，必须对它进行调整，否则放大后的信号会产生严重的非线性失真。

电路中 R_1 和 R_3 的取值关系为 $R_1 >> R_3$，它们组成一个线性比例的衰减网络，用以保证高精度的小信号输入。电阻 R_2 串接在电容前，用来测量放大电路的输入电阻。C_1、C_3 均为耦合电容，C_2 为旁路电容，用以消除射极电阻 R_{E2} 带来的增益减小。

4.1.3 实验内容和步骤

1）静态测量与调整

按图 4-1 接线完毕后仔细检查，确定无误后接通电源，调整 R_W 使 V_{EQ}=2.2V，计算并填入表 4-1。

注意 I_{BQ} 和 I_{CQ} 的测量和计算方法。①一般可用间接测量法测 I_{BQ} 和 I_{CQ}，即通过测量 V_{CQ} 和 V_{BQ}，R_C 和 R_B（R_W 和 R_{B1} 之和）计算出 I_{BQ} 和 I_{CQ}（注意：图 4-1 中 I_{BQ} 为支路电流）。此法虽不直观，但操作较简单，建议初学者使用。②直接测量法，即将微安表和毫安表直接串联在基极和集电极中测量。此法直观，但操作不当容易损坏器件和仪表。不建议初学者采用。

表 4-1 静态工作点测试表

实测			实测计算	
V_{BEQ}/V	V_{CEQ}/V	R_B/kΩ	I_{BQ}/μA	I_{CQ}/mA

2）动态研究

（1）使信号发生器的输出信号为正弦波信号，使频率调到 f=1kHz，电压幅值有效值为 250mV，接至放大电路的 V_S 两端，经过 R_1、R_3 衰减（50 倍），V_i 点得到 5mV 的小信号，观察 V_i 和 V_o 端波形，并比较相位。

（2）信号源频率不变，逐渐加大信号源幅度，观察 V_o 不失真时的最大值并填入表 4-2。

表 4-2　放大倍数测试表

实测		实测计算	估算
V_i/mV	V_o/V	A_V	A_V

注：$R_L=\infty$。

（3）保持 V_i=5mV 不变，放大器接入负载 R_L，在改变 R_C 数值情况下测量，并将计算结果填入表 4-3。

表 4-3　不同 R_C 和 R_L 下的放大倍数

给定参数		实测		实测计算	估算
R_C/kΩ	R_L/kΩ	V_i/mV	V_o/V	A_V	A_V
2	5.1				
2	2.2				
5.1	5.1				
5.1	2.2				

（4）保持 V_i=5mV 不变，增大和减小 R_W，观察 V_o 波形的变化（若电位电阻 R_W 调节范围不够，可重新选取 R_{B1} 的值），若失真观察不明显，可增大 V_i 幅值（>50mV），并重新测量，将测量结果填入表 4-4。

表 4-4　不同 R_W 情况下的波形输出

R_B(R_W 与 R_{B1} 之和)	V_B	V_C	V_E	输出波形情况
最大				
合适				
最小				

3）放大电路输入、输出电阻的测量

（1）输入电阻测量。

在输入端串接一个电阻如图 4-2 所示，测量 V_S 与 V_i，即可计算 R_i，表达式为

$$R_i=\frac{V_i}{V_S-V_i}R \tag{4-4}$$

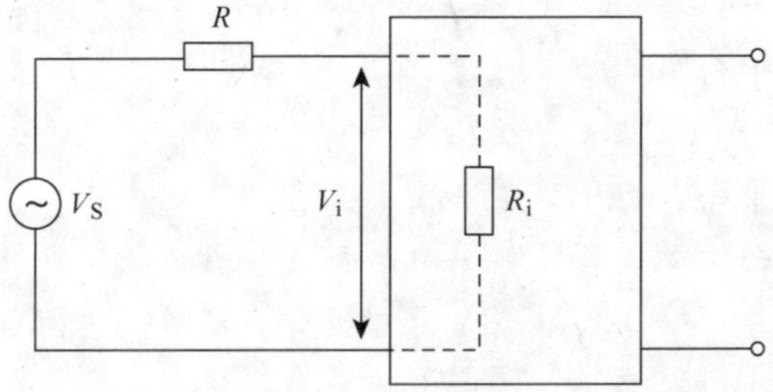

图 4-2　输入电阻测量

本实验中，由于已经直接在电路板上串接了一个 R_2 电阻用于测量输入电阻，所以不用再外部串接电阻。只需要测量出 R_3 电阻两端的电压值作为式（4-4）中的 V_S，R_{B2} 电阻两端的电压值作为（4-4）中的 V_i，把 R_2 电阻的阻值作为式（4-4）中 R，代入计算即可。

（2）输出电阻测量（见图 4-3）。

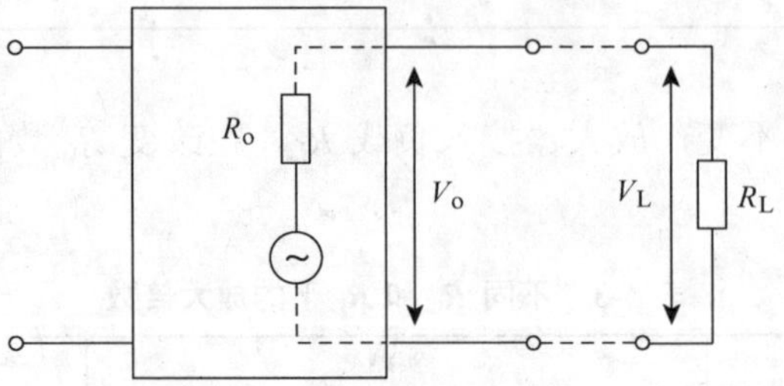

图 4-3　输出电阻测量

在输出端接入可调电阻作为负载，选择合适的 R_L 值使放大电路输出不失真（接示波器监视）。测量带负载时 V_L 和空载时的 V_o，即可计算出 R_o，表达式为

$$R_o=\left(\frac{V_o}{V_L}-1\right)R_L \tag{4-5}$$

本实验中，可通过不连接负阻 R_L 而测得输出端的空载输出电压 V_o，通过连接负载电阻 R_L 而测得输出端的负载输出电压 V_L，代入式（4-5）计算即可。

将上述测量和计算结果填入表 4-5 中。

表 4-5　输入电阻、输出电阻测试表

测算输入电阻（设 R_S=2kΩ）				测算输出电阻			
实测		测算	估算	实测		测算	估算
V_S/mV	V_i/mV	R_i	R_i	V_o $R_L=\infty$	V_o R_L=2kΩ	R_o/kΩ	R_o/kΩ

4.1.4　实验器材

（1）单级放大器实验板 1 块。

（2）示波器 1 台。

（3）晶体管毫伏表 1 台。

（4）万用表 1 台。

（5）直流稳压电源 1 台。

（6）函数发生器 1 台。

4.1.5　预习要求

（1）三极管和单管共射放大电路的工作原理。

（2）放大电路静态和动态测量方法。

4.1.6 实验报告

（1）记录和整理测试数据，按要求填入表格并画出波形图。

（2）分析在实验内容之动态研究的第（5）步中，波形变化的原因和性质。

（3）将 Q 点、电压增益和 R_i、R_o 的实验值和估算值列表比较。

4.1.7 思考题

（1）该实验电路中为稳定静态工作点采用了哪种类型的反馈？该反馈有什么特点？

（2）通过实验结果可以看出负载电阻的大小对放大电路的放大倍数是如何影响的？

4.2 场效应管放大电路

4.2.1 实验目的

（1）了解场效应管放大电路的工作原理。

（2）掌握场效应管的特性和参数的测试方法。

（3）掌握场效应管放大电路性能的调测方法。

4.2.2 实验原理

1）场效应管的分类

场效应管是一种电压控制电流的器件，其输入电阻高，噪声系数低，特别适合用在高灵敏度、低噪声的电路中。

场效应管按制作工艺的不同，可以分为两大类：结型场效应管（junction field-effect transistor，JFET）和金属-氧化物-半导体场效应管（metal-oxide-semiconductor field-effect transistor，MOSFET）。结型场效应管又分为 N 沟道和 P 沟道两种，而金属-氧化物-半导体场效应管分为耗尽型和增强型两种，每一种又分为 N 沟道和 P 沟道。

结型场效应管是直接利用导电沟道之间耗尽层的宽窄来控制电流的，而金属-氧化物-半导体场效应管是利用感应电荷的多少来控制导电沟道的宽窄从而控制电流的大小。

2）场效应管的特性

下面以 N 沟道结型场效应管为例说明场效应管的特性。图 4-4 为场效应管的漏极特性曲线。输出特性曲线分为 3 个区：可变电阻区、恒流区（饱和区）和击穿区。

（1）可变电阻区。位于特性曲线的左边，表示场效应管预夹断前电压、电流的关系。当 V_{DS} 较小时，由于 V_{DS} 的变化对沟道大小的影响不大，沟道电阻基本为一常数，I_D 基本随 V_{GS} 线性变化。因此，当 V_{GS} 变化时，沟道导通电阻的值将随 V_{GS} 的变化而变化，故称为可变电阻区。

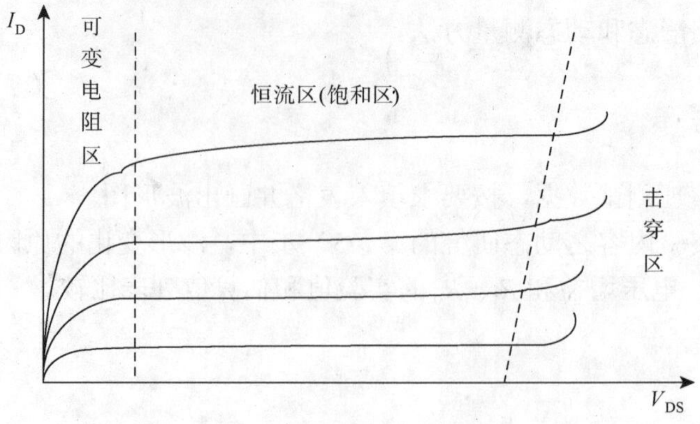

图 4-4　结型场效应管漏极输出特性曲线

（2）恒流区。位于特性曲线的中部平坦区，表示场效应管预夹断后电压、电流的关系。该区域的特点是 I_D 的大小受 V_{GS} 控制，当 V_{DS} 改变时，I_D 几乎不变。场效应管作为放大器使用时，一般工作在此区域内。

（3）击穿区。位于特性曲线的右边，当 V_{DS} 增加到某一临界值时，I_D 开始迅速增大，曲线上升，场效应管不能正常工作且容易烧毁，场效应管工作时要避免进入此区间。

3）场效应管的基本应用：共源极放大电路

场效应管是典型的电压控制电流的器件，其输出特性曲线和三极管的输出特性曲线极其相似，因此，也可作为放大器件组成放大电路，且栅极、源极、漏极与三极管的基极、发射极、集电极有较好的对应关系。图 4-5 以 N 沟道结型场效应管为放大器件，组成了一个共源极放大电路，其中，栅极通过电阻 R_{G3}、R_{G2} 接地，因 R_{G3} 中无电流流过，所以栅极与 R_{G2} 等电位，可通过可调电位器 R_{GW} 来改变。与此同时，还可通过可调电位器 R_{DW} 来改变源极电位，从而控制栅源两极电压来控制电路中 I_D 的变化。

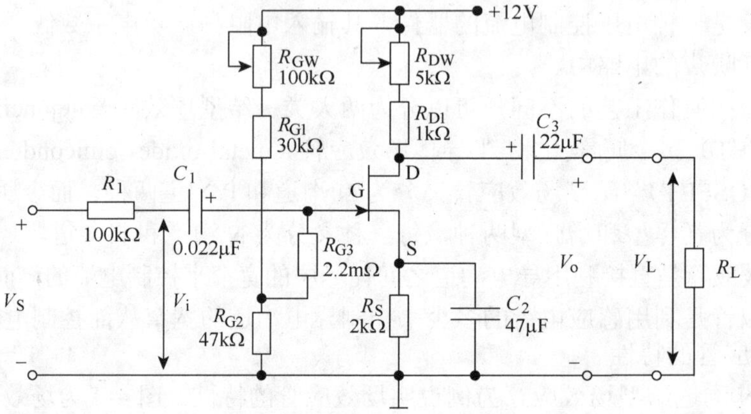

图 4-5　共源极放大电路

4.2.3　实验内容和步骤

1）静态测量与调整

按图 4-5 连接一个结型场效应管共源放大电路，检查无误后接通电源。调节 R_{GW} 和

R_{DW}使V_{GSQ}=−1V，用万用表测量静态工作点，记录V_{DSQ}和I_{DQ}填入表 4-6。

表 4-6　共源极放大电路静态工作点测试表

实测		实测计算
V_{DSQ}/V	V_{RS}/V	I_{DQ}/mA

2）动态研究

（1）输入正弦波信号有效值为 V_i=150mV，f=1kHz，在漏极输出端接入负载电阻R_L=20kΩ。

（2）用晶体管毫伏表测量输出电压V_o，计算放大倍数A_V，并填入表 4-7。

表 4-7　共源极放大电路放大倍数测试表

实测		实测计算
V_i/V	V_o/V	A_V

（3）参照实验 4.1 中测量放大电路输入电阻的方法，用晶体管毫伏表分别测量V_S和V_i，计算输入电阻R_i，并填入表 4-8。

表 4-8　共源极放大电路输入电阻测试表

实测		实测计算
V_S/V	V_i/V	R_i/kΩ

（4）参照实验 4.1 中测量放大电路输出电阻的方法，用晶体管毫伏表分别测量V_o和V_L，计算输出电阻R_o，并填入表 4-9。

表 4-9　共源极放大电路输出电阻测试表

实测		实测计算
V_o/V	V_L/V	R_o/kΩ

（5）利用双踪示波器同时显示输入、输入波形，观察共源极放大电路输入信号和输出信号的振幅和相位关系。

4.2.4　实验器材

（1）共源极放大器实验板 1 块。

（2）示波器 1 台。

（3）晶体管毫伏表 1 台。

（4）万用表 1 台。

（5）直流稳压电源 1 台。

（6）函数发生器 1 台。

4.2.5　预习要求

（1）结型场效应管和共源极放大电路的工作原理。

（2）放大电路静态和动态测量方法。

4.2.6　实验报告

（1）记录和整理测试数据，按要求填入表格并画出波形图。

（2）分析在 4.2.3 中动态研究第（5）步中，波形变化的原因和性质。

4.2.7　思考题

（1）分析电路中 R_S 和 R_D 对放大器的性能有何影响？

（2）为什么场效应管电压放大电路的放大倍数一般没有晶体管的电压放大倍数大？

4.3　射极跟随器

4.3.1　实验目的

（1）掌握射极跟随器的基本特性。

（2）进一步熟悉和掌握放大器电路各项参数的调测方法。

4.3.2　实验原理

1）射极跟随器的概念

射极跟随器又称为共集电极放大电路。在以三极管为核心器件的放大电路中，输入信号从基极进入，输出信号从发射极取出。因而在交流通路中，集电极作为输入和输出信号的公共端，故将此种组态的连接方式称为共集电极放大电路。因此，三极管在正常的放大区域工作时，输入、输出信号只有近似 0.7V 的压差，且输入、输出信号同相，射极输出电压可以看作对输入电压的一种跟随效果，于是将共集电极放大电路称为电压跟随器或射极跟随器。

2）射极跟随器的基本特性

（1）电压放大倍数。

通过分析射极跟随器的小信号模型可以发现，电路的电压放大倍数为

$$A_V = \frac{(1+\beta)\ (R_E//R_L)}{r_{be}+(1+\beta)\ (R_E//R_L)} \tag{4-6}$$

因此，射极跟随器的电压放大倍数小于 1 但近似等于 1，且输入、输出同相。而射极电流作为输出电流，比作为输入电流的基极电流放大了 β 倍，所以射极跟随器仍然具

有电流放大和功率放大作用。

（2）输入电阻。

通过小信号模型，可以得到电路的输入电阻为

$$R_i = R_B // [r_{be} + (1+\beta)(R_E // R_L)] \tag{4-7}$$

由此可见，射极跟随器的输入电阻大于同样结构的单管共射放大电路的输入电阻（$R_i=R_B//r_{be}$），因此，为了稳定某些电路的电压输出，或降低多级放大电路中后级对前级的影响，通常也会选用射极跟随器作为阻抗匹配。

（3）输出电阻。

同样通过小信号模型，可以得到电路的输出电阻为

$$R_o = \frac{r_{be}}{\beta} // R_E \tag{4-8}$$

由此可见，射极跟随器的输出电阻比同样结构的单管共基极放大电路的输出电阻（$R_o = R_C$）要小一些，且三极管的 β 越大，射极跟随器的输出电阻越小，比较适宜用做电压输出。

（4）电压跟随范围。

电压跟随范围反映了射极跟随器的输出电压随输入电压作线性变化的取值区域。因为射极跟随器要实现输出电压跟随，其前提条件是三极管能够正常工作在放大区。若输入信号电压幅值不断增加，Q 点的运动位置必然会进入饱和区或截止区，从而引起非线性失真，输出电压便不能保证跟随效果，于是射极跟随器的输入电压就必须限定在一定的范围内，即电压跟随范围。为了确保电压跟随范围尽可能宽，且输出电压波形正、负半周对称，Q 点应选在交流负载线的中点位置。

4.3.3　实验内容和步骤

1）静态测量与调整

按照图 4-6 连接实验电路，断开 R_L，使 V_{CC}=12V，在 V_S 两端输入频率为 f=1kHz 的

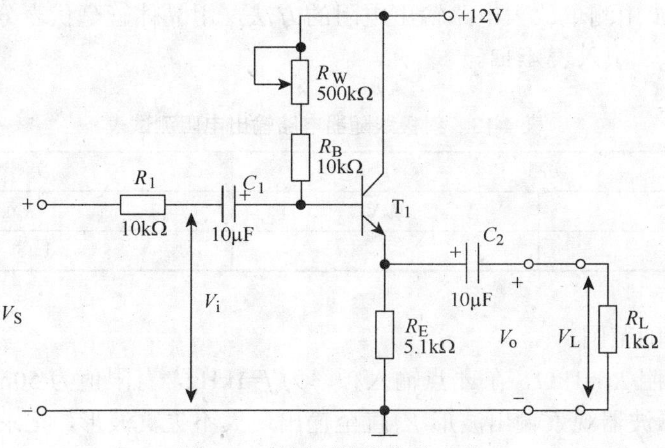

图 4-6　射极跟随器实验电路

V_S 信号。增大 V_S 幅值，用示波器观察输出波形 V_o，调节电位器 R_W，使输出波形 V_o 随 V_S 幅值的增加而出现正、负半周波峰同时被削去的现象。除掉输入信号 V_S，用万用表测量三极管各极对地电压，记入表 4-10。

表 4-10 射极跟随器的静态工作点测试表

V_{BQ}/V	V_{CQ}/V	V_{EQ}/V	I_{EQ}/mA

2）动态测试

（1）电压放大倍数。

接入负载电阻 R_L=1kΩ，在 A 点输入频率为 f=1kHz，有限值为 50mV 的 V_S 信号，用晶体管毫伏表测量 V_i 和 V_L 填入表 4-11 并计算 A_V。

表 4-11 射极跟随器的电压放大倍数

V_i/V	V_L/V	A_V

（2）输入电阻测量。

参照实验 4.1 中测量放大电路输入电阻的方法，用晶体管毫伏表分别测量 V_S 和 V_i，计算输入电阻 R_i，填入表 4-12。

表 4-12 射极跟随器电路输入电阻测试表

实测		实测计算
V_S/V	V_i/V	R_i/kΩ

（3）输出电阻测量。

参照实验 4.1 中测量放大电路输出电阻的方法，用晶体管毫伏表分别测量 V_o 和 V_L，计算输出电阻 R_o，填入表 4-13。

表 4-13 射极跟随器电路输出电阻测试表

实测		实测计算
V_o/V	V_L/V	R_o/kΩ

（4）电压跟随范围。

接入负载电阻 R_L=1kΩ，在 A 点输入频率为 f=1kHz，有限值为 50mV 的 V_S 信号，增大 V_S 幅值，用示波器观察输出波形 V_o 直至输出最大不失真波形，记录下 V_i 和 V_L，填入表 4-14。

表 4-14　射极跟随器电压跟随范围测试

V_i/V	V_L/V

（5）频率响应特性。

改变输入信号 V_S 的频率，用晶体管毫伏表测量输出电压 V_L，分别记录射极跟随器的上、下限截止频率填入表 4-15。

表 4-15　射极跟随器电压的频率响应特性

f_L/kHz	f_H/kHz

4.3.4　实验器材

（1）射极跟随器电路实验板 1 块。

（2）示波器 1 台。

（3）晶体管毫伏表 1 台。

（4）万用表 1 台。

（5）直流稳压电源 1 台。

（6）函数发生器 1 台。

4.3.5　预习要求

（1）掌握三极管放大电路的小信号模型分析。

（2）了解射极跟随器的工作原理。

4.3.6　实验报告

（1）记录和整理测试数据，按要求填入表格。

（2）将测得的输入电阻和输出电阻与共基极放大电路进行比较和并进行分析。

（3）绘制 $V_L=f（V_i）$ 特性曲线和 $V_L=f（f）$ 特性曲线。

4.3.7　思考题

（1）射极跟随器的典型应用电路中，电阻 R_B 对提高放大电路的输入电阻有什么影响？

（2）射极跟随器在实际应用中往往会带有自举电路，其作用是什么？

4.4　负反馈放大电路

4.4.1　实验目的

（1）了解反馈的概念及正、负反馈的区别。

（2）掌握负反馈放大电路的设计原则和方法。

（3）测试负反馈放大电路的性能参数，验证负反馈对放大电路的影响。

4.4.2 实验原理

1）负反馈的概念

电路的输出回路通过电子线路连接到输入回路即引入了反馈，若反馈量使原来的输入量减小，就称这个反馈为负反馈。

2）负反馈的四种类型

从输出侧看，根据反馈回来的物理量的不同可分为电压反馈和电流反馈；从输入侧看，根据反馈回来的物理量与输入信号的连接形式的不同可分为串联反馈和并联反馈。所以负反馈常见的四种类型为电压串联负反馈、电流串联负反馈、电压并联负反馈和电流并联负反馈。

3）负反馈对于放大电路性能的影响

（1）提高了增益的稳定性。引入负反馈后，增益的相对变化是未加负反馈时增益相对变化的 1/（1+AF）：

$$A_{\mathrm{f}} = \frac{A}{1+AF} \tag{4-9}$$

$$\frac{d_{A_{\mathrm{f}}}}{A_{\mathrm{f}}} = \frac{1}{1+AF}\frac{d_A}{A} \tag{4-10}$$

（2）减小了非线性失真。因为在深度负反馈条件下，反馈放大电路的增益近似为 1/F，相比开环电路的非线性传输特性曲线，更接近于一条直线，所以避免了开环情况下的非线性失真。

（3）增强了反馈环内的有效信号信噪比。通过在开环电路中加入无噪声或低噪声的前置放大级和后端的负反馈网络，对于改善系统的信噪比有明显的效果。

（4）拓宽了放大电路的通频带。引入负反馈之后，放大电路的上、下限截止频率都会增加，增加的程度与反馈深度有关。

（5）对输入电阻、输出电阻的影响。①电压负反馈使输出电阻变小。因为电压负反馈是使输出电压稳定的，要想体现出更好的恒压特性（不随负载而波动），这时等效电压源的内阻就应较小，所以使输出电阻减小。②电流负反馈使输出电阻变大。因为电流负反馈是使输出电流稳定的，要想体现出更好的恒流特性（不随负载而波动），这时等效电压源的内阻就应较大，所以使输出电阻增大。③串联负反馈使输入电阻变大。开环电路的输入阻抗与负反馈网络的输入阻抗串联，势必使闭环电路的输入电阻增大。④并联负反馈使输入电阻变小。开环电路的输入阻抗与负反馈网络的输入阻抗并联，势必使闭环电路的输入电阻增大。

4）反馈方式的选择

四种基本负反馈方式的选用，可以根据以下原则确定：一是根据负载对放大电路的要求；二是根据信号源内阻（或前一级的输出电阻）的大小决定。

（1）根据负载要求确定反馈方式。

在负载变动的情况下，若要求放大电路提供给负载以基本恒定的电压，宜采用电压负反馈方式。因为这种反馈方式降低了放大电路的输出电阻，使放大器输出端具有恒压源的特征。若要求放大电路提供给负载以基本恒定的电流，宜采用电流负反馈方式。因为这种反馈方式提高了电路的输出电阻，使放大电路的输出端具有恒流源的特征。

（2）根据信号源内阻确定反馈方式。

若信号源内阻高（或前级为电流负反馈电路），宜采用并联负反馈方式。因为信号源具有电流源的特征，如果采用串联负反馈方式，输入信号电流的大小，基本上不受控于反馈信号，负反馈作用很不明显。若信号源内阻低（或前级为电压负反馈电路），宜采用串联负反馈方式。因为信号源具有电压源的特征，如果采用并联负反馈方式，输入信号电压的高低，基本上不受控于反馈信号，负反馈作用也不太明显。

5）实验电路原理图

该实验电路由三极管 T_1、T_2 组成两级放大，每一级都在各自的发射极引入了电流串联负反馈以稳定静态工作点，其实验原理图如图 4-7 所示。R_f 所在的回路将第二级的输出反馈回了第一级的输入回路，属于级间反馈。因为反馈网络与输出电压是并联的，与输入电压是串联的，其反馈类型为电压串联负反馈。

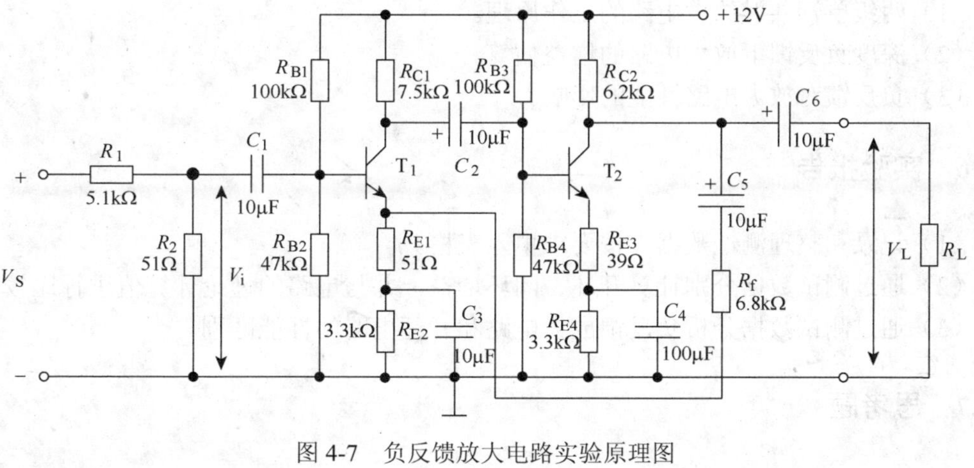

图 4-7 负反馈放大电路实验原理图

4.4.3 实验内容和步骤

（1）给实验电路板接入直流稳压电源 V_{CC}=12V，并输入频率 f=1kHz 的 V_S 信号，并改变其幅值大小，使 V_i 处的电压有效值为 10mV，用晶体毫伏表测量输出。利用开关 K_1 的断开与闭合来判断是否处于反馈状态。

（2）在闭环条件下（负反馈条件下），保持输入 V_i=10mV 的有效值，测量输出 V_o，A_f 和 BW 及稳定性（将 V_{CC} 减小 10%，测量输出值变化 ΔV_o），记录数据在表 4-16 中。

（3）开环条件下（无负反馈），保持 V_o 输出与第二步测出的值一致，减小输入信号的幅度，测量 V_i、A、BW 和稳定性（将 V_{CC} 减小 10%，测量输出变化 ΔV_o）并记录数据在表 4-16 中。

表 4-16 负反馈放大电路性能对比测试表

	V_i	V_o	A	A_f	ΔV_o	f_L	f_H	BW
闭环(有反馈)								
开环(无反馈)								

4.4.4 实验器材

(1) 负反馈放大电路实验板 1 块。
(2) 示波器 1 台。
(3) 晶体管毫伏表 1 台。
(4) 万用表 1 台。
(5) 直流稳压电源 1 台。
(6) 函数发生器 1 台。

4.4.5 预习要求

(1) 两级单管共射放大电路的工作原理。
(2) 深度负反馈下放大电路的增益估算。
(3) 负反馈对放大电路性能的影响。

4.4.6 实验报告

(1) 记录和整理测试数据，按要求填入表格。
(2) 通过测试数据分别计算开环、闭环增益，并与电路的理论计算值进行比较。
(3) 通过测试数据分析负反馈放大电路和开环电路的性能区别。

4.4.7 思考题

(1) 在实验步骤 (3) 中，为什么要保持输出信号大小不变，而减小输入信号？
(2) 前后两级放大电路之间采用何种耦合方式，有何优点？

4.5 差分放大电路

4.5.1 实验目的

(1) 了解差分放大电路的典型结构、共模信号与差模信号的区别。
(2) 掌握差分放大电路的设计原则和方法。
(3) 测试差分放大电路的性能参数，验证差分放大电路对共模信号的抑制作用。

4.5.2 实验原理

1）共模信号、差模信号的数学定义和含义

差分放大电路的功能是放大两个输入信号的差值。而实际情况是，输出电压不仅取决于两个信号的差值，还与它们的和值有关系。于是，将两个输入信号之差定义为差模信号：

$$V_{id} = V_{i1} - V_{i2} \tag{4-11}$$

将两个输入信号的算术平均值定义为共模信号：

$$V_{ic} = \frac{V_{i1} + V_{i2}}{2} \tag{4-12}$$

于是，用共模和差模信号表示两个输入电压时，有如下关系：

$$V_{i1} = V_{ic} + \frac{V_{id}}{2} \tag{4-13}$$

$$V_{i2} = V_{ic} - \frac{V_{id}}{2} \tag{4-14}$$

2）差分放大电路中差模信号的连接方式和特性

（1）差模信号的双端输入-双端输出：放大倍数与单管放大电路一致。

（2）差模信号的双端输入-单端输出：放大倍数为双入双出方式的一半。

（3）差模信号的单端输入-双端输出：特性与双入双出方式一致。

（4）差模信号的单端输入-双端输出：特性与双入单出方式一致。

3）差分放大电路中共模信号的连接方式和特性

（1）共模信号的双端输入-双端输出：理想情况下，放大倍数等于 0。

（2）共模信号的双端输入-单端输出：恒流源特性越好，放大倍数越趋近于 0。

4）实验电路原理图

该实验电路采用双电源供电，利用三极管 T_1、T_2 组成了基本的差分放大电路结构，各极连接的电阻阻值相同。输入有两个端口 V_{i1}（①点）和 V_{i2}（②点），输出有两个端口 V_{o1}（③点）和 V_{o2}（④点），两个输出端口间接入一个 R_L=20kΩ的负载电阻。三极管 T_3、T_4 组成了一个镜像电流源，为 T_1、T_2 管提供稳定的静态工作电流。电位器 R_{P1} 的作用是调整 T_1、T_2 管的对称性，电位器 R_{P2} 的作用是调整恒流源的电流大小，从而改变 T_1、T_2 管的静态工作点。其实验电路原理图如图 4-8 所示。

4.5.3 实验内容和步骤

（1）为实验电路板接入 V_{CC}=12V，V_{EE}=−12V 的电源，注意正负电源接法。

（2）确定电路的静态工作点。使输入为零，用万用表测量电阻 R_{E3} 的两端电压，调节 R_{P2} 使其大小为 2V。

（3）调整差分放大电路的对称性。用万用表测量电阻 R_L 的两端电压，调节 R_{P1} 使其大小为 0V。

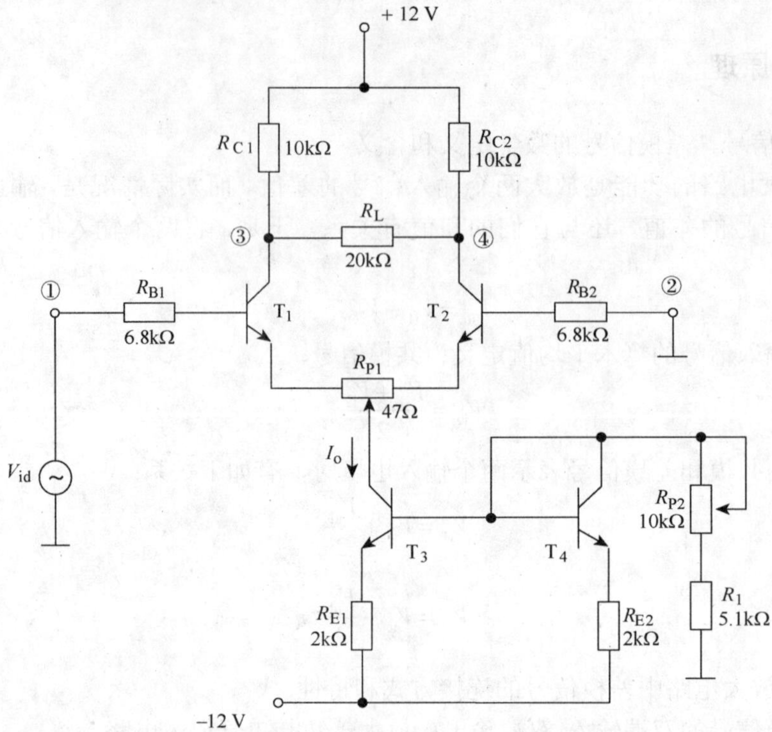

图 4-8　差分放大电路实验电路原理图

（4）差模放大倍数测量。输入 f=1kHz，V_{id}=20mV 的差模信号，测量并记录 V_{od}。

（5）共模放大倍数测量。输入 f=500Hz，V_{ic}=500mV 的信号，分别测量 V_{oc1} 和 V_{oc2} 将结果填入表 4-17。

表 4-17　差分放大电路性能测试表

	差模信号	共模信号
V_i	V_{id}=20mV，f=1kHz	V_{ic}=500mV，f=500Hz
输出	V_{od1}=______mV V_{od2}=______mV	V_{oc1}=______mV V_{oc2}=______mV
A_V	A_{vd}=（V_{od1}+V_{od2}）/V_i=______	A_{vc}=（V_{oc1}−V_{oc2}）/V_{ic}=______
抑制比	K_{CMR}=20lg（A_{vd}/A_{vc}）=_____dB	

4.5.4　实验器材

（1）差分放大器实验板 1 块。

（2）晶体管毫伏表 1 台。

（3）万用表 1 台。

（4）直流稳压电源 1 台。

（5）函数发生器 1 台。

4.5.5　预习要求

（1）差分放大电路和镜像电流源的工作原理。

（2）差模信号和共模信号各自的输入输出方式和特点。

4.5.6　实验报告

（1）记录和整理测试数据，按要求填入表格。

（2）对比分析数据，得出差动放大电路的工作特点。

4.5.7　思考题

（1）为什么在测试差分放大电路的静态工作点时，必须使输入端为零？

（2）为什么在测试差分放大电路的静态工作点时，在输入端不为零的情况下，电阻 R_{E3} 仍然有电压降？

4.6　运算放大器应用

4.6.1　实验目的

（1）了解集成运算放大器的主要特性和参数。

（2）掌握由集成运算放大器构成比例、加减和积分等基本运算电路。

（3）了解一些集成运算放大器的其他典型应用。

4.6.2　实验原理

1）集成运算放大器的基本组成

集成运算放大器简称集成运放，是一种电压放大倍数很大的直接耦合的多级放大电路，一般由前置输入级、中间放大级和功率输出级三部分组成。输入级一般采用双端输入的差分放大电路，有效地减小了零点漂移，抵制了共模干扰。中间级一般采用多级共射放大电路来实现电压的放大。输出级则一般采用互补对称放大电路或共集放大电路来完成输出电流的扩流，从而提高放大器的功率输出。因此，集成运算放大电路具有抗干扰能力强、电压放大倍数高、输入电阻大、输出电阻小等优点。

运算放大器的电路符号如图 4-9 所示。由图可见，它具有两个输入端和一个输出端。当信号从“−”端输入时，输出信号与输入信号反相，故“−”端称为反相输入端。而从“+”端输入时，输出信号与输入信号同相，故称“+”端为同相输入端。

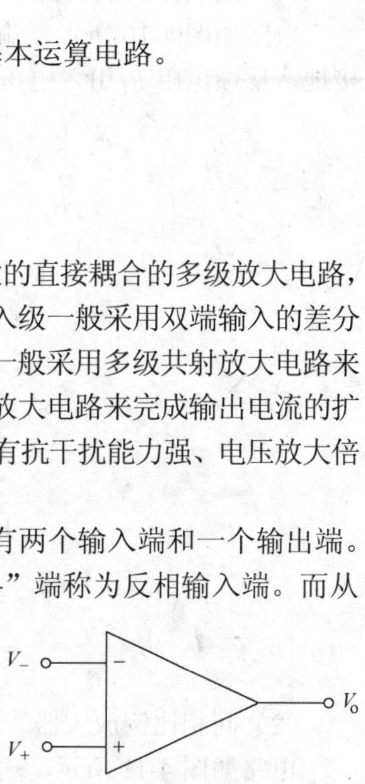

图 4-9　运算放大器的电路符号

运算放大器的具体特点如下。

（1）高增益。

运算放大器的电压放大倍数为

$$A = \frac{V_o}{V_- - V_+} \tag{4-15}$$

式中，V_o为运放的输出电压；V_+为“+”输入端对地电压；V_-为“−”输入端对地电压。不加反馈（开环）时，直流电压放大倍数高达10^4～10^6。

（2）高输入阻抗。

运算放大器的输入阻抗一般为10^6~$10^{11}\Omega$。

（3）低输出阻抗。

运算放大器的输出阻抗一般为几十到一二百欧姆。当它工作于深度负反馈状态时，其闭环输出阻抗将更小。

为使电路分析简单，常把上述特性理想化，即认为运算放大器的电压放大倍数和输入阻抗均为无穷大，输出阻抗为零。据此得出下面两个结论。

①由于输入阻抗为无穷大，所以运放的输入电流等于零。

②基于运放的电压放大倍数为无穷大，输出电压为一有限值，由式(4-15)可知，差动输入电压（$V_- - V_+$）趋于零值，即$V_- = V_+$。

2）运算放大器构成的基本运算电路

在运算放大器的外部接入不同的线性或非线性元件组成输入和负反馈电路时，可以实现各种特定的模拟运算关系。最常见的线性应用就是比例、加减法、积分和微分等运算电路。

（1）反相比例放大器。

电路如图 4-10 所示，输入信号V_i经电阻R_1引到反相输入端，同相输入端经电阻R_2接地，反馈电阻R_f引入电压并联负反馈。输入、输出关系表达式为

$$V_o = -\frac{R_f}{R_1} V_i \tag{4-16}$$

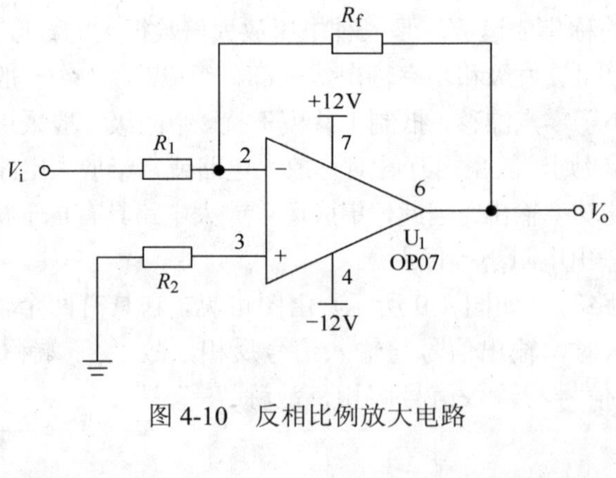

图 4-10　反相比例放大电路

（2）同相比例放大器。

电路如图 4-11 所示，输入信号V_i经电阻R_2送到同相输入端，反相输入端经电阻R_1接地，反馈电阻R_f引入电压串联负反馈。输入、输出关系表达式为

$$V_o = \left(1 + \frac{R_f}{R_1}\right) V_i \tag{4-17}$$

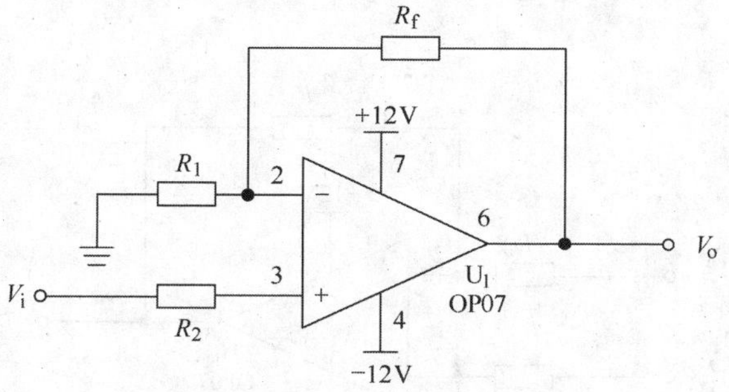

图 4-11　同相比例放大电路

（3）反相加法器。

电路如图 4-12 所示，输入信号 V_{i1} 和 V_{i2} 分别经电阻 R_1 和 R_2 引到反相输入端，同相输入端经电阻 R_3 接地，反馈电阻 R_f 引入电压并联负反馈。利用叠加原理，易得输入、输出关系表达式为

$$V_o = -\left(\frac{R_f}{R_1} V_{i1} + \frac{R_f}{R_2} V_{i2}\right) \tag{4-18}$$

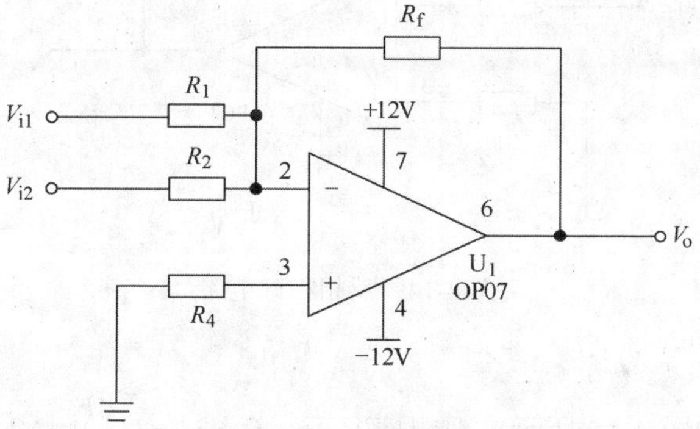

图 4-12　反相加法电路

（4）差分式减法器。

电路如图 4-13 所示，输入信号 V_{i1} 经电阻 R_1 接到反相端，V_{i2} 经电阻 R_2 引到同相输入端，反馈电阻 R_f 引入电压负反馈，而电阻 R_3 从同相输入端接地。特别地，当 R_1=R_2、R_3=R_f 时，输入、输出关系表达式为

$$V_o = \frac{R_f}{R_1}\left(V_{i2} - V_{i1}\right) \tag{4-19}$$

（5）积分电路。

同相输入或反相输入均可构成积分运算电路。图 4-14 中构成的是反相积分电路。理想条件下，$i_C = i_R$ 。图中 2 点为虚地，故输出信号电压为

$$V_o = -\frac{1}{RC}\int V_i \mathrm{d}t = -\frac{1}{\tau}\int V_i \mathrm{d}t \tag{4-20}$$

式（4-20）表明：输出信号电压正比于输入信号电压对时间的积分关系，$\tau = RC$ 为积分时间常数。

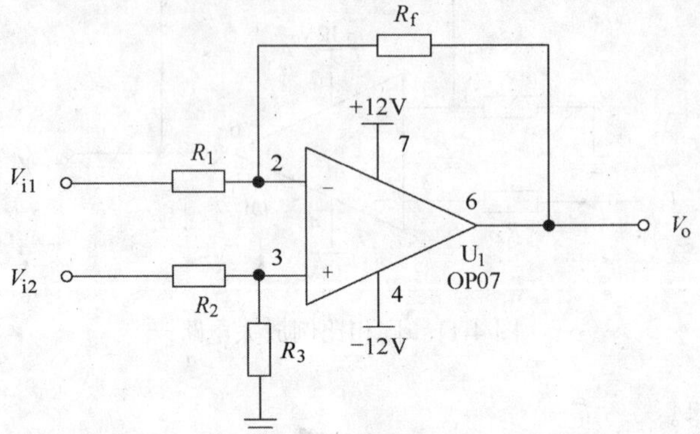

图 4-13　差分式减法电路

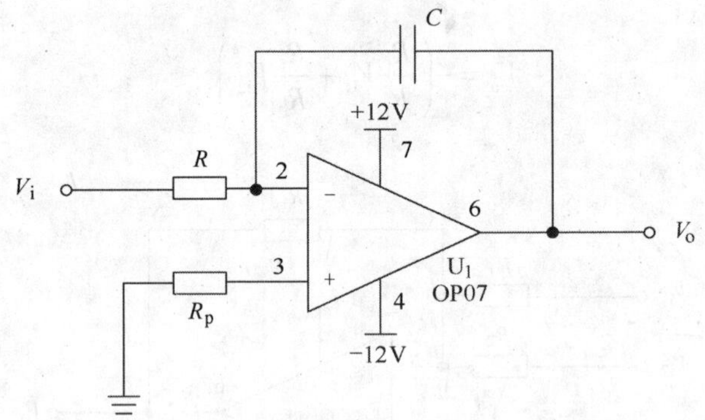

图 4-14　反相积分电路

（6）微分电路。

反相微分电路如图 4-15 所示。理想情况下，$i_C = i_R = C\frac{\mathrm{d}V_i}{\mathrm{d}t}$；2 点为虚地，所以输出与输入电压的关系为

$$V_o = -RC\frac{\mathrm{d}V_i}{\mathrm{d}t} = -\tau\frac{\mathrm{d}V_i}{\mathrm{d}t} \tag{4-21}$$

式中，$\tau = RC$ 为微分时间常数。

4.6.3　实验内容和步骤

1）认识集成运放芯片并调零

实际应用中，比较常用的是集成运放芯片 OP07，封装和引脚如图 4-16 所示，共有 8 个引脚，其中 2 脚为反相输入端，3 脚为同相输入端，4 脚为负电源端，7 脚为正电源端，6 脚为输出端。在连接基本运算电路之前，可给集成运放芯片接通正、负电源，然后将输入端对地短接，进行调零。

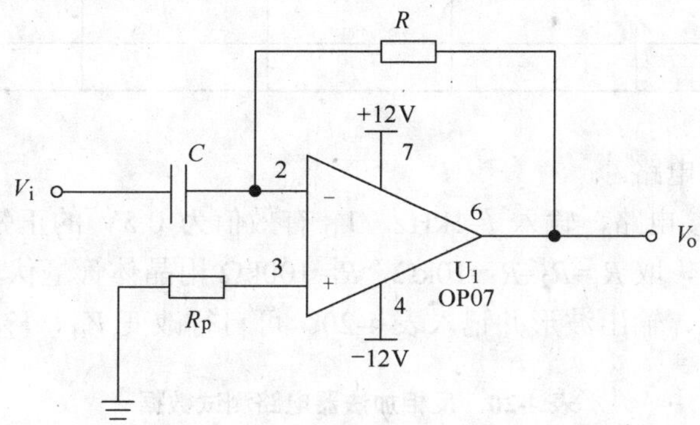

图 4-15　反相微分电路

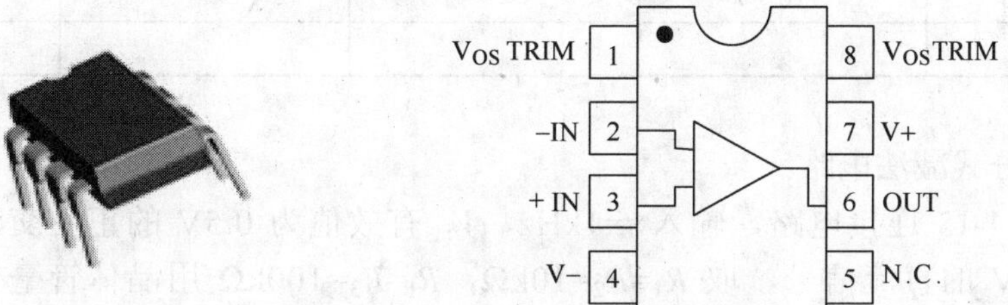

图 4-16　OP07 封装和内部引脚示意图

2）基本运算电路的连接、测试

（1）反相比例放大电路。

按照图 4-10 连接电路，输入 f=1kHz，V_i 有效值为 0.5V 的正弦交流信号，选取三组不同的 R_1 和 R_f，用晶体管毫伏表测量输出电压 V_o，并用示波器观察输入、输出波形的相位关系，填入表 4-18。

表 4-18　反相比例放大电路测试数据

R_1	R_f	V_i	V_o	A_V（理论）	A_V（实测）	相位关系

（2）同相比例放大电路。

按照图 4-11 连接电路，输入 f=1kHz，V_i 有效值为 0.5V 的正弦交流信号，选取 3 组不同的 R_1 和 R_f，用晶体管毫伏表测量输出电压 V_o，并用示波器观察输入、输出波形的相位关系，填入表 4-19。

表 4-19　同相比例放大电路测试数据

R_1	R_f	V_i	V_o	A_V（理论）	A_V（实测）	相位关系

（3）反相加法器电路。

按照图 4-12 连接电路，输入 f=1kHz，V_{i1} 有效值为 0.5V 的正弦交流信号，另输入 V_{i2} 为 1V 的直流信号，取 R_1=R_2=R_3=10kΩ，R_f=100kΩ 用晶体管毫伏表测量输出电压 V_o，并用示波器观察输入、输出波形并记入表 4-20。可自行改变 V_{i1}、V_{i2} 数据多测两次。

表 4-20　反相加法器电路测试数据

V_{i1}	V_{i2}	V_o（理论）	V_o（实测）	波形情况

（4）差分式减法电路。

按照图 4-13 连接电路，输入 f=1kHz，V_{i1} 有效值为 0.5V 的正弦交流信号，另输入 V_{i2} 为 1V 的直流信号，取 R_1=R_2=10kΩ，R_f=R_3=100kΩ 用晶体管毫伏表测量输出电压 V_o，并用示波器观察输入、输出波形并记入表 4-21。可自行改变 V_{i1}、V_{i2} 数据多测两次。

表 4-21　差分式减法器电路测试数据

V_{i1}	V_{i2}	V_o（理论）	V_o（实测）	波形情况

（5）积分运算电路。

按照图 4-14 连接电路，取 C=0.0047μF，R=5.1kΩ，预先调好方波输入信号，电压 V_i 为 0.5V，用示波器观测输出 V_o 的波形，改变输入方波信号的频率，使方波的脉宽 t_p 与电路时间常数 τ 满足下列三种关系，即 $t_p=\tau$、$t_p\geqslant\tau$、$t_p\leqslant\tau$，分别观测输入输出信号的波形，并记录。

（6）微分运算电路。

按照图 4-15 连接电路，取 C=0.0047μF，R=5.1kΩ，预先调好方波输入信号，电压 V_i 为 0.5V，用示波器观测输出 V_o 的波形，改变输入方波信号的频率，使方波的脉宽 t_p 与电路时间常数 τ 满足下列三种关系，即 $t_p=\tau$、$t_p\geqslant\tau$、$t_p\leqslant\tau$ 分别观测输入输出信号的波形，并记录。

4.6.4　实验器材

（1）集成运算放大电路实验板 1 块。
（2）示波器 1 台。
（3）晶体管毫伏表 1 台。
（4）万用表 1 台。
（5）直流稳压电源 1 台。
（6）函数发生器 1 台。

4.6.5　预习要求

（1）了解集成运算放大电路的内部结构和主要特点。
（2）熟悉由集成运放组成的基本运算电路的关系表达式的推导。
（3）了解集成运放芯片如何调零。

4.6.6　实验报告

（1）记录和整理测试数据，按要求填入表格。
（2）绘制不同 R 取值下，积分电路和微分电路的输入、输出波形图。

4.6.7　思考题

（1）在积分电路中，为什么会出现输出波形的一个恒定值？
（2）如何利用集成运放完成一个正弦波振荡电路的设计？

第 5 章　数字电子技术基础实验

5.1　基本门电路

5.1.1　实验目的

（1）掌握常用 TTL、CMOS 集成门电路的逻辑功能和逻辑符号。

（2）验证常用 TTL、CMOS 集成门电路的逻辑功能。

（3）了解集成电路外引线排列及其使用方法。

（4）学会使用 KHD-2 型数字电路实验台。

5.1.2　实验原理和电路

集成逻辑门电路是最基本的小规模数字集成电路。常用的集成逻辑门电路主要有与门、或门、非门、与非门等。虽然目前各类中大规模以及超大规模的专用集成电路和可编程逻辑器件被广泛使用，但在组成某些系统时，仍要使用各种基本逻辑门电路。因此，掌握逻辑门的工作原理，熟练、灵活地使用逻辑门是数字技术工作者必备的基本功之一，也是使用大规模数字器件的基础。

1）TTL 门电路

TTL（transistor transistor logic）逻辑门电路是以 BJT 为基础发展起来的一种集成电路。由于其工作速度高、种类多、不易损坏而被广泛使用。最早的 TTL 门是 74 系列的芯片，后来又出现了 74H 系列、74L 系列、74S 系列、74LS 系列、74AS 系列、74ALS 和 74F 系列等。不同系列的 TTL 门电路具有略微不同的工作速度、工作电压和高低电平等。例如，常用的 74LS 系列的工作电压为 5V，逻辑电平“0”时输出小于 0.4V，逻辑电平“1”时输出大于 2.4V。

图 5-1 为常用的 2 输入与门，2 输入或门，2 输入与非门和非门的逻辑符号图。各自的逻辑表达式分别为：①与门 $Q=AB$；②或门 $Q=A+B$；③与非门 $Q=\overline{AB}$；④反相器 $Q=\overline{A}$。

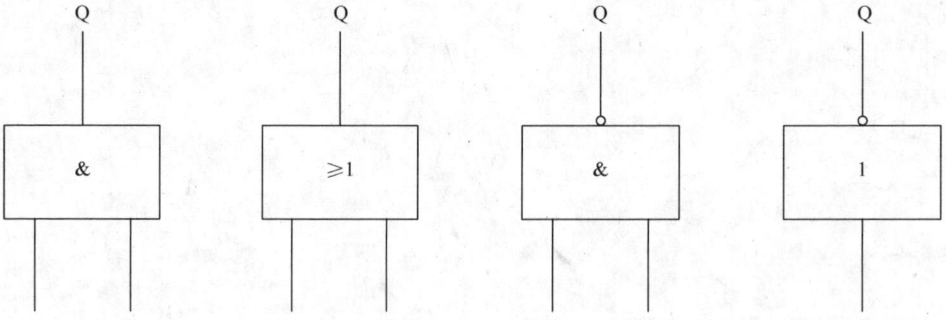

(a) 与门　(b) 或门　(c) 与非门　(d) 非门

图 5-1　常用门电路逻辑符号

TTL 集成电路的引脚分别对应逻辑符号图中的输入、输出端。电源和地一般为集成电路的两端，如图 5-2 所示。

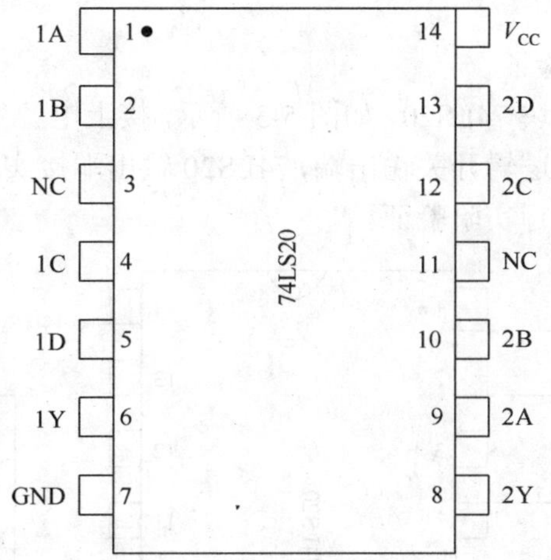

图 5-2　74LS20 外引脚图

集成电路外引脚的识别方法是：将其正面对准使用者，以凹口左边或小标点“•”为起始引脚 1，逆时针方向数为引脚 1，2，3，…，*n*。各引脚的具体功能参见其数据手册。

2）CMOS 门电路

互补金属氧化物半导体（complementary metal oxide semiconductor，CMOS）是数字逻辑电路的主流工艺技术。CMOS 集成门电路是在 TTL 电路之后出现的。相对于 TTL 电路，CMOS 电路一般静态功耗极低，输出幅度大，噪声容限大，电源范围较宽，输入阻抗高，删除能力强，但一般工作速度也较低。和 TTL 一样，CMOS 也有很多系列，如 4000、74HC、74HCT、74LVC、74AUC 等，不同的系列也具有不同的电特性。CMOS 门电路在应用时，必须注意以下几个方面。

（1）电源。选择合适的电源电压，在不同的工作电压下，其输出阻抗、工作速度和功耗等参数都有所变化。电源不得反接，反接会导致电流过大而损坏。

（2）剩余端口的处理。不用的输入端不能悬空，应按逻辑要求接高电平（VDD）或低电平（VSS），以免受到干扰，甚至损坏器件。对于工作速度不高，而要求增加带负载能力时，可把输入端并联使用。不用的输出端口可悬空，不允许直接接高电平（VDD）或低电平（VSS）。除三态门外，不允许可能输出不同逻辑电平的输出端并联，否则将导致器件损坏。

（3）逻辑电平。在使用 CMOS 数字集成电路时，输入信号的低电平不能低于（VSS–0.5V）。除某些接口电路外，输入信号的高电平不得高于（VDD+0.5V），否则可能引起保护二极管导通，甚至损坏，进而可能使输入级损坏。同时当器件 VDD 端未接通电源时，不允许信号输入，同样将导致输入端保护电路中的二极管损坏。

（4）输入阻抗极高，因此焊接或测量仪器必须可靠接地，以防损坏器件。

CMOS 集成电路逻辑符号、逻辑关系和外引脚排列方法均同 TTL，所不同的是型号和电源范围。

5.1.3　实验内容和步骤

1）TTL 逻辑功能的验证

在实验箱上插上集成块 74LS20，如图 5-3 所示，接上电源“+5V”和地，并把 74LS20 的输入端接实验板右下角逻辑开关输出端，74LS20 输出端接实验板右上角逻辑电平输入插孔。检查无误后即可进行实验验证。

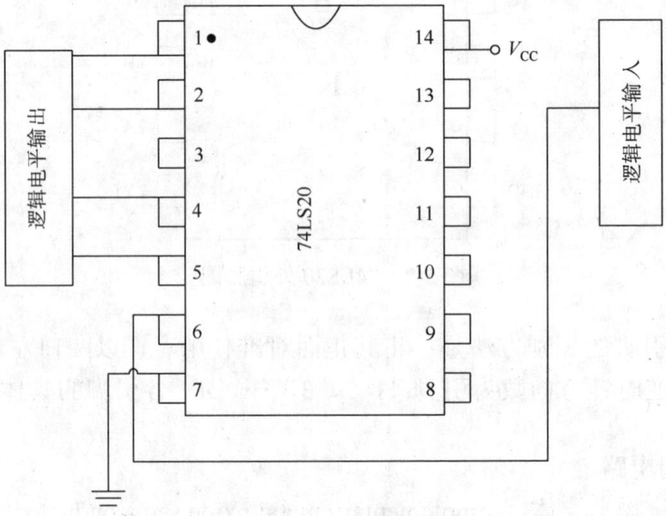

图 5-3　TTL 门电路实验电路

按表 5-1 输入一栏中 A、B、C、D 的逻辑电平输入信号，观察对应的输出结果（观察 LED，灯亮为逻辑 1，灯灭为逻辑 0），并填入表 5-1。

分析表 5-1 的记录结果，观察该结果是否为 4 输入与非逻辑。

用万用表测量 TTL 电路“0”和“1”电平数值。

表 5-1　TTL 门电路实验记录表

输入				输出
D	C	B	A	Y
0	0	0	0	
0	0	0	1	
0	0	1	1	
0	1	1	1	
1	1	1	1	

2）CMOS 门电路逻辑功能验证

CMOS 门电路的逻辑功能验证方法同 TTL 门电路。这里仅选用 CMOS 或非门 CD4002 进行验证。

（1）实验验证线路图如图 5-4 所示。图 5-4（a）为或非门逻辑符号，图 5-4（b）为接线图。不用的多余输入端应可靠接地。

（2）按图 5-4（b）接线，输入端接 K_1～K_3 逻辑开关，输出端接逻辑电平输入插孔。电源电压选用 5V，14 脚接+5V，7 脚接地。

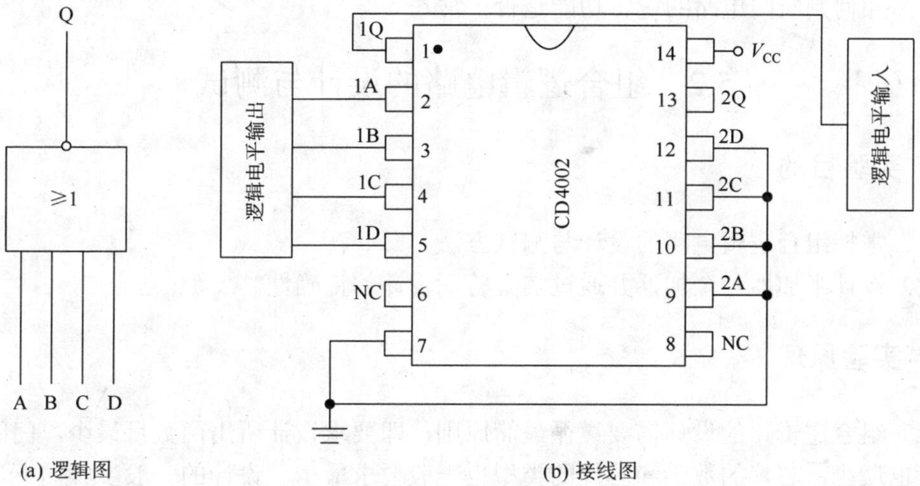

图 5-4　实验验证线路

（3）接通电源，拨动逻辑开关输入相应的信号，验证其功能是否满足或非门逻辑表达式 $Q=\overline{A+B+C+D}$（表格自拟）。

（4）CMOS 集成电路与 TTL 集成电路不同，多余不用的输入端都必须进行处理。此外，在实验时，当输入端需要改接连线时，不得在通电情况下进行操作，均需要先切断电源，改接连线完成后，再通电进行实验。

（5）用万用表测量 CMOS 电路“0”和“1”电平数值。

5.1.4　实验器材

（1）KHD-2 型实验台 1 台。

（2）集成块：74LS20 一块；CD4002 一块。

（3）万用表 1 台。

5.1.5　预习要求

（1）复习门电路的逻辑功能和各逻辑函数表达式。

（2）画好实验用表格。

5.1.6　实验报告

（1）画出实验用门电路的逻辑符号，并写出其逻辑表达式。

（2）整理实验表格。

5.1.7　思考题

（1）与非门中不用的输入端应如何处理？

（2）如何判断门电路的逻辑功能是否正常？

5.2　组合逻辑电路的设计与测试

5.2.1　实验目的

（1）掌握组合逻辑电路的设计与测试方法。

（2）设计半加器和全加器并通过实验验证设计的正确性。

5.2.2　实验原理

（1）组合逻辑路的设计需要遵循最简原则，即要求设计所用门数目最少，门的输入端数目也最少，芯片的数量和芯片的类型也一般要求最少。设计的一般步骤如下。

①根据设计任务的要求进行逻辑抽象，列出真值表。

②根据真值表写出逻辑函数式。

③用卡诺图或代数化简法化简表达式，并将逻辑函数变换成所需要形式的函数式。

④画出逻辑电路图，用所给器件构成电路。

⑤用实验验证设计的正确性。

（2）组合逻辑电路设计举例。

用与非门设计一个表决电路。要求四个输入端中有三个或四个为“1”时，输出才为“1”。

设计步骤如下。

①逻辑抽象，列出真值表（见表 5-2)。

表 5-2　真值表

输入				输出
A	B	C	D	Y
0	0	0	0	0
0	0	0	1	0
0	0	1	0	0
0	0	1	1	0
0	1	0	0	0
0	1	0	1	0
0	1	1	0	0
0	1	1	1	1
1	0	0	0	0

续表

输入				输出
A	B	C	D	Y
1	0	0	1	0
1	0	1	0	0
1	0	1	1	1
1	1	0	0	0
1	1	0	1	1
1	1	1	0	1
1	1	1	1	1

②填卡诺图（见表 5-3）。

表 5-3　卡诺图

AB \ CD	00	01	11	10
00				
01			1	
11		1	1	1
10			1	

③由卡诺图得出逻辑表达式，并演化成与非的形式。

$$Z = ABC + BCD + ACD + ABD = \overline{\overline{ABC} \cdot \overline{BCD} \cdot \overline{ACD} \cdot \overline{ABD}} \tag{5-1}$$

④画出逻辑图（见图 5-5）。

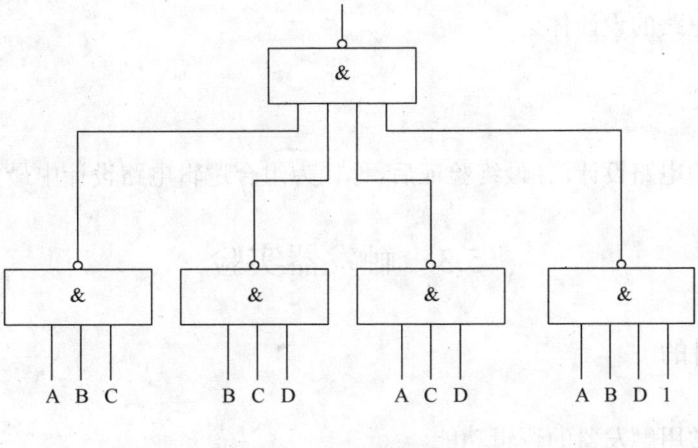

图 5-5　表决逻辑电路

5.2.3　实验设备与器件

（1）实验台 1 台。

（2）集成块：74LS00 一块；74LS86 一块。

5.2.4　实验内容

用与非门 74LS00 和异或门 74LS86 设计一位半加器和全加器，并通过实验验证所设计的半加器和全加器。直到测试电路逻辑功能符合设计要求。设计提示如下。

（1）只考虑两个数的本位和，以及向高位的进位，而不考虑由低位来的进位，这种加法运算称为半加运算。实现半加运算的电路称为半加器。既考虑两数的本位和，又考虑到由低位来的进位，这种加法运算称为全加运算。实现全加运算的电路称为全加器。

（2）设计时，按照二进制加法运算规则分别列出半加器和全加器的真值表。由真值表填写卡诺图，由卡诺图得出逻辑表达式，并将表达式 C_{n+1}、S_n 化成与非和异或的形式。最后用所给器件构成电路。

5.2.5　实验预习要求

（1）熟悉组合逻辑电路的设计方法。

（2）根据实验任务要求设计组合电路，并根据所给的标准器件画出逻辑图。

5.2.6　实验报告要求

（1）列出实验任务的设计过程，画出设计的电路图。

（2）对所设计的电路进行实验测试，记录测试结果。

（3）组合电路的设计体会。

5.2.7　思考题

通过具体的电路设计，并最终验证后，你认为组合逻辑电路设计中最关键的是什么？

5.3　触发器实验

5.3.1　实验目的

（1）了解常用触发器的逻辑功能。

（2）掌握集成触发器的使用方法和逻辑功能的测试方法。

（3）熟悉触发器之间相互转换方法。

5.3.2　实验原理

触发器具有两个稳定状态，即“0”状态和“1”状态。在一定的外加信号作用下，触发器可以从一种稳定状态变为另一种稳定状态，因此，它是一个可以记忆一位二进制信息的存储器件，是构成各种时序电路最基本的逻辑单元。

根据电路结构和动作特点的不同，触发器可分为基本触发器和时钟触发器（包括同步触发器和边沿触发器）。

1）基本触发器

图 5-6 为由两个与非门构成基本 RS 触发器，它无时钟控制，由 R 和 S 端的低电平直接触发。

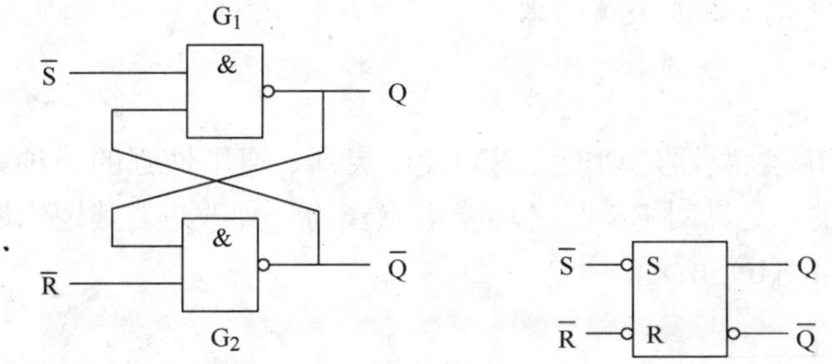

(a) 电路结构　　(b) 图形符号

$\overline{R}$	$\overline{S}$	Q	$\overline{Q}$
1	1	不变	不变
1	0	1	0
0	1	0	1
0	0	1	不定

(c) 功能表

图 5-6　由与非门构成的基本触发器

基本 RS 触发器具有置“0”、置“1”和“保持”三种功能，其逻辑功能如图 5-6（c）所示。当 $\overline{R}$=$\overline{S}$=1 时保持原来的 0 或 1 状态不变；当 $\overline{S}$ =1，$\overline{R}$ 端输入负脉冲，则触发器被置“0”；$\overline{R}$=1，$\overline{S}$ 端输入负脉冲，则触发器被置“1”；而当 $\overline{R}$=$\overline{S}$=0 时，Q=$\overline{Q}$=1，此时既非“0”状态也非“1”状态，当 $\overline{R}$ 、$\overline{S}$ 端的“0”输入信号同时消失后，触发器的状态将不定，因此，在使用中应避免。

基本 RS 触发器也可以用两个或非门组成，只是触发电平为高电平。

2）时钟触发器

时钟触发器按逻辑功能可分为 RS 触发器、JK 触发器、D 触发器和 T 触发器等。它们有电平触发、边沿触发和主从触发三种触发方式。

（1）RS 触发器。

图 5-7 为同步式 RS 触发器的逻辑电路图。

CP 是时钟输入端，为低电平时，迫使门 G_3、G_4 均为高电平输出，于是由 G_1、G_2 构成的基本触发器维持原状态不变。当 CP 为高电平，即时钟正脉冲出现时，G_3、G_4 门被打开，触发器的状态才可能发生变化。

RS 触发器的功能表如图 5-7（b）所示。其特性方程式为

$$\begin{cases} Q^{n+1} = S + RQ^n & (5\text{-}2) \\ SR = 0\ （约束条件） & (5\text{-}3) \end{cases}$$

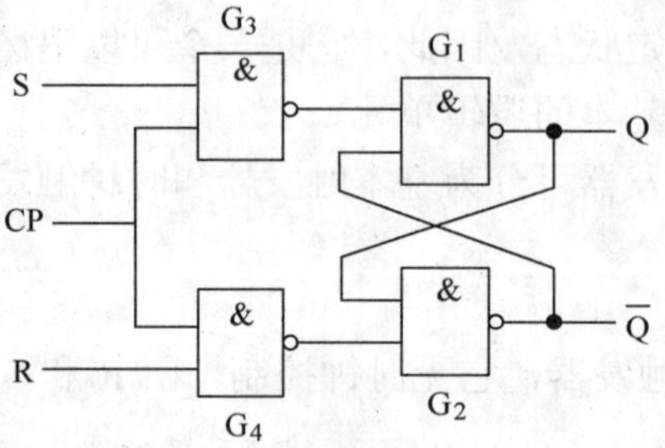

(a) 结构图

S	R	Q^{n+1}
0	0	Q^n
0	1	0
1	0	1
1	1	不定

(b) 功能表

图 5-7　同步 RS 触发器

（2）JK 触发器。

在输入信号为双端的情况下，JK 触发器是功能完善、使用灵活、通用性强的一种触发器。它是从 RS 触发器演变而来的，是针对 RS 逻辑功能不完善的一种改进。其逻辑图如图 5-8（a）所示，功能表如图 5-8（b）所示。

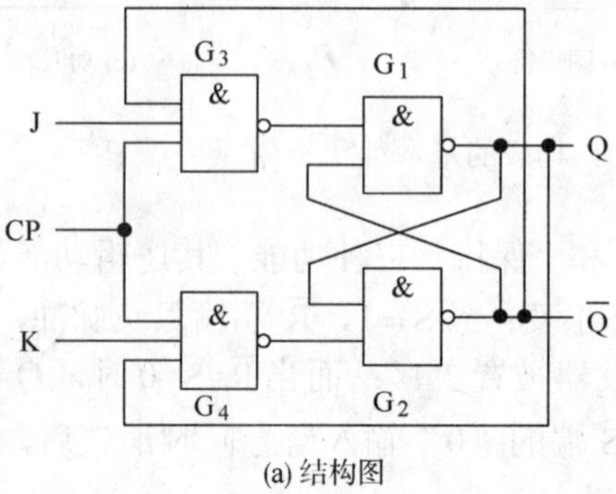

(a) 结构图

J	K	Q^{n+1}
0	0	Q^n
0	1	0
1	0	1
1	1	$\overline{Q}^n$

(b) JK触发器功能表

图 5-8　JK 触发器

JK 触发器的特性方程为

$$Q^{n+1} = J\overline{Q^n} + \overline{K}Q^n \qquad (5\text{-}4)$$

（3）D 触发器。

D 触发器也是由 RS 触发器演变而来的，是在 R=S 的条件下的特例。其逻辑图如图 5-9（a）所示，功能表如图 5-9（b）所示。

D 触发器的特性方程为

$$Q^{n+1} = D \tag{5-5}$$

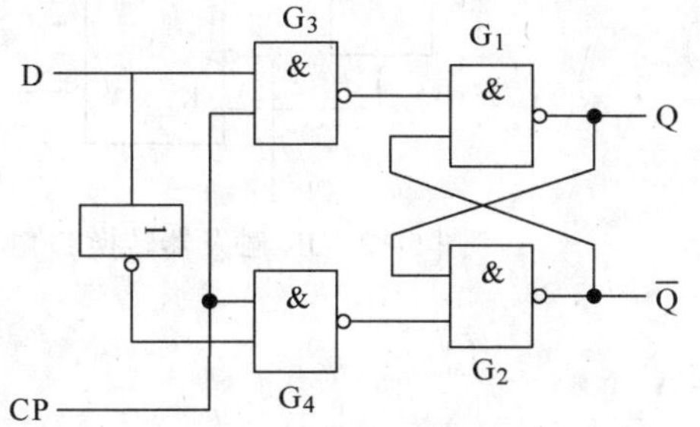

(a) 电路结构

D	Q^{n+1}
0	0
1	1

(b) 功能表

图 5-9　D 触发器

（4）触发器之间的相互转换。

在各类集成触发器中，每一种触发器都有自己固定的逻辑功能，但可以利用转换的方法获得具有其他功能的触发器。例如，将 JK 触发器的 J、K 两端连在一起，并作为 T 端，就得到 T 触发器。逻辑结构图如图 5-10（a）所示。

其状态方程为

$$Q^{n+1} = T\overline{Q^n} + \overline{T}Q^n \tag{5-6}$$

T 触发器的逻辑功能表如图 5-10（b）所示。

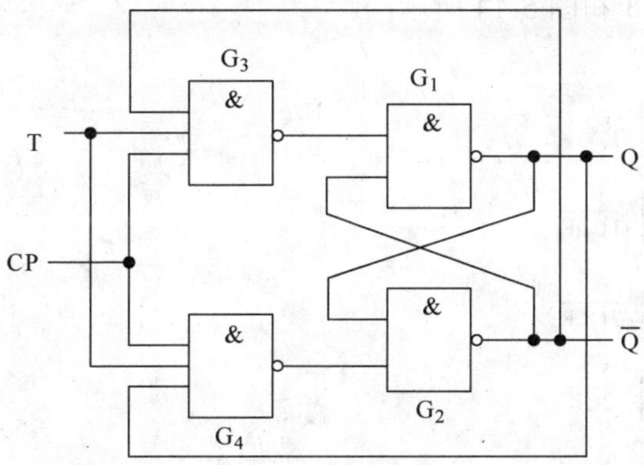

(a) 逻辑结构图

T	Q^{n+1}
0	Q^n
1	$\overline{Q}^n$

(b) 功能表

图 5-10　T 触发器（同步式）

由功能表可知，当 T=0 时，CP 脉冲作用后，其状态保持不变；当 T=1 时，CP 脉冲作用后，触发器状态翻转。所以，若将 T 触发器的 T 端置“1”，即得到 T′触发器。在 T′触发器 CP 端，每来一个脉冲信号，触发器的状态就翻转一次，故称为反转触发器，广泛应用于计数电路中。

同样，若将 D 触发器的 $\overline{Q}$ 端与 D 端相连，便得到 T′触发器，如图 5-11 所示。JK 触发器也可转换 D 触发器，如图 5-12 所示。

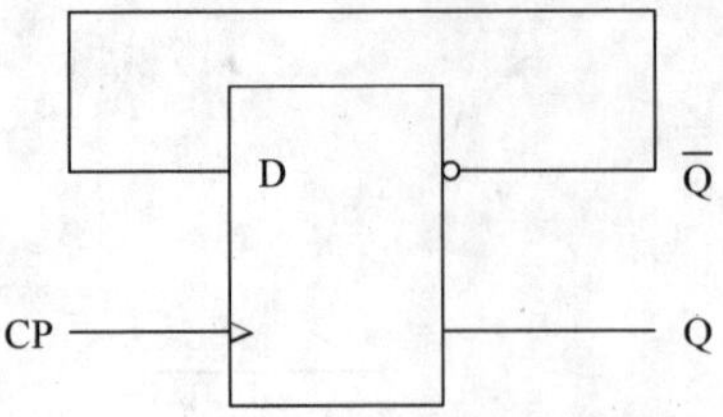

图 5-11 D 触发器转换 T'触发器

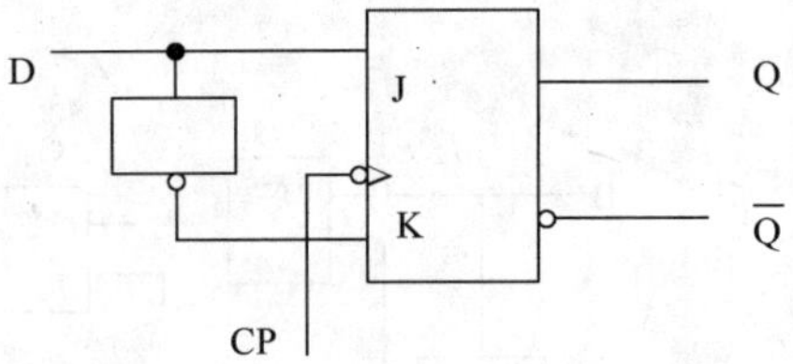

图 5-12 JK 触发器转换 D 触发器

5.3.3 实验设备与器件

（1）双踪示波器 1 台。

（2）集成块：74LS112 一块；74LS00 一块；74LS74 一块。

5.3.4 实验内容和步骤

1）基本触发器

（1）将 74LS00 两输入与非门插入实验台面板上适当的位置，接上电源和地线。按图 5-6 接线，其中 Q 和 $\overline{Q}$ 分别接两路逻辑电平输入插孔，S、R 分别接逻辑开关 K_1 和 K_2。

（2）按功能表分别拨动逻辑开关 K_1 和 K_2，输入 S 和 R 的状态，观察输出 Q 和 $\overline{Q}$ 的状态，并记录。

2）时钟触发器

选用常用的上升沿触发器 74LS74（双 D 触发器）和下降沿触发器 74LS112（双 JK 触发器）。它们引脚图分别如图 5-13 和图 5-14 所示。

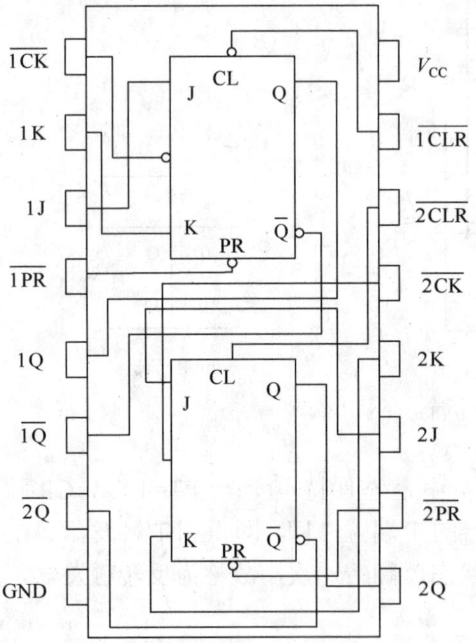

图 5-13 JK 触发器引脚图

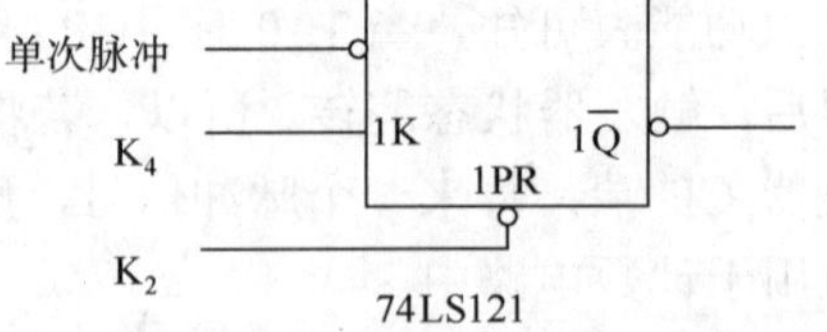

图 5-14 JK 触发器实验接线图

（1）测试双 JK 触发器 74LS112 逻辑功能。

①测试 R_D、S_D 的复位、置位功能。

将 JK 触发器 74LS112 插入实验板上适当的位置，按图 5-14 接线，CL、PR、J、K 分别端接逻辑开关 K_1、K_2、K_3 和 K_4 输出插口，CP 端接单次脉冲源，Q 和 $\overline{Q}$ 端接至逻辑电平显示输入插口。V_{CC} 和 GND 接+5V 电源的“+”和“−”。要求改变 CL、PR（J、K、CP 处于任意状态），并在 CL=0（PR=1）或 PR=0（CL=1）作用期间任意改变 J、K 和 CP 的状态，观察 Q 和 $\overline{Q}$ 状态。自拟表格并记录实验结果。

②测试 JK 触发器的逻辑功能。

按表 5-4 的要求改变 J、K、CP 端状态，观察 Q 和 $\overline{Q}$ 状态的变化，观察触发器状态更新是否发生 CP 脉冲的下降沿，并做好记录。

表 5-4 JK 触发器记录表

J	K	CP	Q^{n+1}	
			Q^n=0	Q^n=1
0	0	0→1		
		1→0		
0	1	0→1		
		1→0		
1	0	0→1		
		1→0		
1	1	0→1		
		1→0		

③将 JK 触发器 JK 端连在一起，构成 T 触发器。

在 CP 端输入 1kHz 连续脉冲信号，在 T 端分别输入 1 和 0 状态时，分别用双踪示波器观察 CP、Q 和 $\overline{Q}$ 端波形，注意相位与时间的关系，并描绘波形。

（2）测试 D 触发器的逻辑功能。图 5-15 是 74LS74 双 D 触发器的引脚图和内部逻辑关系。根据此关系并按照下面的步骤完成 D 触发器的逻辑功能测试。

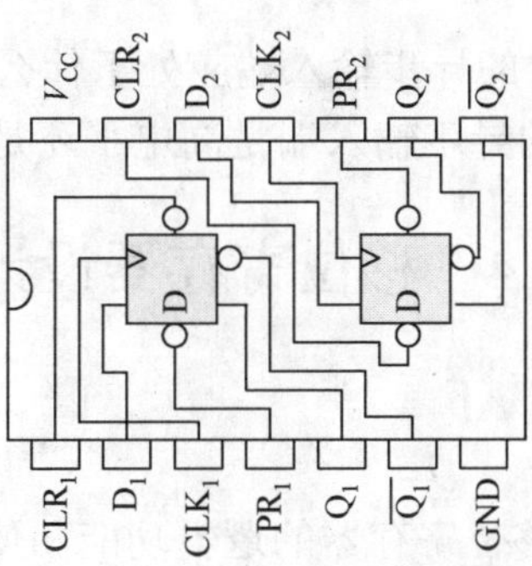

图 5-15 D 触发器引脚图

①测试D触发器的复位、置位功能。实验方法同实验内容（1）中测试JK触发器的复位与置位功能，自拟表格并记录数据。

②测试D触发器的逻辑功能。按表5-5要求进行测试，并观察触发器状态更新，观察是否发生在CP脉冲的上升沿，并做好实验记录。

表5-5 边沿D触发器记录表

D	CP	Q^{n+1}	
		$Q^n=0$	$Q^n=1$
0	0→1		
	1→0		
1	0→1		
	1→0		

③将D触发器的$\bar{Q}$端与D端相连，构成T′触发器，测试方法与实验内容（1）中将JK触发器JK端连在一起构成T′触发器的方法相同，并记录结果。

5.3.5 预习要求

（1）复习有关触发器内容。

（2）列出各触发器功能测试表格。

（3）按5.3.4实验内容和步骤的要求设计线路，拟定设计线路，实验方案。

5.3.6 实验报告要求

（1）画出各实验线路图。

（2）整理实验数据，并分析实验结果是否正确。

5.3.7 思考题

（1）双JK触发器74LS112的异步输入端应处于什么状态，触发器才能正常工作？

（2）双D触发器74LS74的异步输入端是高电平还是低电平有效？

5.4 移位寄存器设计

5.4.1 实验目的

（1）掌握中规模4位双向移位寄存器的逻辑功能和使用方法。

（2）熟悉移位寄存器的应用。

5.4.2　实验原理

寄存器是数字系统最常见的部件之一。在 CPU、MCU、DSP 中，寄存器扮演着重要的角色，如暂存数据、控制 CPU 内部各单元协调工作、在 51 系列的 MCU 里许多指令也是基于寄存器的。本实验将设计一个如图 5-16 所示的四位寄存器。该设计需要两片 74LS74 和一片 74LS00。74LS74 是内部有两个 D 触发器的集成电路，每个 D 触发器有低电平有效的异步复位端 R 与置位端 S。74LS00 是 4 个二输入与非逻辑门的集成电路。

图 5-16 中，所有 D 触发器的 R 端相并联用于清零控制。在该端口加一个低电平后，R 端有效，由于异步优先，所有 D 触发器不需要等待时钟，将立即清零。清零完成后，R 端应回到高电平处于无效状态。D 触发器的 S 端都与 74LS00 的与非输出相连，所有与非门都有一个输入端接单次脉冲 1。单脉冲 1 平时处于低电平，无论 D1～D4 状态如何，74LS00 的与非输出都为高电平，因此，D 触发器的 S 端平时处于高电平，即无效状态。综上可知，所有的 D 触发器异步控制端口平时都处于高电平，即无效状态。

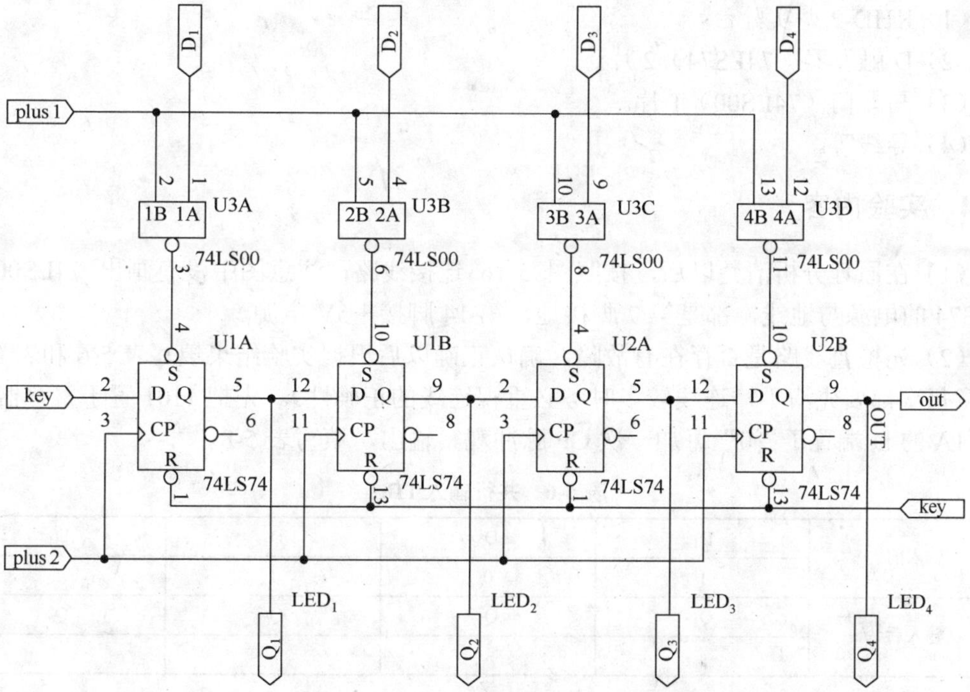

图 5-16　四位寄存器

D 触发器的时钟输入线都并联后连接单次脉冲 2，电路工作在方式，当上升沿到来时，D 触发器的 CP 输入都有效。

D 触发器之间的连接方式，采用了串行连接方式，上一位的 Q 端接下一位的 D 端，当异步控制端口无效时，Q_1～Q_4 的数据将在时钟脉冲作用下实现右移。实验时，可以将输出端 Q_1～Q_4 连接到 LED 上显示出来，通过 LED 的亮与灭直观观察。

从电路结构看，该电路具有并行输入和串行输入两种输入方式以及并行输出和串行输出两种输出方式。

（1）并行输入。将数据置于 D_1～D_4 口上，先进行清零操作，然后只需要按动单次脉冲 1，数据将被接受，此时，74LS00 与非门的 B 端将经历“低—高—低”的电平状态。通过输出端 LED 的状态可以观测到。请自行分析输入“0”和输入“1”的不同，如果没有先清零，又会出现什么状态。

（2）串行输入。先进行清零操作，然后把要输入的数高位置于 U1A 的 D 端，加一次 CP 脉冲就输入一位，再把次高位置于 U1A 的 D 端，加一次 CP 脉冲，……，经四次可把数据输入。由此可见，并行输入要比串行输入快得多。

（3）并行输出。直接读出 Q_1～Q_4 的状态，就是并行输出。

（4）串行输出。在 CP 脉冲作用下，每次上升沿到来，寄存器的数据就右移一位，溢出的数就是输出的那位。在经历四次 CP 作用后，数据将全部输出。由此可见，并行输出也要比串行输出快得多。

5.4.3　实验器材

（1）KHD-2 型实验台。

（2）D 触发器（74LS74）2 片。

（3）与非门（74LS00）1 片。

（4）导线等。

5.4.4　实验内容

（1）在原理分析清楚以后，按照图 5-16 连接线路，注意图中没有画出 74LS00 和 74LS74 的电源与地线，都是第 7 脚接地，第 14 脚接＋5V 电源。

（2）先检查线路是否存在有故障，确认正确以后根据实验结果填写表 5-6 和表 5-7。(注意每次都要先清零，连线较多时务必重视连线的正确性）。先把 1101 置于寄存器内，把 U1A 的 D 端置于“0”每加一次 CP 脉冲观察输出，填写表 5-8。

表 5-6　并行输入 1101

输入前	D_1	D_2	D_3	D_4
	1	0	1	1
输入后	Q_1	Q_2	Q_3	Q_4

表 5-7　串行输入 1101

CP 次数	Q_1	Q_2	Q_3	Q_4
0				
1				
2				
3				
4				

表 5-8 串行输出 1101

CP 次数	Q_1	Q_2	Q_3	Q_4	溢出
0					
1					
2					
3					
4					

5.4.5 预习要求

（1）复习触发器逻辑功能及其异步复位、置位功能特点。

（2）根据原理图和文字说明看懂整个实验电路。

（3）初步拟定实验方案，对实验中可能出现的问题给予预计。

5.4.6 实验报告

整理实验数据，并分析实验结果是否正确。

5.4.7 思考题

（1）移位寄存器的应用有哪些？

（2）移位寄存器有哪些移位方式？

5.5 555 时基电路及其应用

5.5.1 实验目的

（1）熟悉 555 集成时基电路的结构、工作原理和特点。

（2）掌握 555 集成电路的基本应用。

5.5.2 实验原理

集成时基电路又称为集成定时器，是一种数字模拟混合型的中规模集成电路，其应用十分广泛。它能产生延时、振荡和多种脉冲信号，由于内部电压基准使用了 3 个 5kΩ 电阻，故取名 555 电路。时基电路有双极型和 COMS 型，其结构和原理都很类似。几乎所有的双极型产品最后三位数都是 555 或 556；而 COMS 型最后四位数多是 7555 或 7556。556 和 7556 是双定时器，555 和 7555 是单定时器。双极型的电源电压为+5～+15V，COMS 型电源电压为+3～+18V，最大输出电流可达 100mA 以上。

1）555 工作原理

555 定时器电路内部方框如图 5-17 所示，它由电阻分压器（R_1，R_2，R_3）、电压比较器（C_1、C_2）、基本 RS 锁存器（G_1、G_2、G_3）、缓冲器（G_4）以及放电三极管（T）五部分电路组成。分压器为比较器提供$\frac{2}{3}V_{CC}$和$\frac{1}{3}V_{CC}$的参考电压。比较器 C_1 和 C_2 输出电平的高低取决于输入电压与参考电压比较的结果。比较器结果输出给基本 RS 锁存器 R 和 S 端，控制锁存器的输出状态。锁存器的输出控制放电三极管的通断。555 定时器的功能表如表 5-9 所示。

表 5-9　555 定时器功能表

输入			输出	
阈值输入（V_{i1}）	触发输入（V_{i2}）	复位（RD）	输出（V_o）	三极管 T
—	—	0	0	导通
$<\frac{2}{3}V_{CC}$	$<\frac{V_{CC}}{3}$	1	1	截止
$<\frac{2}{3}V_{CC}$	$>\frac{V_{CC}}{3}$	1	0	导通
$<\frac{2}{3}V_{CC}$	$>\frac{V_{CC}}{3}$	1	不变	不变

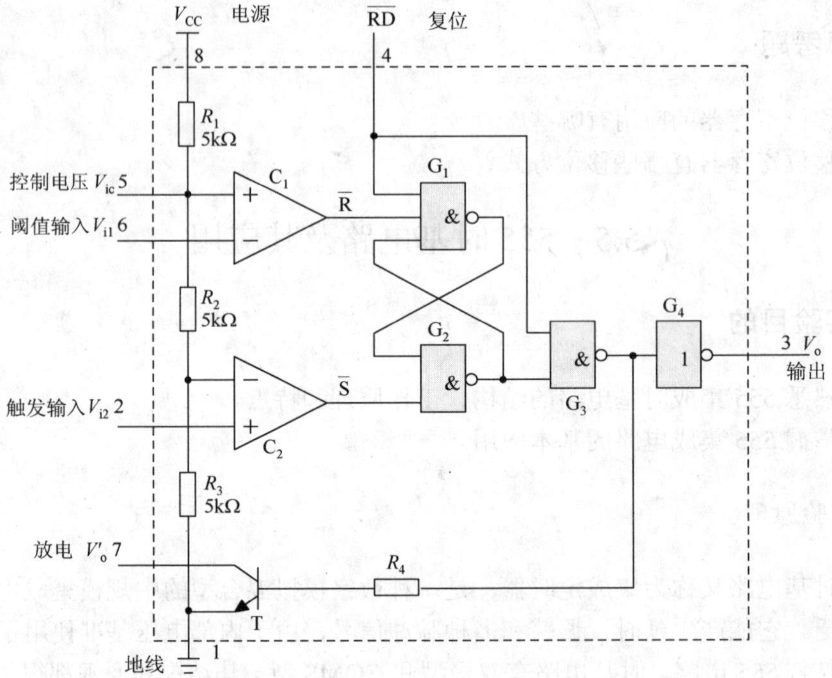

图 5-17　555 时基电路内部框图

2）555 的典型应用

（1）构成单态触发器。

555 构成的单稳态触发器电路及其波形如图 5-18 所示。它由 555 和定时元件 R、C 构成，5 脚滤波电容可以稳定内部参考电压。稳态时 555 电路输入端处于高电平，内部放电管 T 导通，输出端 V_o 为低电平，当输入一个负脉冲时，使 2 脚电位瞬时低于 $\frac{1}{3}V_{CC}$，555 内部比较器 C_2 输出低电平，使锁存器置 1，经 G_3 使放电三极管 T 截止，再经 G_4 使 555 输出高电平，此时电容 C 开始充电，V_c 按指数规律增长，电路进入高电平暂态。当触发负脉冲消失后，内部锁存器将进入保持状态，电容 C 继续充电。当电容 C 充电到略大于 $\frac{2}{3}V_{CC}$ 时，内部比较器 C_1 输出低电平，使锁存器清零，经 G_3 使三极管 T 重新导通，经 G_4 输出高电平，回到稳态。此时电容 C 上的电压迅速下降，当电容 C 上的电压低于 $\frac{2}{3}V_{CC}$ 时，内部锁存器进入保持状态，电路状态不变，电容继续放电，直至为 0，为下一次触发作好准备。

暂态持续时间 T_w 等于电容 C 上的电压从零充电到 $\frac{2}{3}V_{CC}$ 的时间，即 $T_w \approx 1.1RC$，改变 RC 的大小，可使延时时间在几个微秒到几十分钟之间变化。从电路工作原理可知，该电路为不可重触发单稳态触发器，因而有一个最高正常工作频率，即 $f < 1/T_w$。

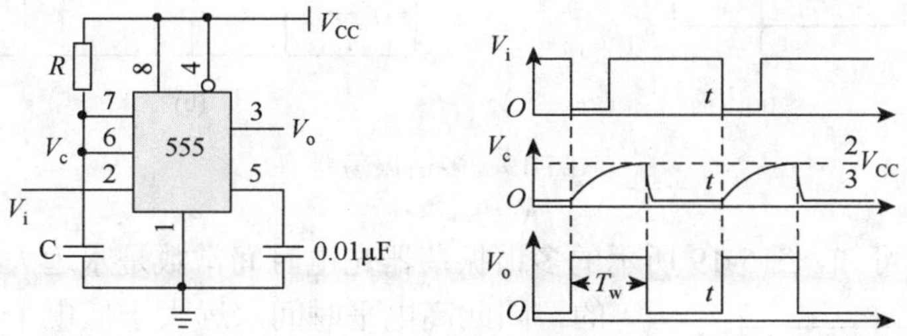

图 5-18　单态触发器

（2）构成多谐振荡器。

555 构成的多谐振荡器如图 5-19（a）所示，电路中电容 C 上的电压波形和输出波形如图 5-19（b）所示。电路振荡频率由外接电阻 R_1、R_2 和电容 C 决定。其工作过程如下所述。

①当开机上电后，电容器 C 上的电压从零开始上升，当 $V_c < \frac{1}{3}V_{CC}$ 时，555 内部比较器 C_1 输出“1”，C_2 输出为“0”，锁存器处于置“1”状态，放电管截止，电源继续通过 R_1 和 R_2 对电容 C 充电，此时 555 输出高电平。

②当 $\frac{1}{3}V_{CC} < V_c < \frac{2}{3}V_{CC}$ 时，555 内部比较器 C_1 和 C_2 均输出“1”，RS 锁存器处于保持状态，将保持原来的“1”状态不变，因此放电管仍然保持截止，555 继续输出高电平，电容 C 继续充电。

③当 $V_c > \frac{2}{3}V_{CC}$ 时，555 内部 C_1 输出“0”，C_2 输出“1”，RS 锁存器进入清零状态，放电管 T 导通，555 输出低电平。此时电容 C 上的电压将通过 R_2 和放电管 T 放电，电容

上的电压开始下降。

④电容 C 上的电压一经放电将立刻小于$\frac{2}{3}V_{CC}$，但只要还大于$\frac{1}{3}V_{CC}$，555 内部比较器 C_1 和 C_2 都将输出“1”，此时 RS 触发器将处于保持状态，保持原来的“0”状态。放电管仍然导通，电容器 C 继续经 R_2 和放电管 T 对地放电，555 继续输出低电平。

⑤当电容 C 上的电压放电至小于$\frac{1}{3}V_{CC}$时，电路的状态回到①态，电容 C 开始充电，因此处于①态的时间极短，将立刻重新进入②态，以后电路就循环工作于这几个状态。从而连续地输出矩形波。

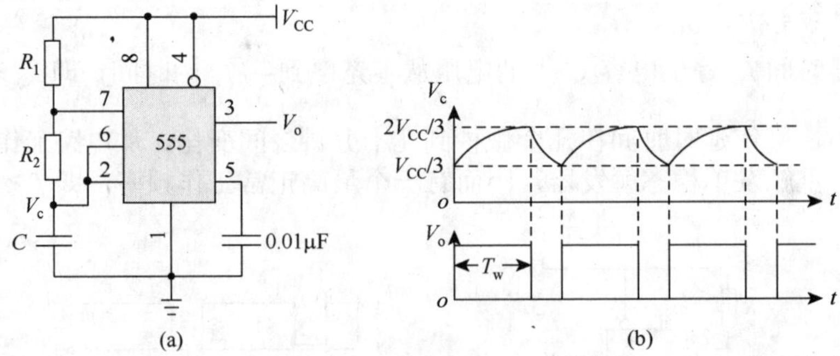

图 5-19　多谐振荡器

由工作原理可知，图 5-19 所示的多谐振荡器充电时间常数是永远大于放电时间常数的，因此高电平时间永远大于低电平时间，且无法独立调整占空比。图 5-20 是在图 5-19 基础上增加了一个电位器和两只二极管实现的占空比可调的多谐振荡器。由于引入了二极管，使充电和放电具有了不同的回路。充电时，由 V_{CC} 经等效电阻 R_A（由 R_1 和 R_W 的上部分电阻构成），D_1 到 C。放电时，从电容 C 经 D_2，R_B（由 R_2 和 R_W 的下部分电阻构成）从 7 脚进入通过内部放电三极管 T 到地。改变电位器 R_W 可以调整充电和放电的时间，从而改变占空比。

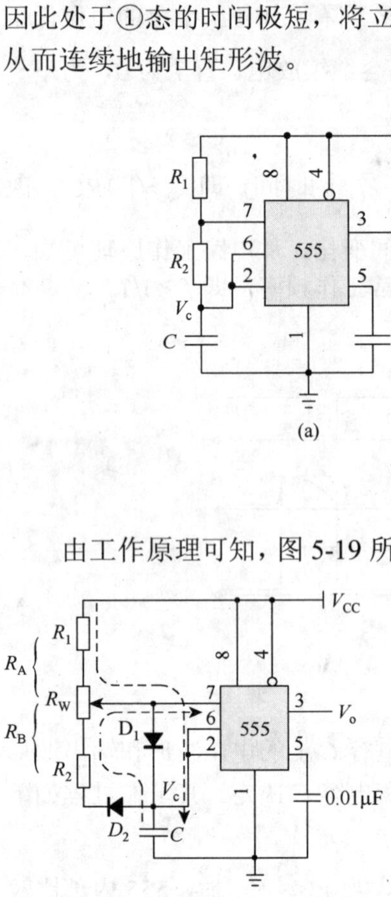

图 5-20　可变占空比多谐振荡器

设 T_1 为充电时间，T_2 为放电时间，T_2 为振荡周期，q 为占空比，二极管和放电三极管导通内阻可忽略，则有

$$T_1 = R_A C \ln \frac{V_{CC} - \frac{1}{3}V_{CC}}{V_{CC} - \frac{2}{3}V_{CC}} = R_A C \ln 2 \tag{5-7}$$

$$T_2 = R_B C \ln \frac{0 - \frac{2}{3}V_{CC}}{0 - \frac{1}{3}V_{CC}} = R_B C \ln 2 \tag{5-8}$$

$$T = T_1 + T_2 = (R_A + R_B)C\ln 2 \tag{5-9}$$

$$q = \frac{T_1}{T} = \frac{R_A}{R_A + R_B} \tag{5-10}$$

由以上理论计算可知，电位器的调节可以调节占空比，但不会改变振荡的周期，即振荡频率不变。

（3）构成施密特触发器。

555 构成施密特触发器时，只需要将 2 和 6 脚连在一起作为输入端即可，如图 5-21（a）所示。该电路的正向阈值电压和负向阈值电压分别为 $\frac{2}{3}V_{CC}$ 和 $\frac{1}{3}V_{CC}$。如果 V_i 逐渐增大，当 $V_i < \frac{1}{3}V_{CC}$ 时，锁存器置“1”，555 输出高电平；当 $\frac{1}{3}V_{CC} < V_i < \frac{2}{3}V_{CC}$ 时，锁存器保持原态不变，555 继续输出高电平；当 $V_i > \frac{2}{3}V_{CC}$ 时，锁存器清零，555 输出低电平。此后如果 V_i 开始减小，当 $\frac{1}{3}V_{CC} < V_i < \frac{2}{3}V_{CC}$ 时，锁存器保持原态不变，555 继续输出低电平，当 $V_i < \frac{1}{3}V_{CC}$ 时，锁存器置“1”，555 输出高电平。其电压传输特性如图 5-21（b）所示，由图可见，555 构成的施密特触发器是反相施密特触发器。

图 5-21（c）所示为 555 构成的施密特触发器对输入正弦波的脉冲整形波形。根据施密特触发器的“V_i 小变大，V_{T+}触发，V_i 大变小，V_{T-}触发”的特性可知，V_i 增大时，触发电平为 $\frac{2}{3}V_{CC}$，V_i 减小时，触发电平为 $\frac{1}{3}V_{CC}$。由于是反相施密特触发器，因此可画出 V_o 的波形。

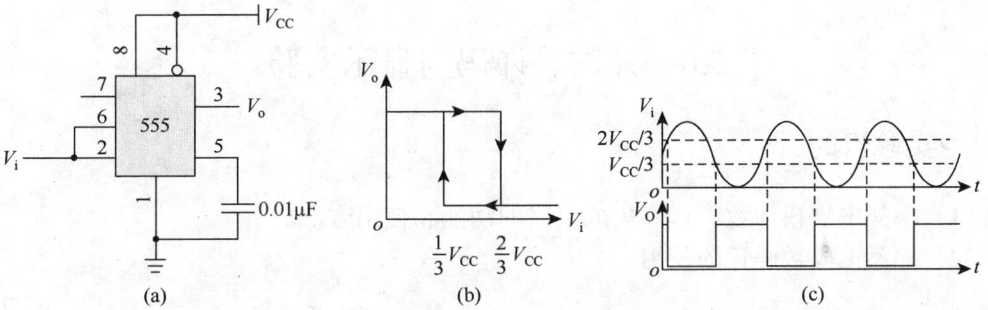

图 5-21　施密特触发器实现电路

5.5.3　实验内容和步骤

（1）按图 5-18 构成单脉冲电路，在输入端输入单脉冲，用双踪示波器观测输入输出和 C 上的波形，并绘制下来。改变 R 的大小观测单脉冲宽度的变化。

（2）按图 5-20 构成占空比可调的振荡器，绘制出波形，验证理论计算的频率与实际测量的频率是否相等，指出偏差的原因。

（3）按图 5-21 构成施密特触发器电路，用示波器测量其回差电压。

5.5.4 实验器材

（1）双踪示波器。
（2）KHD-2 实验台。
（3）555 时基电路。
（4）电阻和电容等。

5.5.5 实验预习要求

（1）预习 555 时基电路的内部结构和工作原理。
（2）预习 555 时基电路各种常见应用电路接法。

5.5.6 实验报告要求

（1）对单脉冲电路进行实验测试，记录测试结果。
（2）对占空比可调的振荡器进行实验测试，记录测试结果。
（3）对整形电路进行实验测试，记录测试结果。
（4）心得体会。

5.5.7 思考题

（1）图 5-18 所示单稳态触发器是否可以重触呢？
（2）请在实验中的施密特触发器基础上将 555 设计为多谐振荡器。

5.6 计数、译码与显示实验

5.6.1 实验目的

（1）掌握中规模计数、译码集成电路的功能和使用方法。
（2）熟悉七段数码管的使用。

5.6.2 实验原理

1）LED 七段数码管

LED 七段数码管是最常见的一种数字显示器件。它由发光二极管构成，可分为共阴和共阳两种结构，如图 5-22 所示。由于发光二极管颜色不同，数码管也有红、黄、绿、蓝等多种颜色。不同颜色的发光二极管导通电压各不相同，通常每段发光二极管加上 2～2.5V 电压即可发光，点亮电流一般 5～10mA，因而这种数码管要被点亮需要较大驱动功率。本实验将利用数码管，显示 BCD 码代表的十进制数。

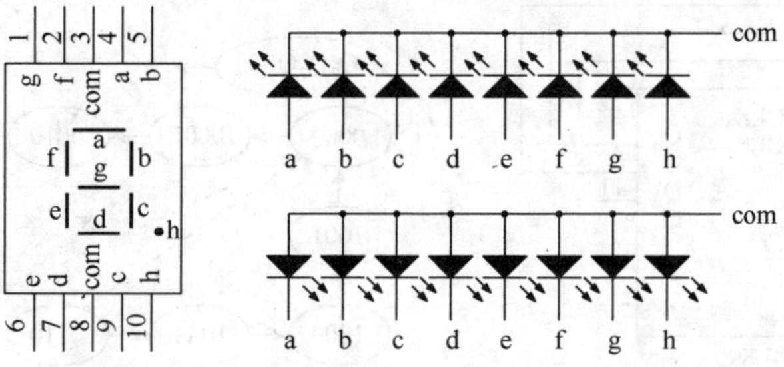

图 5-22　七段数码管数码管外型和内部结构

2）BCD 码七段译码驱动器

BCD 码七段译码驱动器比较多，如 74LS48（共阴）、74LS47（共阳）和 74HC4511（共阴）等，具体可参考集成电路手册。本实验主要使用 74LS48，它具有拒伪码功能，当输入码超过 1001 时输出全为 0，数码管熄灭。74LS48 封装形式和引脚排列如图 5-23 所示。

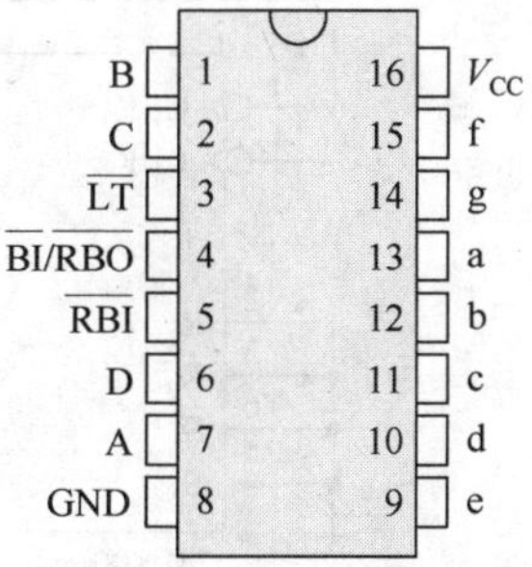

图 5-23　74LS48 引脚图

各个引脚功能如下。

A、B、C、D：BCD 码输入端，D 为高位，A 为低位。

a～g：译码输出端，高电平有效。

V_{CC}、GND：电源正端和地端。

$\overline{LT}$：灯测试输入端，“0”时译码输出全“1”。

$\overline{RBI}$：灭零输入端，“0”时译码输出全“0”。

$\overline{BI}/\overline{RBO}$：灭零输入/灭零输出端，作为输入时，为灭灯输入控制。为“0”时数码管各段熄灭。作为输出端时为灭零输出，$\overline{RBO}=\overline{\overline{A_3}\,\overline{A_2}\,\overline{A_1}\,\overline{A_0}\,\overline{LT}\,RBI}$，可输出消隐脉冲。

3）计数器

实验中采用 74LS90 二、五十进制异步计数器，它由一个二进制加法计数器和一个五进制加法计数器构成，同时具有异步复位和置位功能。其引脚排列如图 5-24 所示。

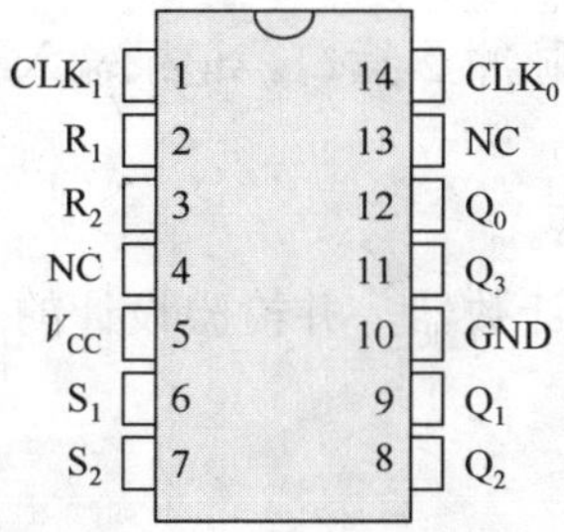

图 5-24　74LS90 引脚图

$Q_3Q_2Q_1Q_0$：计数输出端。

CLK_0 和 CLK_1：时钟输入端，当输出 Q_0 连到输入 CLK_1，CLK_0 作为时钟时，为 BCD 计数器。当输出 Q_3 连到输入 CLK_0，CLK_1 作为时钟时，为五进制计数器。

S_1S_2：异步置位端 $S=S_1S_2$，$S=1$ 时 $Q_3Q_2Q_1Q_0$ 置成 1001 态。

R_1R_2：异步清零端 $R=R_1R_2$，$R=1$ 时 $Q_3Q_2Q_1Q_0$ 置成 0000 态。

图 5-25 是利用 74LS90 实现的 6 进制计数器。图中 Q_0 连接到输入 CLK_1，CLK_0 作为时钟，构成十进制计数器，同时将 Q_2、Q_1 连接至 R_1R_2，当计数从 0000 计数至 0110 时，$R_1R_2=Q_2\,Q_1=1$，电路立即异步清零，使计数器回到 0000 状态。由于是异步清零，所以 0110 状态持续时间及其端正，因此该状态为过渡态。电路有效状态为 0000～0101。因此为六进制计数器。

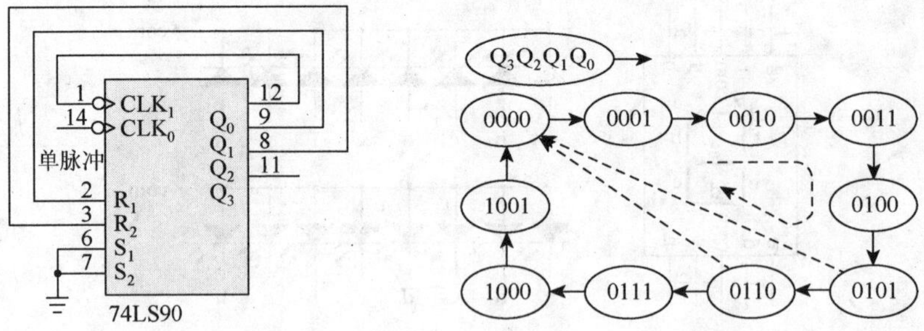

图 5-25　74LS90 实现的六进制计数器及状态转换图

将 74LS90 构成 BCD 码加计数器及译码显示的实验电路如图 5-26 所示。

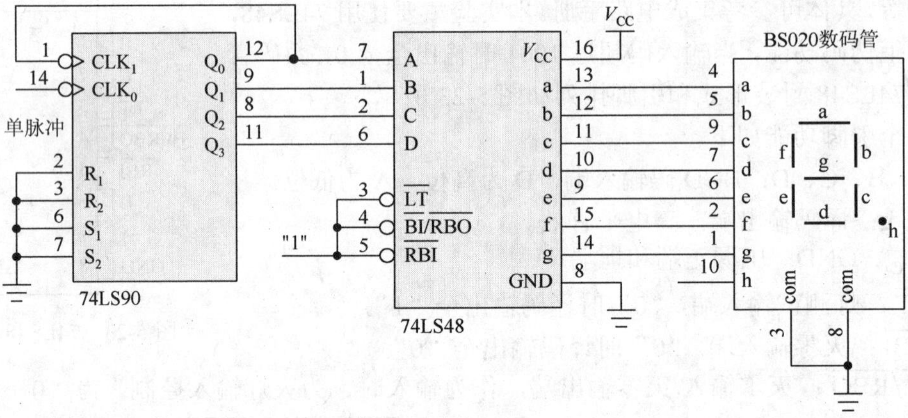

图 5-26　实验电路

5.6.3　实验内容和步骤

（1）按实验线路图 5-26 连接好，其中 74LS90 的 CLK_0 接单脉冲 2 插口。记录输入脉冲数与数码管显示字形的关系，填入表 5-10。

（2）74LS90 接成六、八进制观察输入脉冲与显示字形的关系。

（3）利用本实验的清零复位法，自行设计出一个五进制加法计数器，并检验设计的正确性。

表 5-10　计数器数据记录表

脉冲数	Q_3	Q_2	Q_1	Q_0	显示字形
0					
1					
2					
3					
4					

续表

脉冲数	Q_3	Q_2	Q_1	Q_0	显示字形
5					
6					
7					
8					
9					

5.6.4 实验器材

（1）KHD-2 数字实验台。
（2）74LS48。
（3）74LS90。
（4）74LS20。
（5）BS202 数码管。

5.6.5 实验预习要求

（1）预习 LED 七段数码管、LED 七段译码驱动器和计数器的内部结构和原理。
（2）预习不同进制计数器的设计方法。

5.6.6 实验报告

（1）列出六进制、八进制计数器的设计过程，画出设计的电路图。
（2）对所设计的实验电路进行实验测试，记录测试结果。
（3）完成显示、译码、计数电路的心得体会。

5.6.7 思考题

（1）74LS48 的 $\overline{LT}$ 和 $\overline{RBI}$ 编口的作用是什么？
（2）74LS90 如何构成十进制和五进制计数？

5.7 A/D、D/A 转换实验

5.7.1 实验目的

（1）了解 A/D、D/A 转换器的基本工作原理和结构。
（2）掌握大规模集成 A/D、D/A 转换器典型应用。

5.7.2 实验原理

自然界中的物理量主要是模拟量，数字系统为了检测、控制或再现模拟量就需要一种能在模拟量和数字量之间起转换作用的电路，即模/数转换器（A/D 转换，ADC）和数

/模转换（D/A 转换，DAC）。模/数转换器可以把模拟量转换成数字量，数/模转换器可以把数字量转换成模拟量。市场上有各种 ADC 和 DAC，使用者可以阅读器件数据手册，了解芯片的性能和指标，即可正确使用。本实验将采用大规模集成电路 DAC0832 实现 D/A 转换，采用 ADC0809 实现 A/D 转换。

1）DAC0832 实现 D/A 转换

DAC0832 是单片电流输出型 8 位数/模转换器，采用 COMS 工艺制成。双列直插式封装（简称 DIP 封装），共 20 个引脚，引脚排列如图 5-27 所示，内部结构如图 5-28 所示。

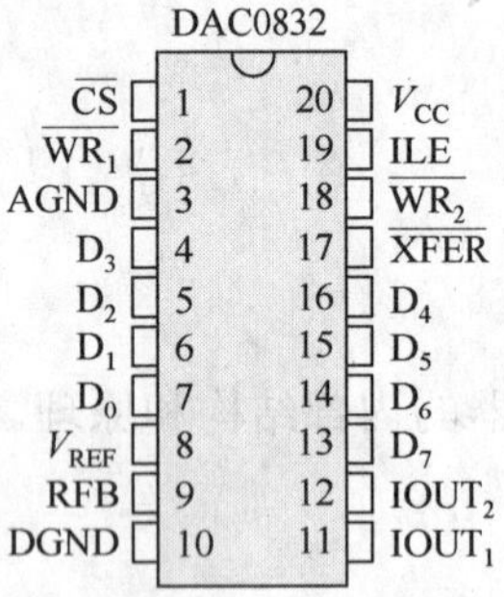

图 5-27　DAC0832 引脚排列

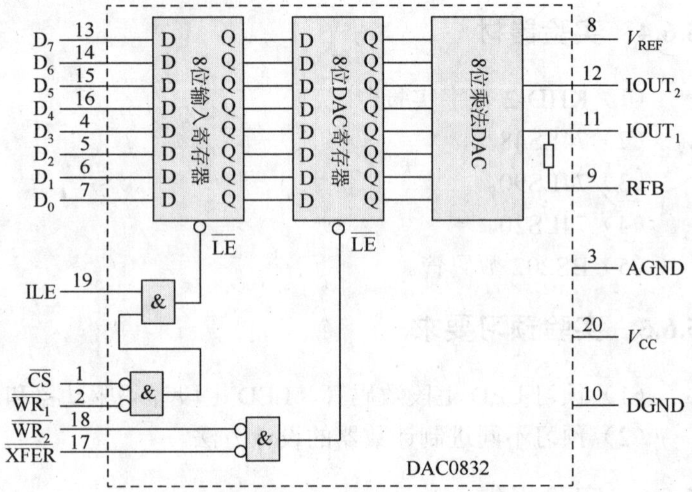

图 5-28　DAC0832 内部结构图

DAC0832 各个引脚功能如下。

（1）控制引脚。

$\overline{CS}$：片选信号，低电平有效。

ILE：数据锁存允许，高电平有效。

$\overline{WR_1}$：输入寄存器写选通信号，低电平有效。

$\overline{WR_2}$：DAC 寄存器写选通信号，低电平有效。

$\overline{XFER}$：数据传送控制信号，低电平有效。

（2）其他引脚。

D_0～D_7：数据输入，D_0 为低位，D_7 为高位。

$IOUT_1$：DAC 电流输出 1。当 DAC 寄存器全为“1”时 $IOUT_1$ 最大，全为“0”时 $IOUT_1$ 为 0，其表达式如下：

$$IOUT_1 = \frac{V_{REF}}{15k\Omega} \times \frac{\text{Digital Input}}{256} \tag{5-11}$$

$IOUT_2$：DAC 电流输出 2。其值与 $IOUT_1$ 之和为一常数，其值如下：

$$IOUT_2 = \frac{V_{REF}}{15k\Omega} \times \frac{255 - \text{Digital Input}}{256} \tag{5-12}$$

RFB：反馈电阻端，用于向外部运算放大器的反馈电阻。

V_{CC}：电源输入，直流+5～+15V。

V_{REF}：基准电压输入，范围为−10～+10V。

AGND：模拟地，摸拟信号和基准电源的参考地。

DGND：数字地，两种地线在基准电源处共地比较好。

DAC0832 是电流型 DAC，其输出为电流，要转换成电压输出则需要使用运算放大器。图 5-29 的实验电路是 DAC0832 的一种典型应用，其输出为单极性电压信号。若要获得双极性输出电压，则需要两个运放，具体电路可以参考其他相关书籍。

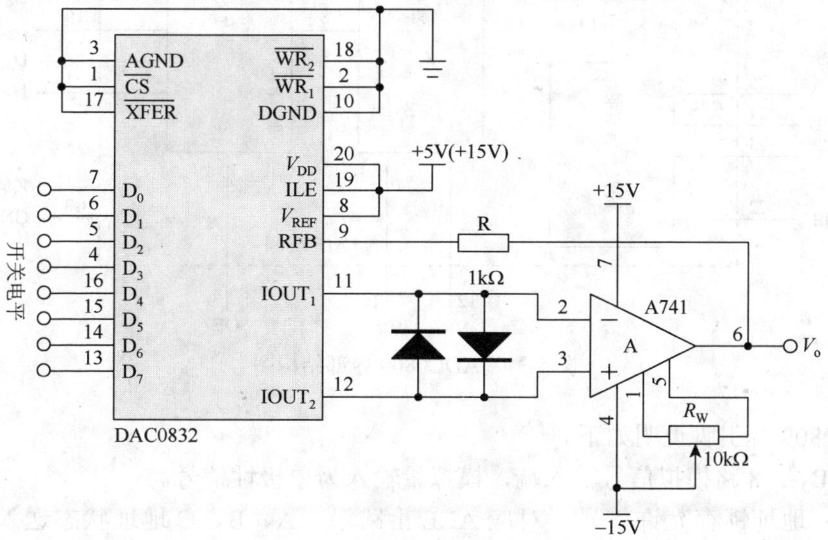

图 5-29　D/A 转换实验线路

2）ADC0809 实现 A/D 转换

ADC0809 是单片 8 位 8 通道逐次逼近型模/数转换器，采用 COMS 工艺制成。双列直插式封装（DIP 封装）共 28 个引脚，如图 5-30 所示。

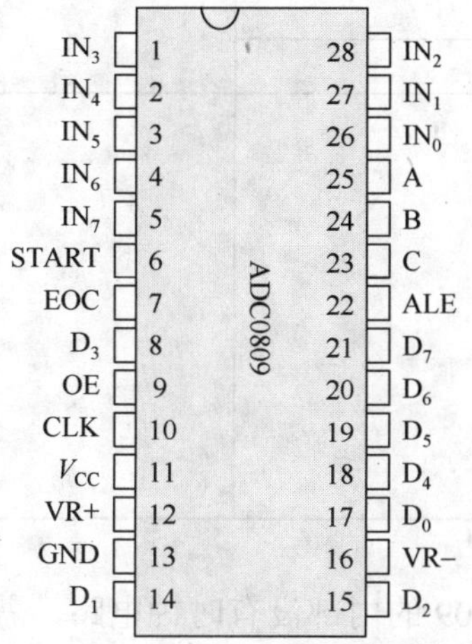

图 5-30　ADC0809 引脚排列图

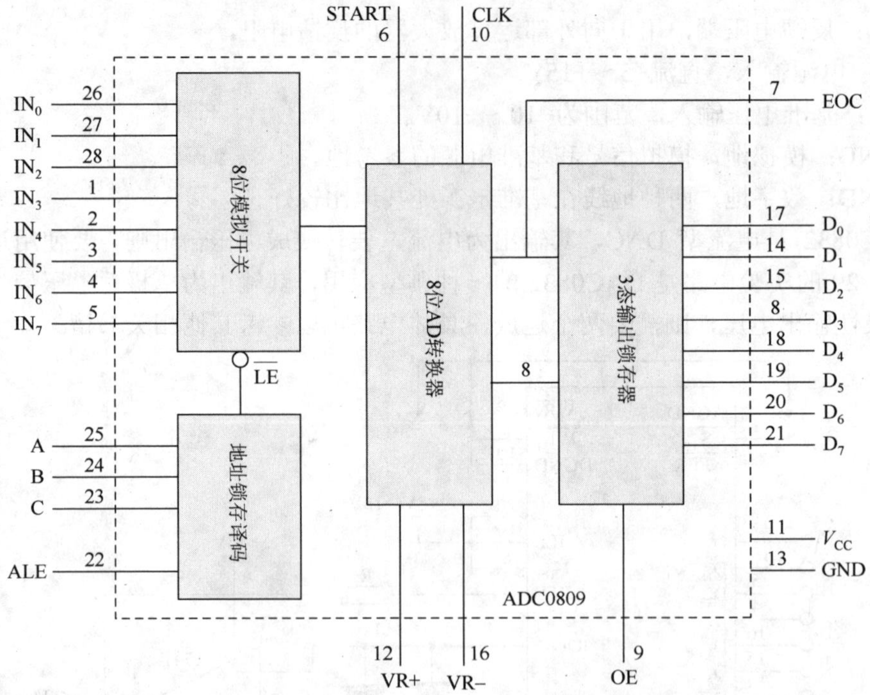

图 5-31　ADC0809 内部结构图

ADC0809 各引脚说明如下。

IN_0～IN_7：8 路模拟信号输入端，模拟量输入为单极性信号。

ALE：地址锁存允许信号。对应 ALE 上跳沿，A、B、C 地址状态送入地址锁存器中。

A、B、C：模拟通道的选择地址线。A 为低位地址，C 为高位地址，其地址状态与通道选择对应关系见表 5-11。

表 5-11　模拟通道选择表

地址线 C B A	选通的模拟通道
L L L	IN_0
L L H	IN_1
L H L	IN_2
L H H	IN_3
H L L	IN_4
H L H	IN_5
H H L	IN_6
H H H	IN_7

CLK：时钟信号。ADC0809 的内部没有时钟电路，需要外部提供时钟，通常使用频率为 500kHz 的时钟信号。

START：转换启动信号。START 上跳沿时，所有内部寄存器清“0”，START 下跳沿时，开始进行 A/D 转换。在 A/D 转换期间，START 应保持低电平。

EOC：转换结束信号。EOC=0，正在表示进行转换，EOC=1 时表示转换结束。

OE：输出允许信号。用于控制三态输出锁存器，输出 AD 转换的数据。OE=0，输出数据线呈高电阻，OE=1，输出转换得到的数据。

D_7～D_0：数据输出线。为三态缓冲输出形式，D_0 为最低位，D_7 为最高位。

V_{CC}：＋5V 电源。

VR+：基准电源+，典型值为＋5V。

VR−：基准电源−，典型取值 0V。

图 5-32 为 ADC0809 的实验电路。图中采用电阻网络为 8 个模拟通道提供 8 路不通阶梯电压。

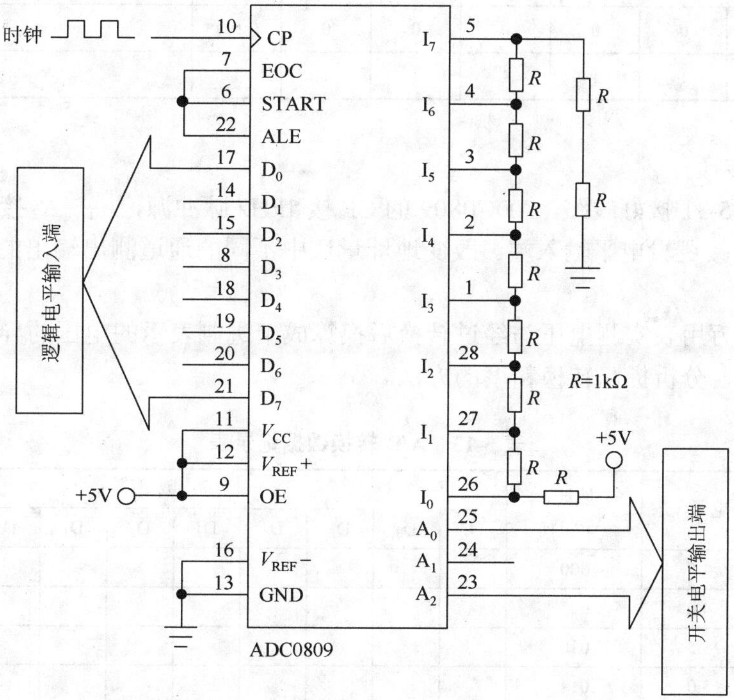

图 5-32　A/D 实验线路

5.7.3　实验内容和步骤

1）D/A 转换

（1）按图 5-29 接好线路，D_0～D_7 接开关电平插口，uA741 输出接万用表。

（2）令 D_0～D_7 全零，调节 uA741 第 1、5 脚上的电位器使 V_o 输出为零。

（3）改变输入的数字量和 DAC0832 V_{CC} 电压测量 uA741 的输出电压值。结果填入表 5-12。

表 5-12　D/A 转换数据记录表

输入数字量								输出模拟量
D_7	D_6	D_5	D_4	D_3	D_2	D_1	D_0	V_{CC}=+5V
0	0	0	0	0	0	0	0	
0	0	0	0	0	0	0	1	
0	0	0	0	0	0	1	0	
0	0	0	0	0	1	0	0	
0	0	0	0	1	0	0	0	
0	0	0	1	0	0	0	0	
0	0	1	0	0	0	0	0	
0	1	0	0	0	0	0	0	
1	0	0	0	0	0	0	0	
1	1	1	1	1	1	1	1	

2）A/D 转换

（1）按图 5-31 接好线路，ADC0809 的 CP 接 1kHz 脉冲源，A_0～A_2 接开关电平输出插口，D_0～D_7 接逻辑电平输入端。改变地址量选中不同的通道测出输出的数字量，并填入表 5-13。

（2）比较万用表实测电压与经过转换后换算成十进制表示的电压的异同，分析读数不一致的原因，分析提高转换精度的方法。

表 5-13　A/D 转换数据记录表

通道序数	电压/V	地址 $A_2A_1A_0$	输出数字量								
			D_7	D_6	D_5	D_4	D_3	D_2	D_1	D_0	十进制数
I0	4.5	000									
I1	4.0	001									
I2	3.5	010									
I3	3.0	011									
I4	2.5	100									
I5	2.0	101									
I6	1.5	110									
I7	1.0	111									

5.7.4　实验器材

（1）KHD-2 型数字电路实验台。

（2）数字万用表。

（3）双踪示波器。

（4）DAC0832。

（5）ADC0809。

（6）uA741。

5.7.5　实验预习要求

（1）预习 A/D 转换器和 D/A 转换器的内部结构和原理。

（2）设计利用 A/D 转换器实现模拟信号转换为数字信号的电路。

（3）设计利用 D/A 转换器实现数字信号转换为模拟信号的电路。

5.7.6　实验报告

列出 A/D 转换和 D/A 转换的设计过程，画出设计的电路图。

5.7.7　思考题

（1）DAC0832 设置两级寄存器有何用处？

（2）要采样 ADC0809 I4 端口的模拟电压，其地址输入应为什么？

第三部分　信号与系统基础实验

第 6 章　信号与系统基础实验

6.1　无源和有源滤波器

6.1.1　实验目的

（1）了解 RC 无源和有源滤波器的种类、基本结构及其特性。

（2）分析和对比无源和有源滤波器的滤波特性。

（3）学习扫频仪的使用方法（TKSS-C 型）。

6.1.2　实验仪器

（1）信号与系统实验箱 TKSS-C 型。

（2）双踪示波器。

6.1.3　实验原理

（1）滤波器是一种对信号有处理作用的器件或电路，主要分为有源滤波器和无源滤波器两种。它的作用就是允许某一部分频率的信号顺利的通过，而另外一部分频率的信号则受到较大的抑制，它实质上是一个选频电路。无源滤波器一般由 RLC 元件或 RC 元件组成，它是利用电容和电感元件的电抗随频率的变化而变化的原理构成的，有源滤波通常由 RC 元件和有源器件构成。

（2）根据幅频特性表示的通过或阻止信号频率范围的不同，滤波器可分为低通滤波器（low pass filter, LPF）、高通滤波器（high pass filter, HPF）、带通滤波器（band pass filter, BPF）和带阻滤波器（band elimination filter, BEF）四种。滤波器中，把信号能够通过的频率范围，称为通频带或通带；反之，信号受到很大衰减或完全被抑制的频率范围称为阻带；通带和阻带之间的分界频率称为截止频率。图 6-1 中的$|H(j\omega)|$为通带的电压放大倍数，ω_0 称为中心频率，ω_{cL} 和 ω_{cH} 分别为低端和高端截止频率。

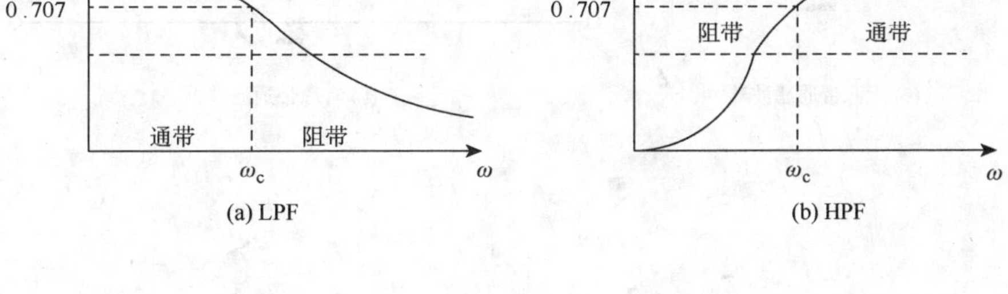

(a) LPF　　(b) HPF

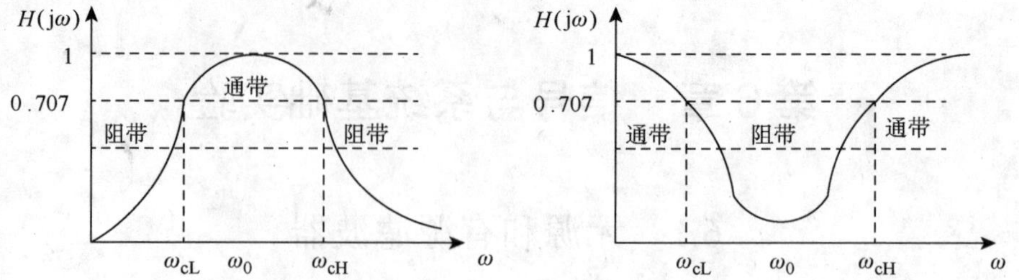

(c) BPF　　(d) BEF

图 6-1　滤波器的幅频特性

四种滤波器的实验线路如图 6-2 所示。

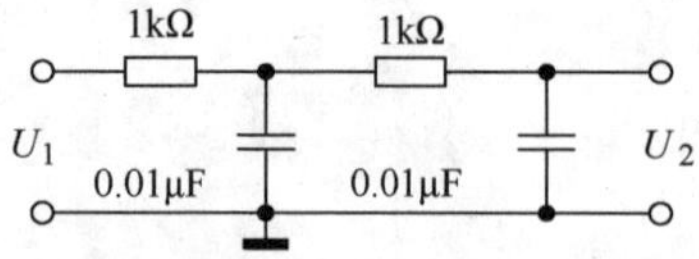

(a) 无源低通滤波器

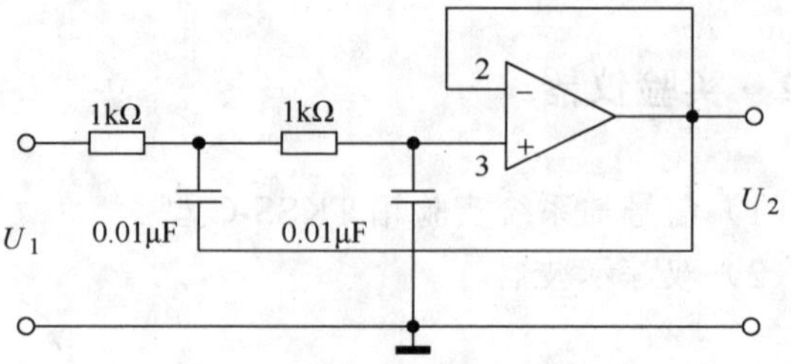

(b) 有源低通滤波器

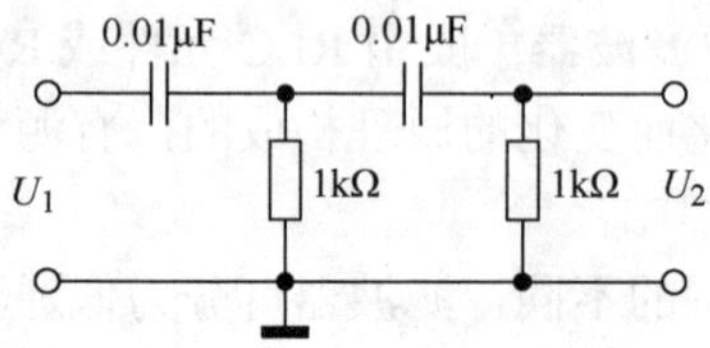

(c) 无源低通滤波器

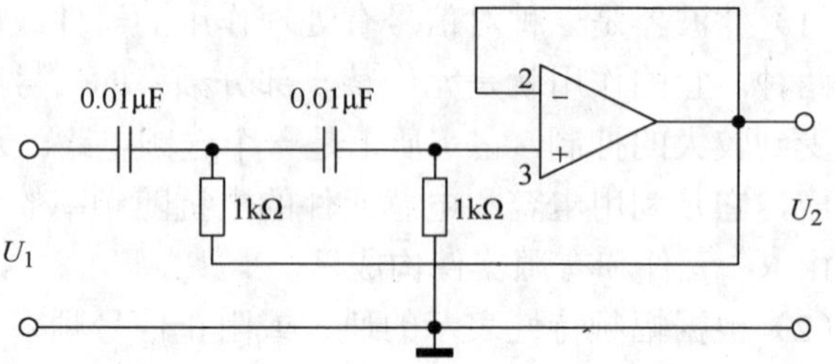

(d) 有源低通滤波器

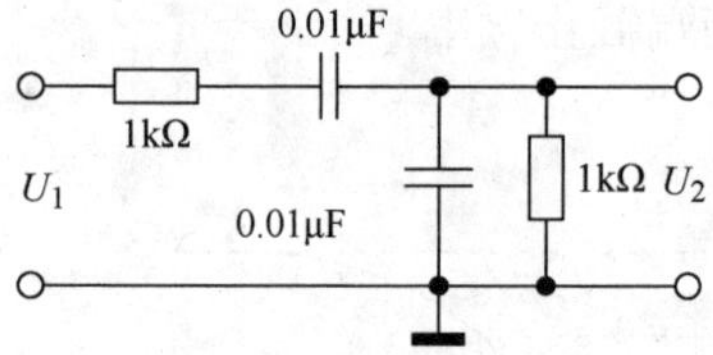

(e) 无源带通滤波器

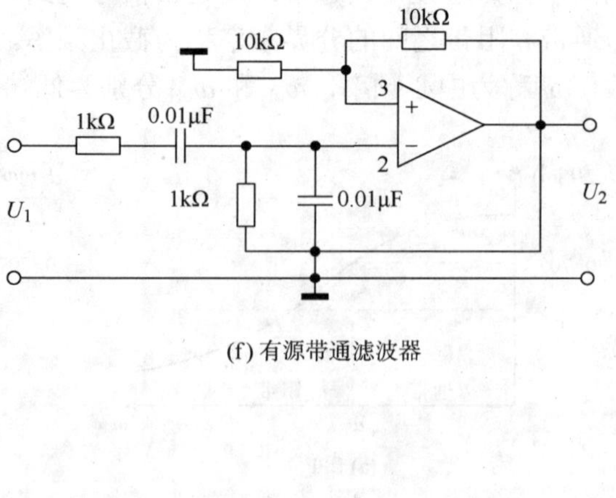

(f) 有源带通滤波器

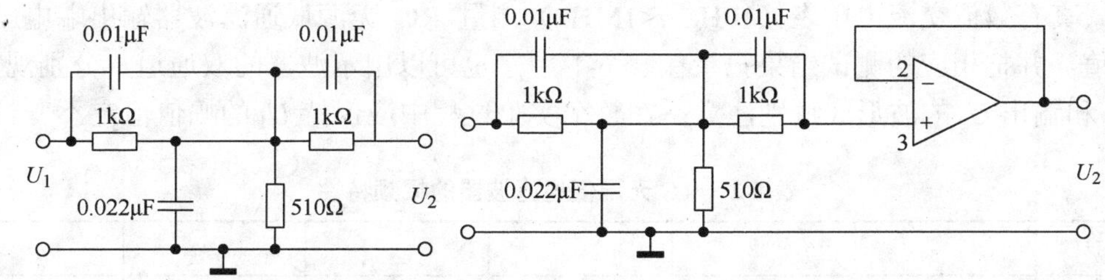

(g) 无源带阻滤波器　　　　(h) 有源带阻滤波器

图 6-2　各种滤波器的实验线路图

（3）如图 6-3 所示，滤波器的频率特性 H（jω），又称为传递函数，表示为

$$H\left(\mathrm{j}\omega\right)=\frac{\dot{U}_2}{\dot{U}_1}=A(\omega)\angle\theta(\omega) \tag{6-1}$$

式中，$A(\omega)$ 为滤波器的幅频特性；$\theta(\omega)$ 为滤波器的相频特性。它们都可以通过实验的方法来测量。

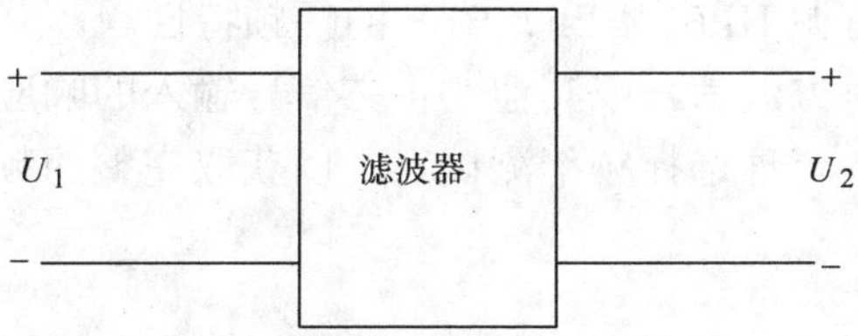

图 6-3　滤波器

6.1.4　预习要求

（1）实验前复习教材上的相关内容，并对实验目的、实验原理进行预习，对实验结果做出初步预测。

（2）计算出各滤波器的特征频率、截止频率和通频带。

（3）查阅相关教材，试推导各类无源和有源滤波器的频率特性，画出相应的幅频特性曲线。

（4）假设滤波器输入信号为方波，试分析各类无源和有源滤波器的频率响应。

6.1.5　实验内容和步骤

（1）滤波器的输入端接正弦波信号发生器或扫频电源，输出端接交流数字毫伏表。也可采用另一种方法，在滤波器的输入、输出端同时接示波器的两个通道。

（2）无源和有源低通滤波器的幅频特性测试。

①测试 RC 无源低通滤波器的幅频特性。用图 6-2（a）所示的电路，实验时，逐渐改变输入的正弦波信号频率，但注意必须保持输入信号的幅值 U_1 不变，用实验箱提供的

数字式真有效值交流电压表（10Hz<f<1MHz）测量 RC 无源低通滤波器输出端电压 U_2 的幅值，并把相应的测试结果记录在表 6-1 中。也可以用示波器的双通道，分别观察输入 U_1 和输出 U_2 的波形（特别注意：在整个实验过程中应保持 U_1 的幅值恒定不变。）

表 6-1　RC 无源低通滤波器的幅频特性

f/Hz						
U_2/U_1						

②测试 RC 有源低通滤波器的幅频特性。实验电路如图 6-2（b）所示。取放大系数 K=1。测试方法用①中相同的方法进行实验操作，并将实验数据记入表 6-2 中。

表 6-2　RC 有源低通滤波器的幅频特性

f/Hz						
U_2/U_1						

③分别测试无源和有源 HPF、BPF、BEF 的幅频特性。

（3）研究各滤波器对方波信号或其他非正弦信号输入的响应。

（4）做上述实验时，合理选择频率测试点，以获取完整的频率特性曲线。

6.1.6　注意事项

（1）在实验测量过程中，必须始终保持正弦波信号源的输出电压 U_1 的幅值（滤波器的输入）不变，且输入信号幅度不宜过大。

（2）在进行有源滤波器实验时，输出端不可短路，以免损坏运算放大器。

（3）若用扫频电源作为激励，必须熟悉扫频电源的操作和使用说明。

6.1.7　实验报告

（1）根据实验测量所得的数据，绘制各类滤波器的幅频特性。对于同类型的无源和有源滤波器的幅频特性，要求绘制在同一坐标纸上以便比较。计算出各自的特征频率、截止频率和通频带。

（2）比较分析各类无源和有源滤波器的滤波特性。

（3）分析在方波信号激励下，滤波器的响应情况。

（4）写出本实验的心得体会和意见。

6.1.8　思考题

（1）试比较有源滤波器和无源滤波器各自的优缺点。

（2）各类滤波器参数的改变，对滤波器特性有何影响。

（3）测试滤波器频率特性的方法可推广到测试任意一个二端口系统的频率特性。

（4）测试所得滤波器的实际幅频特性与理想幅频特性有何区别。

（5）如果要实现 LPF、HPF、BPF 和 BEF 滤波器之间的转换，应如何连接？

6.2　周期信号的分解与合成

6.2.1　实验目的

（1）用同时分析法观测 50Hz 非正弦周期信号的频谱，并与其傅里叶级数各项的频率与系数进行比较。

（2）观测基波和其谐波的合成信号。

6.2.2　实验仪器和材料

（1）信号与系统实验箱 TKSS-C 型。

（2）双踪示波器。

（3）万用表。

6.2.3　实验原理

（1）在电力电子系统中最常用的是正弦交流信号，电路的分析以其作为基础。然而，电子技术领域中常遇到另一类交流电，虽是周期波，却不是正弦量，统称为非正弦周期信号，常见的有方波、锯齿波等，它们对电路产生的影响比单频率的正弦波复杂得多。

（2）一个非正弦周期波可以用一系列频率与之成整数倍的正弦波来表示。反过来说，也就是不同频率的正弦波可以合成一个非正弦周期波。这些正弦波称为非正弦波的谐波分量，其中频率与之相同的成分称为基波或一次谐波。谐波分量的频率为基波的几倍，就称为几次谐波，其幅度将随着谐波次数的增加而减小直到无穷小。波形所含有的谐波成分，按频率可分成两种不同的谐波。一种频率为基波的 1，3，5，7，…倍的谐波，称为奇次谐波；另一种频率为基波的 2，4，6，8，…倍的谐波，称为偶次谐波。有些信号中还存在一定的直流成分，可看作零频率的谐波分量，也属于偶次谐波。

（3）一个非正弦周期函数可用傅里叶级数来表示，级数的各项系数及其频率之间的关系可用一个频谱图来表示，不同的非正弦周期函数具有不同的频谱图，各种不同波形见图 6-4，其中方波的频谱图如图 6-5 所示。

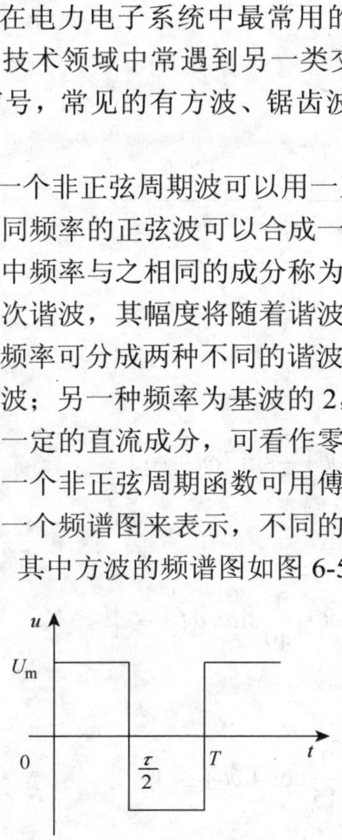

(a) 方波

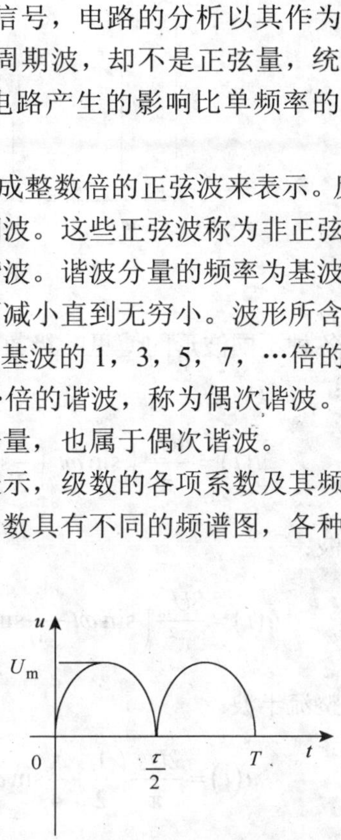

(b) 正弦整流全波

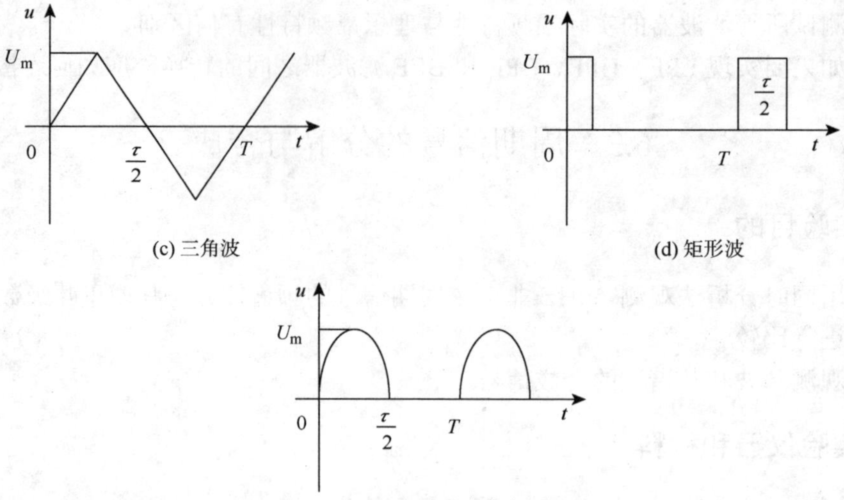

图 6-4 各种不同非正弦周期信号

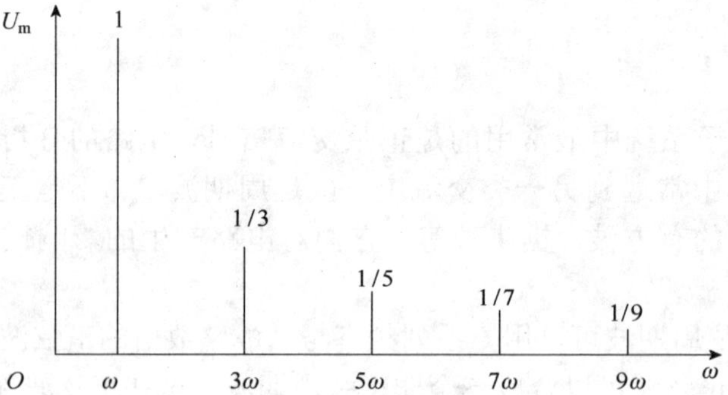

图 6-5 方波频谱图

（4）各种不同波形的傅里叶级数表达式。

方波：

$$u(t)=\frac{4U_{\mathrm{m}}}{\pi}\left(\sin\omega t+\frac{1}{3}\sin 3\omega t+\frac{1}{5}\sin 5\omega t+\frac{1}{7}\sin 7\omega t+\cdots\right) \tag{6-2}$$

三角波：

$$u(t)=\frac{8U_{\mathrm{m}}}{\pi^2}\left(\sin\omega t-\frac{1}{9}\sin 3\omega t+\frac{1}{25}\sin 5\omega t-\frac{1}{49}\sin 7\omega t+\cdots\right) \tag{6-3}$$

正弦整流半波：

$$u(t)=\frac{2U_{\mathrm{m}}}{\pi}\left(\frac{1}{2}+\frac{\pi}{4}\sin\omega t-\frac{1}{3}\cos 2\omega t-\frac{1}{15}\cos 4\omega t+\cdots\right) \tag{6-4}$$

正弦整流全波：

$$u(t)=\frac{4U_{\mathrm{m}}}{\pi}\left(\frac{1}{2}-\frac{1}{3}\cos 2\omega t-\frac{1}{15}\cos 4\omega t-\frac{1}{35}\cos 6\omega t+\cdots\right) \tag{6-5}$$

矩形波：

$$u(t)=\frac{\tau U_{\mathrm{m}}}{T}+\frac{2U_{\mathrm{m}}}{\pi}\left(\sin\frac{\tau\pi}{T}\cos\omega t+\frac{1}{2}\sin\frac{2\tau\pi}{T}\cos 2\omega t+\frac{1}{3}\sin\frac{3\tau\pi}{T}\cos 3\omega t+\cdots\right) \tag{6-6}$$

（5）奇谐信号。

若一个信号满足表达式 $x_{\mathrm{T}}(t-\frac{T}{2})=-x_{\mathrm{T}}(t)$，则称为奇谐信号。这种信号的特点是其只有奇数次谐波分量，偶数次谐波分量为零。

（6）实验原理框图。

实验电路的结构如图 6-6 所示，由一个 LPF 与 6 个 BPF 以及一个加法器组成。LPF 为截止频率很低的低通滤波器，可以滤出非正弦周期波的直流分量。BPF_1～BPF_6 是中心频率为基波相应倍数的带通滤波器，电路中的加法器用于合成各次谐波信号。

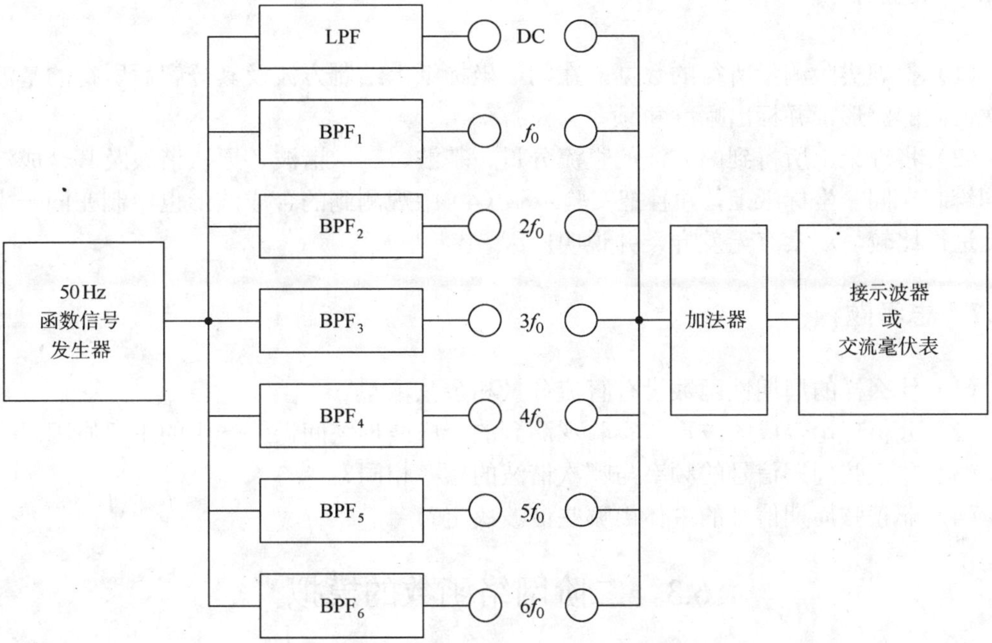

图 6-6　信号的分解与合成实验装置结构框图

6.2.4　预习要求

在做实验前必须认真复习教材中关于周期性信号傅里叶级数分解的有关内容。

6.2.5　实验内容和步骤

（1）熟悉双踪数字示波器的使用方法，学会用它来观察各种信号的波形、频率和幅值等。

（2）利用实验箱上的 50Hz 非正弦多波形信号发生器模块的方波信号，将其直接接到信号分解与合成实验模块的输入端。

（3）将模块中低通滤波器的输出接至示波器，观测直流分量的幅值，并列表记录。将模块中各带通滤波器的输出分别接至示波器，观测基波和各次谐波的频率和幅值，并列表记录。

（4）依次将方波分解所得的直流分量、基波、三次谐波分量和五次谐波分量接至加法器的相应输入端，观察加法器的输出波形有什么样的变化，并将这些波形记录下来。

（5）将 50Hz 非正弦多波形信号发生器模块的单相正弦半波整流、全波整流、矩形波和三角波分别接至 50Hz 电信号分解与合成实验模块的输入端，观测并记录输出端直流分量的幅值，基波和各次谐波分量的频率和幅值。

（6）将步骤（5）中各波形分解所得的基波和各次谐波分量分别接至加法器的相应输入端，观测并记录加法器的输出波形。

6.2.6　实验报告

（1）整理实验测量所得的数据，在同一坐标纸上绘制方波及其分解后所得的基波和各次谐波的波形，并标出幅度和频率。

（2）将理论上所得到的方波的直流分量、基波、三次谐波、五次谐波及其合成波形一同绘制在同一坐标纸上，并且把实验步骤（4）中观测到的合成波形也绘制在同一坐标纸上进行比较，观察有无差异，并说明原因。

6.2.7　思考题

（1）什么样的周期性函数没有直流分量和余弦项？

（2）分析理论合成的波形与实验观测到的合成波形之间误差产生的主要原因。

（3）非正弦周期信号的频率与哪次谐波的频率相同？

（4）非正弦周期信号的主体由哪些谐波决定？

6.3　二阶网络函数的模拟

6.3.1　实验目的

（1）掌握求解系统响应的一种方法——模拟解法。

（2）研究系统参数变化对响应的影响。

（3）用基本运算器模拟系统的微分方程和传递函数。

6.3.2　实验仪器

（1）信号与系统实验箱 TKSS-A 型或 TKSS-B 型或 TKSS-C 型。

（2）双踪示波器。

6.3.3　实验原理

（1）为了求解系统的响应，需要建立系统的微分方程，一些实际系统的微分方程可能是一个高阶微分方程或者是一个微分方程组，它们的求解是有一定困难的。实际上，描述各类不同系统的微分方程有许多相似之处，因而可以用电系统来模拟各种非电系统，并进一步用基本运算单元来获得该实际系统响应的模拟解。微分方程的一般形式为

$$y^{(n)}+a_{n-1}y^{(n-1)}+\cdots+a_0y=x \tag{6-7}$$

式中，x 表示激励，y 表示响应。模拟系统微分方程的规则是将微分方程输出函数中除最高阶导数以外的其余各项移动到等式右边，最高阶导数保留在等式左边，把它作为第一个积分器的输入，之后每经过一个积分器，输出函数的导数就降低一阶，直到输出 y 为止。各个阶数降低的导数和输出函数分别通过各自的比例运算器再送到第一个积分器前面的求和器与输入函数 x 相加，则该模拟装置的输入和输出所表征的方程与被模拟的实际微分方程完全一样。图 6-7 与图 6-8 分别为一阶微分方程的模拟框图和二阶微分方程的模拟框图。

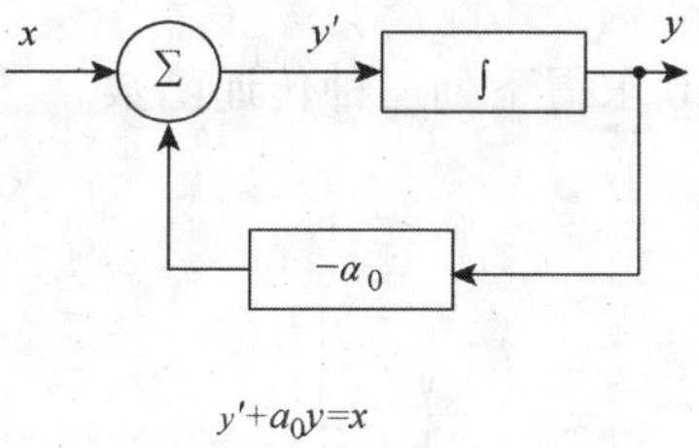

图 6-7　一阶系统的模拟

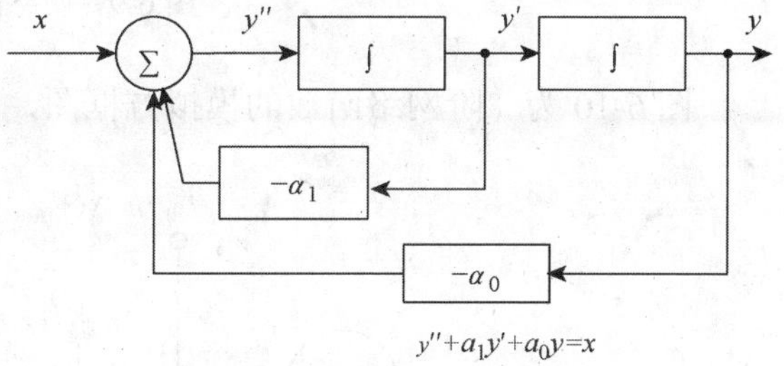

图 6-8　二阶系统的模拟

（2）网络函数的一般形式为

$$H(s)=\frac{Y(s)}{F(s)}=\frac{a_0s^n+a_1s^{n-1}+\cdots+a_n}{s^n+b_1s^{n-1}+\cdots+b_n} \tag{6-8}$$

或写为

$$H(s)=\frac{Y(s)}{F(s)}=\frac{a_0+a_1s^{-1}+\ldots+a_ns^{-n}}{1+b_1s^{-1}+\ldots+b_ns^{-n}}=\frac{P(s^{-1})}{Q(s^{-1})} \tag{6-9}$$

则有

$$Y(s)=P(s^{-1})\frac{1}{Q(s^{-1})}F(s) \tag{6-10}$$

令 $X=\dfrac{1}{Q(s^{-1})}F(s)$，得

$$\begin{cases}F(s)=Q(s^{-1})X=X+b_1Xs^{-1}+b_2Xs^{-2}+\cdots+b_nXs^{-n}\\Y(s)=P(s^{-1})X=a_0X+a_1Xs^{-1}+a_2Xs^{-2}+\cdots+a_nXs^{-n}\end{cases}\tag{6-11}$$

因而 $X=F(s)-b_1Xs^{-1}-b_2Xs^{-2}-\cdots-b_nXs^{-n}$

根据上式，可画出如图 6-9 所示的模拟方框图，图中 s^{-1} 表示积分器。

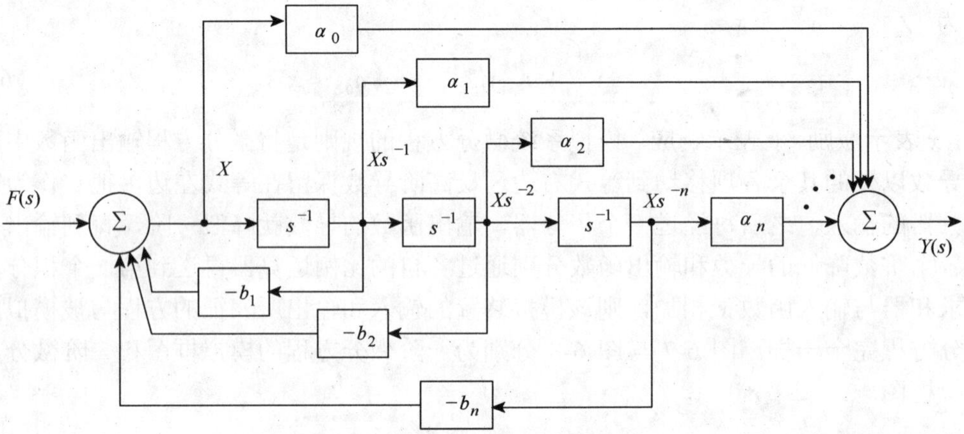

图 6-9　网络函数的模拟

图 6-10 为二阶网络函数的模拟方框图，由图 6-10 求得下列三种传递函数。

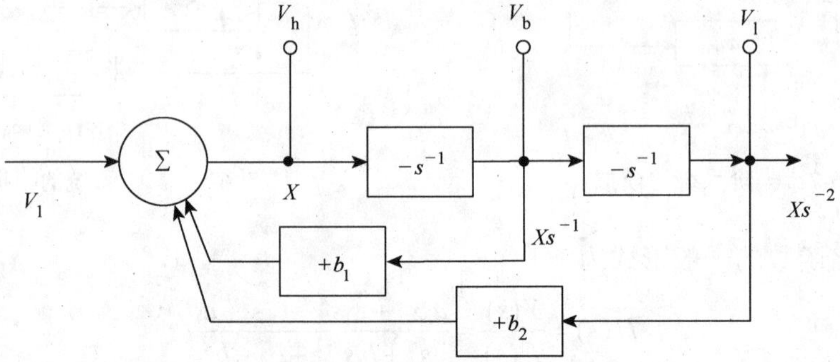

图 6-10　二阶网络函数的模拟

低通函数：

$$\frac{v_1(s)}{v_1(l)}=H_1(s)=\frac{1}{s^2+b_1s+b_2}\tag{6-12}$$

带通函数：

$$\frac{v_b(s)}{v_1(l)}=H_b(s)=\frac{-s}{s^2+b_1s+b_2}\tag{6-13}$$

高通函数：

$$\frac{v_{\mathrm{h}}(s)}{v_1(l)}=H_{\mathrm{h}}(s)=\frac{s^2}{s^2+b_1s+b_2} \tag{6-14}$$

图 6-11 为图 6-10 的模拟电路图。由图 6-11 的模拟电路得

$$\begin{cases}\left(\dfrac{1}{R_2}+\dfrac{1}{R_4}\right)V_B-\dfrac{1}{R_2}V_{\mathrm{i}}-\dfrac{1}{R_4}V_{\mathrm{b}}=0\\ \left(\dfrac{1}{R_1}+\dfrac{1}{R_3}\right)V_A-\dfrac{1}{R_1}V_t-\dfrac{1}{R_3}V_{\mathrm{h}}=0\\ V_A=V_B\end{cases} \tag{6-15}$$

调节滑动变阻器，使 R_1=10kΩ，R_2=10kΩ，$R_3=30\text{k}\Omega$，$R_4=30\text{k}\Omega$。

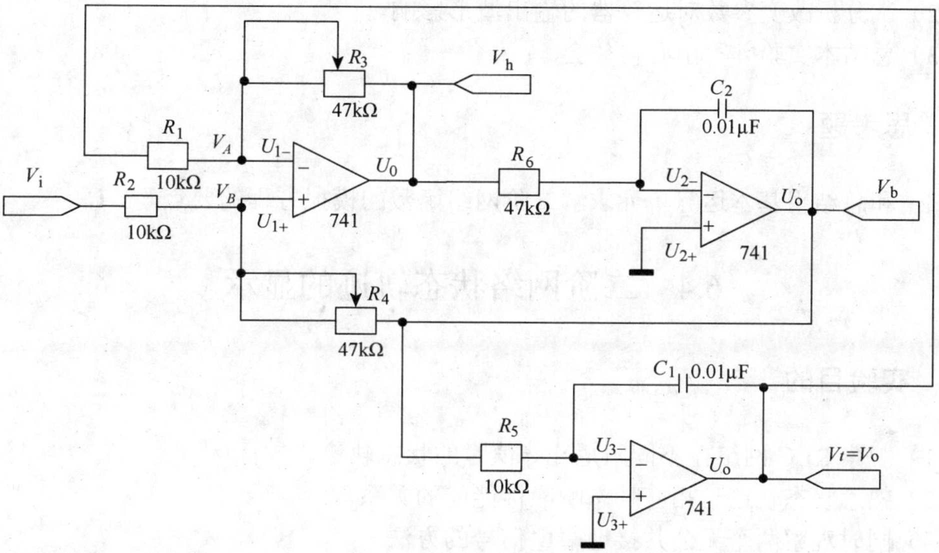

图 6-11　二阶网络函数的模拟

只要适当地选择模拟装置相关元件的参数，就能使模拟方程和实际系统的微分方程完全相同。

$$V_t=V_{\mathrm{i}}+\frac{1}{3}V_{\mathrm{b}}-\frac{1}{3}V_{\mathrm{h}} \tag{6-16}$$

$$V_t=-\int\frac{1}{R_5C_1}V_{\mathrm{b}}\mathrm{d}t=-10^4V_{\mathrm{b}} \tag{6-17}$$

则

$$V_{\mathrm{b}}=-10^{-4}V_t$$

$$V_{\mathrm{b}}=-\int\frac{1}{R_6C_2}V_{\mathrm{h}}\mathrm{d}t=-10^{-4}V_{\mathrm{h}} \tag{6-18}$$

则

$$V_{\mathrm{h}}=-10^{-4}V_{\mathrm{b}}=-10^{-8}V_t$$

$$V_{\mathrm{i}} = V_t - \frac{1}{3}V_{\mathrm{b}} - \frac{1}{3}V_{\mathrm{h}} = V_t + \frac{10^{-4}}{3}V_t + \frac{10^{-8}}{3}V_t \tag{6-19}$$

6.3.4　实验内容和步骤

（1）根据实验电路列出微分方程并求解。

（2）在实验箱上的自由布线区，按照图 6-11 所示连接电路。

（3）将正弦信号和方波信号分别接入该电路的输入端，调节电位器 R_3、R_4 以及输入信号 V_{i}，将示波器的探头分别接至各测试点，观察它们的波形并记录。

6.3.5　实验报告要求

（1）绘出实验过程中观察到的波形，对比经过基本运算器前后的波形有什么变化。

（2）试分析改变参数对运算器的输出波形影响。

（3）总结本实验并写出心得体会。

6.3.6　思考题

归纳和总结用基本运算单元求解二阶网络函数的模拟方程的要点。

6.4　二阶网络状态轨迹的显示

6.4.1　实验目的

（1）观察 RLC 网络在不同阻尼比 ξ 值时的状态轨迹。

（2）熟悉状态轨迹与相应瞬态响应性能间的关系。

（3）同时观察两个无公共接地端电信号的方法。

6.4.2　实验仪器

（1）信号与系统实验箱 TKSS-C 型。

（2）双踪示波器。

6.4.3　实验原理

（1）任何变化的物理过程在每一时刻所处的“状态”，都可以概括地用若干被称为“状态变量”的物理量来描述。例如，一辆汽车可以用它在不同时刻的运动速度和加速度来描述它是处于停止状态、加速状态或者匀速运动状态；一杯水可以用它的温度来描述它是处于结冰固态，还是沸腾的开水，这里速度、加速度和温度都可称为状态变量。由于物体所具有的动能等于 $\frac{1}{2}mv^2$，物体具有的热量等于 $mc(t_2 - t_1)$，常将与物体储能直接有关的物理量作为状态变量。对于电路来说，一个动态网络在不同时刻各支路电压、电流在变化，所处的状态也都不相同。在所有 v_C、i_C、v_L、i_L、v_R、i_R 六种可能的变量中，由于电容的储能为 $\frac{1}{2}Cv_C{}^2$，电感的储能 $\frac{1}{2}Li_L{}^2$，所以选电容的电压和电感的电流作为电路的状态变量，了解了它们的变化就可以把握电路状态的变化。根据图 6-12 所示电路得下列回路方程：

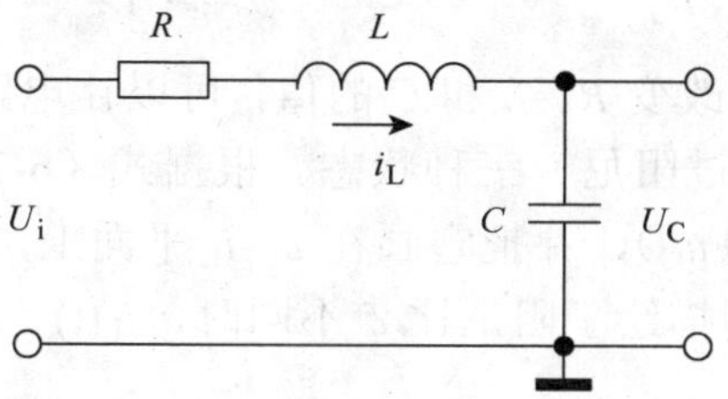

图 6-12　RLC 电路

$$i_L R + L\frac{di_L}{dt} + u_C = u_i \tag{6-20}$$

求得相应的状态程为

$$\frac{du_C}{dt} = \frac{1}{C}i_L$$

$$\frac{di_L}{dt} = -\frac{1}{L}u_C - \frac{R}{L}i_L + \frac{1}{L}u_i \tag{6-21}$$

不难看出，当已知电路的激励电压 u_i 和初始条件 i_L（t_0）、u_C（t_0），就可以唯一地确定 $t \geqslant t_0$ 时，该电路的电流 i_L 和电容两端的电压 u_C。

“状态变量”较确切的定义是能描述系统动态特性组最少数量的数据。对一个电路而言，若全部选择电容电压和电感电流作状态变量，那么根据这些状态变量和激励，就可确定电路中任一支路的电压或电流。对 n 阶网络可以用 n 个状态变量来描述。设想一个 n 维空间，每一维表示一个状态变量，构成一个“状态空间”。网络在每一时刻所处的状态可以用状态空间中一个点来表示，随着时间的变化，点的移动形成一个轨迹，称为“状态轨迹”。二阶网络的状态空间就是一个平面，状态轨迹是平面上的一条曲线。电路参数不同，状态轨迹也不相同。状态变量是一些与储能直接有关的物理量，因为能量是不能突变的，所以状态变量一般也是不能突变的，因而状态轨迹是一根连续的曲线。为便于用双踪示波器直接观察到网络的状态轨迹，本实验仅研究二阶网络。

（2）下面为阻尼比 ξ 不同时，二阶网络的根轨迹特点。

将 $i_L = C\frac{du_C}{dt}$ 代入式（6-20）中，得

$$LC\frac{d^2u_C}{dt^2} + RC\frac{du_C}{dt} + u_C = u_i$$

$$\frac{d^2u_C}{dt^2} + \frac{R}{L}\frac{du_C}{dt} + \frac{1}{LC}u_C = \frac{1}{LC}u_i \tag{6-22}$$

二阶网络标准化形成的微分方程为

$$\frac{\mathrm{d}^2u_C}{\mathrm{d}t^2}+2\xi w_n\frac{\mathrm{d}u_C}{\mathrm{d}t}+w_n^2u_C=w_n^2u_i \tag{6-23}$$

比较式（6-22）和式（6-23），得

$$w_n=\frac{1}{\sqrt{LC}}\ ,\quad \xi=\frac{R}{2}\sqrt{\frac{C}{L}} \tag{6-24}$$

由式（6-24）可得，若改变 R、L 和 C 的值，可以让电路分别处于 $\xi=0$（无阻尼）、$0<\xi<1$（欠阻尼）和 $\xi>1$（过阻尼）三种状态。根据式（6-21），可求得 $u_C(t)$和 $i_L(t)$。若以 t 为参变量求出 $i_L=f(u_C)$，并把它画在 u_C-i_L 平面上，该曲线也能描述电路的变化。图 6-13～图 6-15 分别描绘了阻尼比 ξ 不同时，$i_L(t)$、$u_C(t)$的曲线以及 u_c 与 i_L 的状态轨迹。

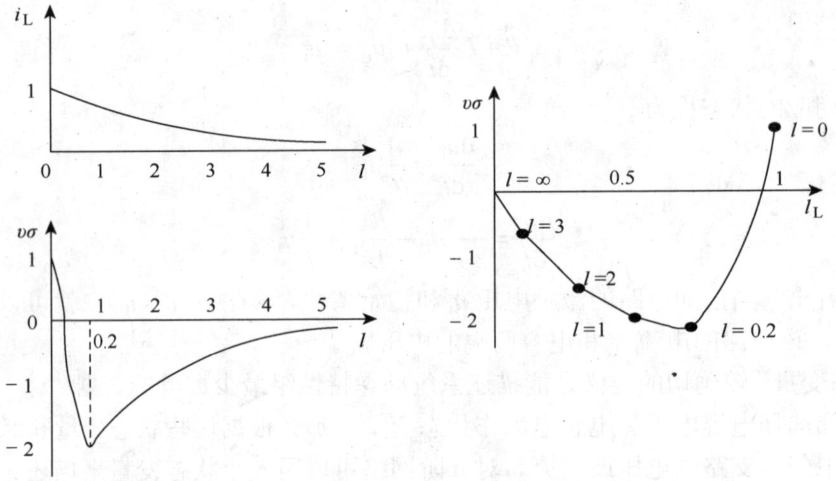

图 6-13　RLC 电路在 $\xi>1$（过阻尼）时的状态轨迹

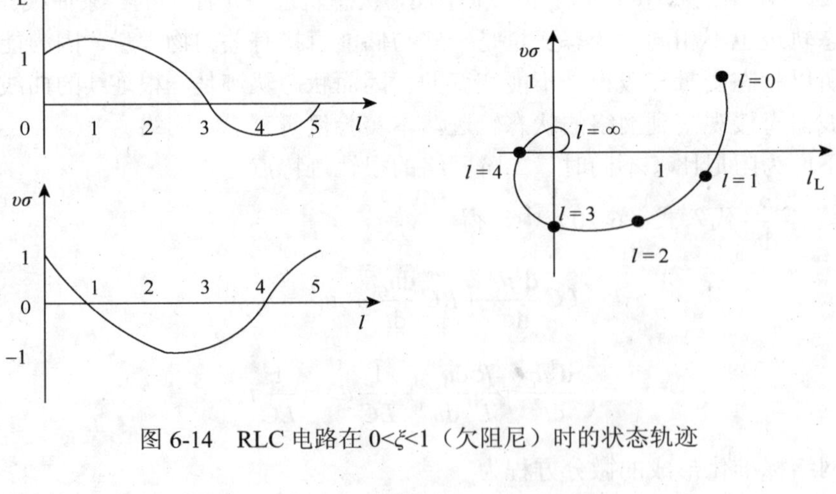

图 6-14　RLC 电路在 $0<\xi<1$（欠阻尼）时的状态轨迹

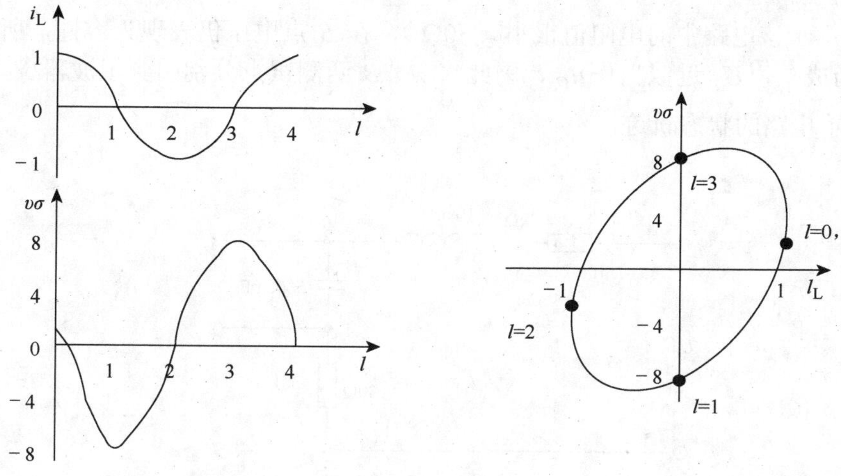

图 6-15　RLC 电路在 ξ=0（无阻尼）时的状态轨迹

实验原理线路如图 6-16 所示，V_R 与 i_L 成正比，只要将 V_R 和 V_C 加到示波器的两个输入端，其李萨如图形该电路的状态轨迹，但示波器的两个输入有一个共地端，而图 6-16 的 V_R 与 V_C 连接后取得一个共地端，因此，必须将 V_C 通过如图 6-17 的减法器，将双端输入变为与 V_R 有一个公共端的单端输出。这样，电容两端的电压 V_C 和 V_R 有一个公共接地端，从而能正确地观察该电路的状态轨迹。

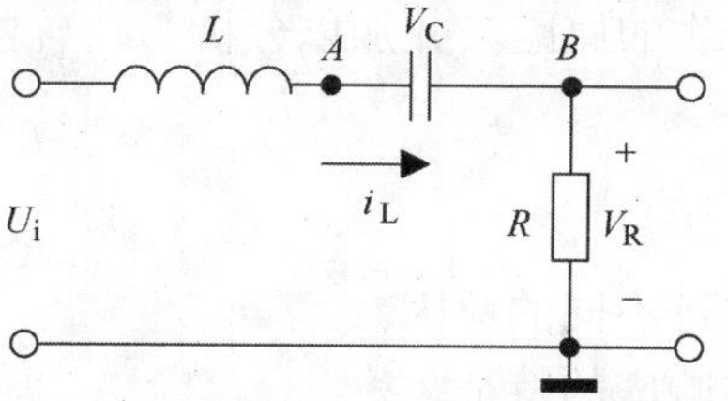

图 6-16　实验原理图

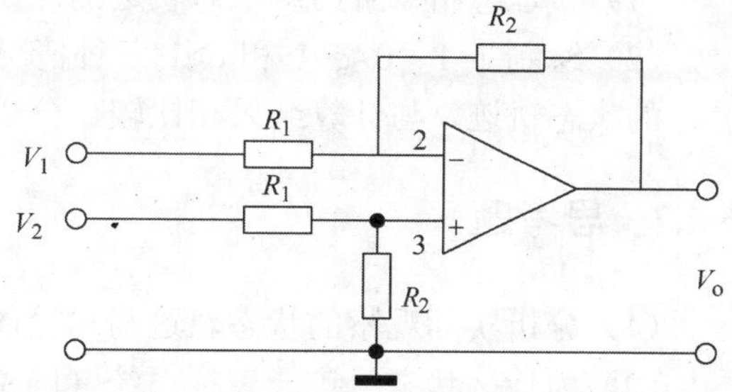

图 6-17　减法器

6.4.4　预习练习

（1）查阅资料，了解用示波器显示李萨如图形的接线方法，并学习怎么在示波器上操作观察李萨如图形。

（2）根据实验电路，确定其状态变量。

（3）当 $0<\xi<1$ 和 $\xi>1$ 时，分别计算电阻值 R。

（4）思考怎么实现无阻尼 ξ=0。

6.4.5　实验内容和步骤

（1）在 TKSS-C 型信号与系统实验箱中，观察状态轨迹采用了一种简易方法，如图

6-18 所示，由于该电路中的电阻值很小（30Ω），在 B 点电压仍表现为容性，所以可以将 U_A 近似当成 i_L，U_B 近似当作 u_C，因此将 A、B 两测试点分别引到示波器 Y 轴和 X 轴，就能显示电路的状态轨迹。

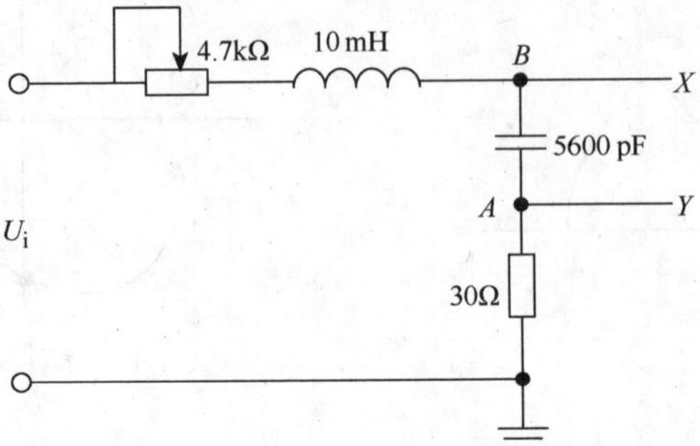

图 6-18　实验线路图

（2）将信号源产生的方波激励送入 RLC 二阶网络的输入点，同时缓慢调节电位器，观察电路在 ξ=1、0<ξ<1 和 ξ>1 三种情况下，$u_C(t)$和 $i_L(t)$的波形以及 u_C-i_L 的状态轨迹。

6.4.6　实验报告要求

（1）整理总结二阶网络状态轨迹的测试方法。

（2）绘制 ξ=1、0<ξ<1 和 ξ>1 三种情况下，通过实验观察到的 $u_C(t)$和 $i_L(t)$波形以及 u_c-i_L 的状态轨迹，与计算结果相比较，分析误差产生的原因，并加以分析归纳与总结。

6.4.7　思考题

（1）分析实际观察的状态轨迹与理论的状态轨迹不同的原因。

（2）为什么状态轨迹能表征系统（网络）瞬态响应的特征。

（3）实验电路（图 6-18）中为什么要串联 30 Ω 电阻，该电阻的阻值大小对电路有何影响？

6.5　抽 样 定 理

6.5.1　实验目的

（1）掌握时域抽样定理的基本内容。

（2）掌握由抽样序列重建原连续信号的基本原理与实现方法。

6.5.2　实验仪器

（1）信号与系统实验箱 TKSS-C 型。

（2）双踪示波器。

6.5.3　实验原理

（1）离散时间信号既可以从离散信号源获得，也可以将连续时间信号进行抽样来得到。用 $f(t)$ 表示连续信号，$f_s(t)$ 表示抽样信号，$S(t)$ 表示周期性冲激函数，如图 6-19 所示，T_s 称为抽样周期，其倒数 $f_s=1/T_s$ 称为抽样频率，那么 $f_s(t)$ 可以看做 $f(t)$ 与 $S(t)$ 的乘积。

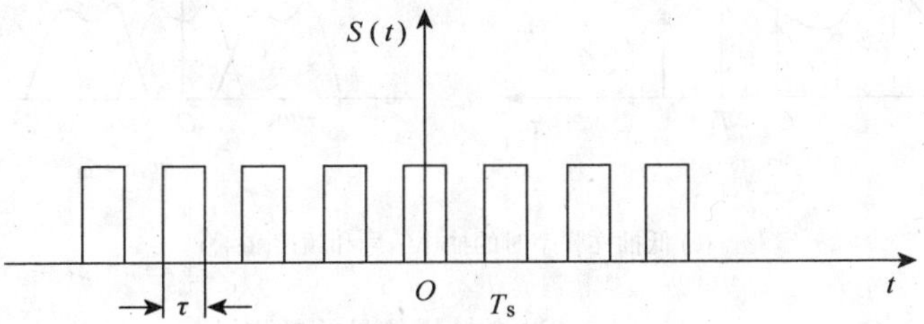

图 6-19　矩形抽样脉冲

将抽样后的信号进行傅里叶级数展开可知，它包含了原信号频谱以及重复周期为 f_s、幅度按一定规律变化的原信号频谱，即抽样信号的频谱是原信号频谱的周期性延拓，因此，抽样信号所占有的频带要比原信号频带宽得多。

（2）抽样信号在一定条件下可以恢复出原有信号，其条件是 $f_s \geqslant 2B$，其中 f_s 为抽样频率，B 为原信号占有的频带宽度。$f_{min}=2B$ 为最低抽样频率又称“奈奎斯特抽样频率”。由于抽样信号是原信号频谱的周期性延拓，所以只要用一截止频率等于原信号频谱中最高频率的低通滤波器滤除高频成分，那么得到的信号就包含了完整的原信号频谱，即原信号得到了恢复。当 $f_s<2B$ 时，抽样信号的频谱会发生混叠，从发生混叠后的频谱中无法用低通滤波器获得原信号频谱的全部内容。图 6-20 画出了当抽样频率 $f_s>2B$（不混叠时），以及 $f_s<2B$（混叠时）两种情况下抽样信号的频谱。

（3）在实验的过程中，改变抽样频率，使其分别满足 $f_s<2B$、$f_s=2B$ 和 $f_s>2B$ 三种条件时对连续信号进行抽样，必须注意的是，只有当抽样频率 f_s 大于原信号最高频率的两倍时，采样后的信号才能不失真的还原，从而验证了抽样定理。

（4）本实验采用图 6-21 所示的方案来实现对连续时间信号的抽样以及抽样信号的复原。（注意：本实验所选用的连续信号频带较窄）。

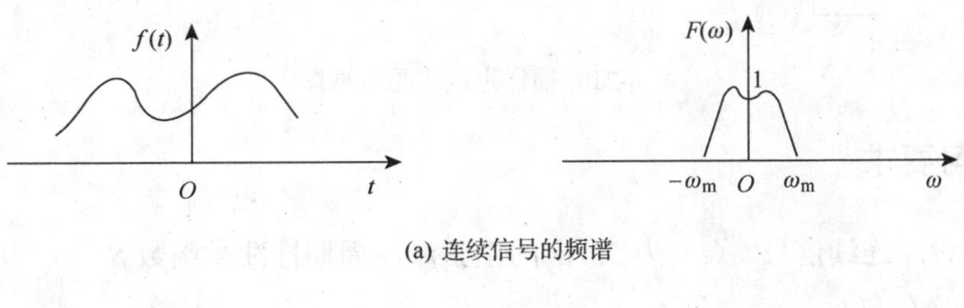

(a) 连续信号的频谱

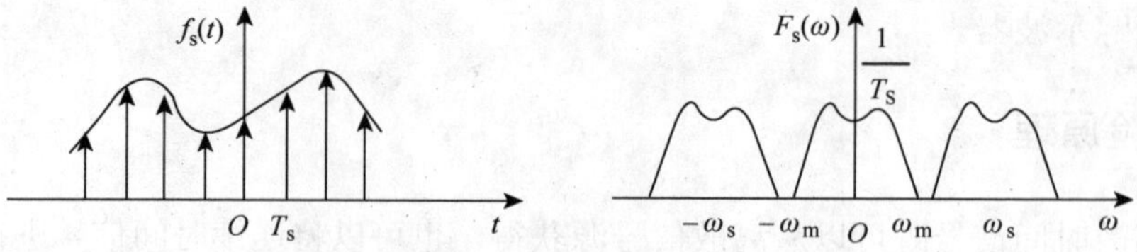

(b) 高抽样频率时的抽样信号和频谱(不混叠)

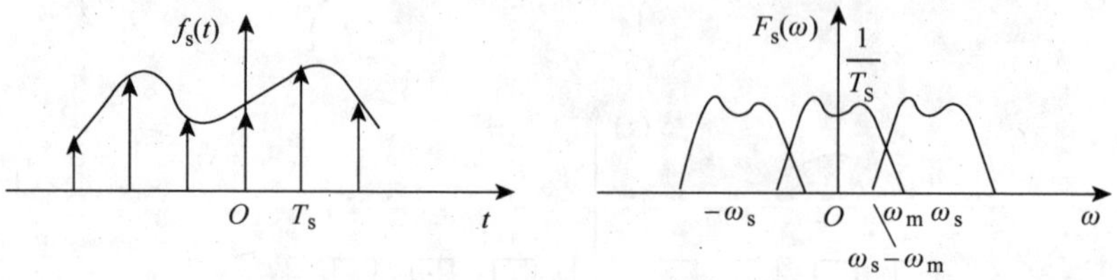

(c) 低抽样频率时的抽样信号和频谱(混叠)

图 6-20　冲激抽样信号的频谱

实验中，选用 $f_s<2B$、$f_s=2B$ 和 $f_s>2B$ 三种抽样频率对连续信号进行抽样，以验证抽样定理。要使信号采样后能不失真地还原，抽样频率 f_s 必须大于信号频率中最高频率的两倍。

（4）为了实现对连续信号的抽样和抽样信号的复原，可用如图 6-21 所示的方案。除选用足够高的抽样频率外，常采用前置低通滤波器来防止原信号频谱过宽而造成抽样后信号频谱的混叠，但这也会造成失真。若实验选用的信号频带较窄，则可不设前置低通滤波器（本实验就是如此）。

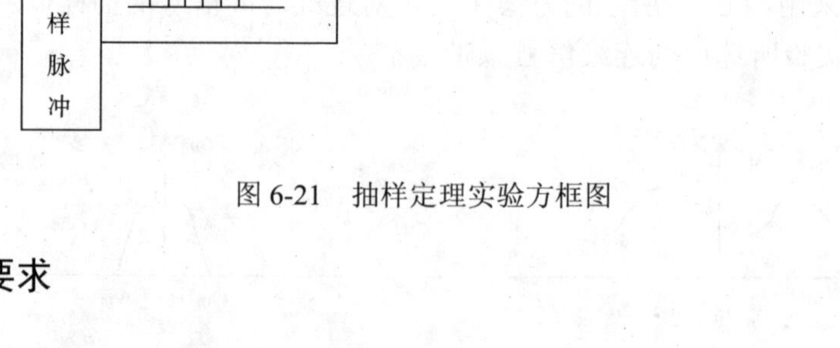

图 6-21　抽样定理实验方框图

6.5.4　预习要求

（1）假设原连续信号 f（t）为 50Hz 的正弦波，周期性冲激函数 S（t）为 T_s=0.5ms，求抽样后信号 f_s（t）。

（2）若连续时间信号取频率为 250～350Hz 的正弦波，计算它的频带宽度。该信号经频率为 f_s 的周期脉冲函数抽样后，若要求通过低通滤波器后的信号失真较小，则抽样频率和低通滤波器的截止频率应该怎样选择，试用相关仿真软件设计一个满足上述要求的低通滤波器。

6.5.5　实验内容和步骤

（1）取连续信号 $f(t)$ 为 50Hz 的正弦波和实验箱中提供的抽样信号 $S(t)$，观察正弦波经抽样后的信号 $f_s(t)$ 和经低通滤波器恢复后的信号波形。

（2）按预习要求（2）的计算结果将 $f(t)$ 和 $S(t)$ 送入抽样器，观察正弦波经抽样后的信号波形。

（3）改变抽样频率为 $f_s<2B$ 和 $f_s\geqslant 2B$，观察复原后的信号，比较其失真程度。

（4）观察经低通滤波器恢复后无失真的信号与原输入信号之间的幅度关系，计算放大倍数和时延。

（5）若连续信号 $f(t)$ 为 50Hz 的方波或三角波，观察经抽样后的信号 $f_s(t)$ 和经低通滤波器恢复后的信号波形。

（6）若把经抽样后的三角波信号（非正弦周期信号），送到 50Hz 非正弦周期信号的分解与合成实验模块的输入端，经分解合成后的合成波形是什么，为什么？

（7）若把经抽样后的三角波信号（非正弦周期信号），送到滤波器模块中低通滤波器的输入端，输出波形是什么，为什么？

6.5.6　实验报告要求

（1）整理并绘出原信号 $f(t)$、抽样后的信号 $f_s(t)$ 和复原信号的波形，要求幅度、频率比例关系正确。

（2）实验中的体会。

6.5.7　思考题

信号为方波或三角波，经低通滤波器恢复后的信号是什么信号，为什么？

第四部分　综合设计性实验

第 7 章　模拟电子技术综合设计性实验

7.1　简易信号发生器设计

7.1.1　实验目的

（1）掌握正弦波、三角波、矩形波和方波发生电路的工作原理。

（2）学会正弦波、三角波、矩形波和方波发生电路的设计方法。

（3）进一步熟悉电子线路的安装、调试测试方法。

7.1.2　实验原理

正弦波、三角板、矩形波是电子电路中常用的测试信号，如测试放大器的增益、通频带等均要用正弦信号作为测试信号。下面分别介绍产生这三种信号的电路结构和工作原理。

1）正弦信号发生器

正弦信号的产生电路形式比较多，频率较低时常用文氏电桥振荡器。图 7-1 为实用文氏电桥振荡电路。图中 R_1、R_2、R_3、R_{W2} 构成负反馈支路，二极管 D_1、D_2 构成稳幅电路，C_2、R_{11}（或 R_{12} 或 R_{13}）、C_1、R_{21}（或 R_{22} 或 R_{23}）串并联电路构成正反馈支路，并兼做选频网络。调节电位器 R_{W2} 可以改变负反馈的深度，以满足振荡的振幅条件和改善波形。二极管 D_1、D_2 要求温度稳定性好，特性匹配以确保输出信号正负半周对称，R_3 接入用以消除二极管的非线性影响，改善波形失真。若 K_1 接电阻 R_{11}，K_2 接 R_{21}，并且 $R_{11}=R_{21}=R$，$C_1=C_2=C$，则电路的振荡频率为

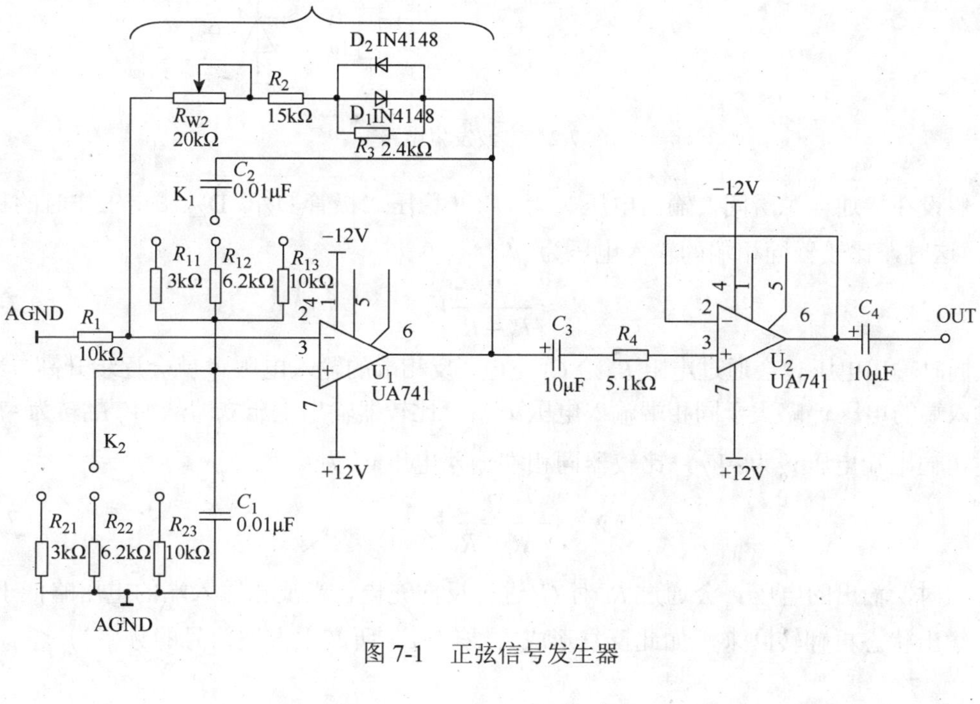

图 7-1　正弦信号发生器

$$f = \frac{1}{2\pi RC} \tag{7-1}$$

起振的幅值条件为

$$A_{\mathrm{V}} = 1 + \frac{R_{\mathrm{f}}}{R_1} \tag{7-2}$$

调整 R_{W2} 可以改变电路的放大倍数，能使电路起振并且失真最小。该电路可通过开关 K_1、K_2 选择不同的电阻以得到不同频率的信号输出。U_2 构成射极跟随器，以减小信号源负载对文氏电桥振荡电路的影响。

2）方波和矩形波发生器

方波发生电路如图 7-2 所示。其基本原理是在滞回比较器的基础上增加了由 R_4 和 C_1 构成的积分电路，输出电压通过该积分电路送入比较器的反相输入端，其中 R_3 、D_{Z1} 和 D_{Z2} 构成双向限幅电路。该电路工作原理如下。

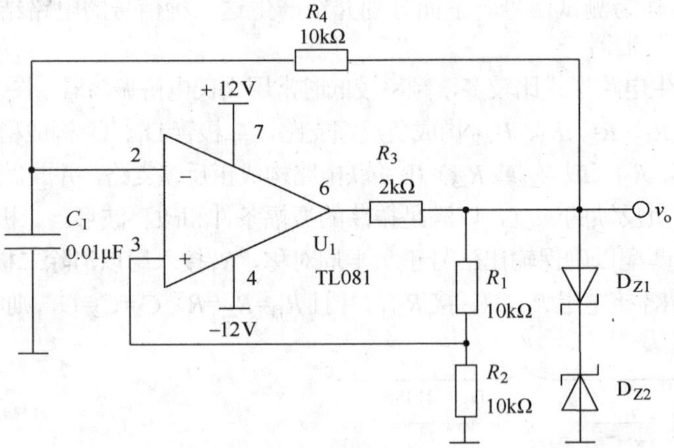

图 7-2　方波发生电路

假设在接通电源瞬间，输出电压 v_o 为 $+V_Z$（稳压二极管 D_{Z1}、D_{Z2} 额定工作时的稳压值），这时，比较器同相端的输入电压为

$$V_+ \approx \frac{R_2}{R_1 + R_2} V_Z \tag{7-3}$$

同时输出电压 v_o 会通过电阻 R_4 给 C_1 充电，反相端的输入电压 v_- 就会逐步升高。当反向输入端的电压 v_- 略大于同相端输入电压 v_+ 时，比较器输出电压立即从 $+V_Z$ 翻转为 $-V_Z$。这时，输出端电压 v_o 为 $-V_Z$，比较器同相端输入电压 v_+' 为

$$v_+' \approx -\frac{R_2}{R_1 + R_2} V_Z \tag{7-4}$$

这时，输出的电压 v_o 会通过 R_4 对 C_1 进行反向充电，当反相输入端的电压略低于 v_+' 时，输出状态再翻转回来，如此反复形成方波信号。所产生方波信号的频率为

$$f_{方波} = \frac{1}{2R_4C_1} \tag{7-5}$$

如果在积分电路中加入元件 D_1、D_2 和 R_{W1}，则电容 C_1 正向、反向充电时间常数不同，这样就变成了矩形波发生电路，如图 7-3 所示。在该电路中，通过改变电阻器 R_W 中心抽头的位置（即调节电阻器）就可以改变矩形波的占空比。矩形波发生器的振荡频率为

$$f_{矩形波} = \frac{1}{(R_{W1}+R_{W2})C_1\ln(1+\frac{2R_2}{R_1})} \tag{7-6}$$

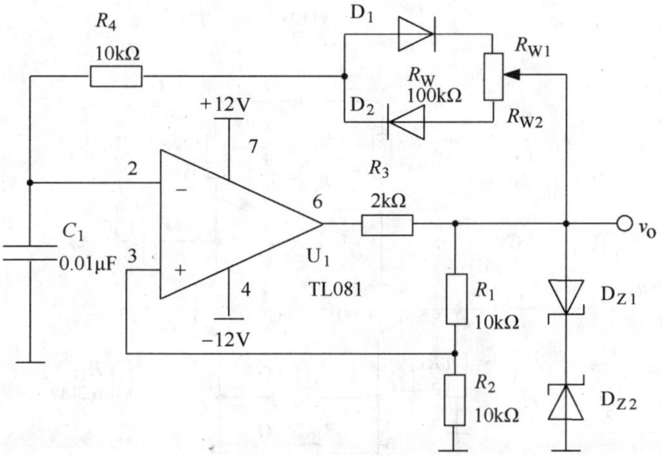

图 7-3　矩形波发生电路

3）三角波发生电路

图 7-4 是用一个比较器和一个积分器组成的方波和三角波发生器。其中 R_1、R_2、R_{P1} 和 IC1A 组成过零比较器。若比较器的输入端为正弦信号或三角波信号则输出为方波；

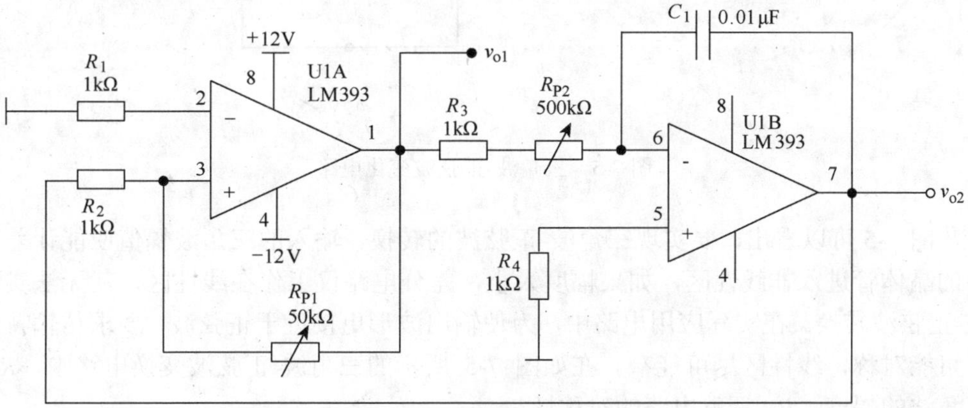

图 7-4　三角波发生电路

R_3、R_4、C_1、R_{P2}和 IC1B 组成积分电路。如果积分电路的输入端为方波信号，则积分器积分后输出三角波信号。在该电路中，积分器的输出正好与比较器的输入端相连，这样积分器输出的三角波触发比较器，比较器自动翻转输出方波，而比较器输出的方波信号经积分器积分后输出三角波信号，这样就构成了三角波发生电路。

4）三角波-正弦波变换电路

选用差分放大器实现三角波-正弦波变换，电路如图 7-5 所示，是利用差分对管的饱和与截止特征实现的。其中 T_1、T_2 构成差分电路，T_3、T_4 构成恒流源。图 7-6（a）为差分电路的传输特性曲线，图 7-6（b）为输入的三角波信号，图 7-6（c）为输出的正弦波信号。

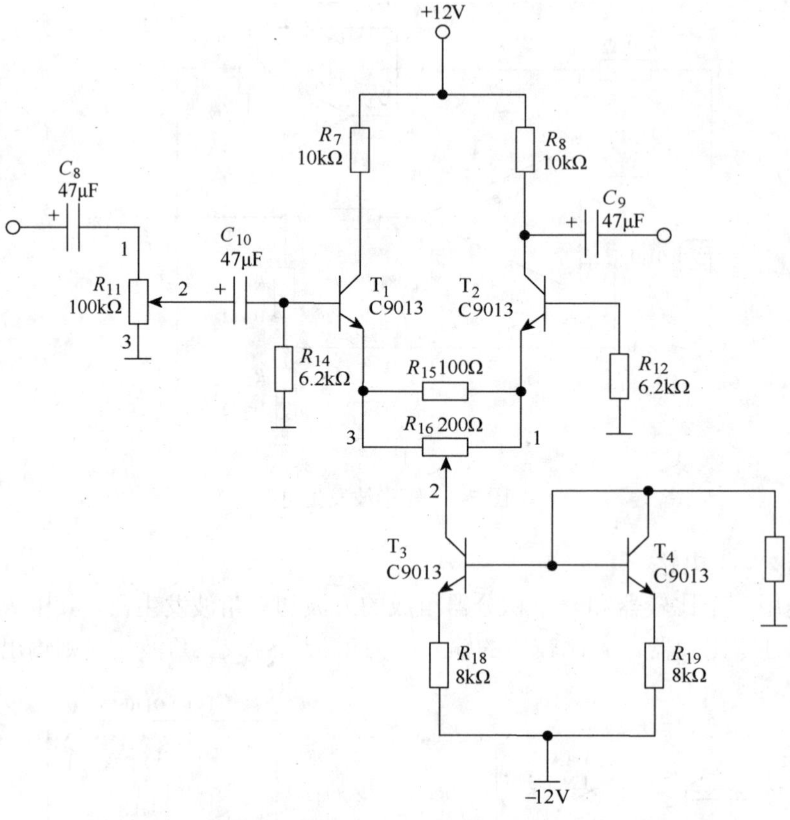

图 7-5　三角波-正弦波变化电路

从图 7-5 可以看出，要实现三角波-正弦波的转换，输入的三角波幅值应能让差分电路中的晶体管进入非线性区，如果幅度太小，差分电路仅工作在线性区，就无法实现三角波-正弦波转换。在实际应用电路中，为使输出波形更接近于正弦波，要求传输特性曲线尽可能对称，线性区尽可能窄。在如图 7-5 所示的三角波-正弦波变换电路中，R_{11} 调节三角波的幅度，R_{16} 调整电路的对称性。

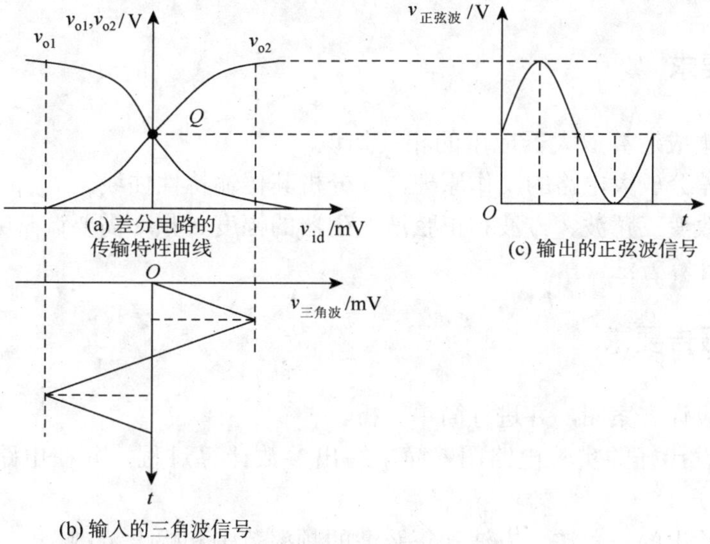

图 7-6 三角波-正弦波变换原理

7.1.3 实验内容和步骤

1）设计任务

利用运算放大器或三极管设计具有三角波、方波和正弦波输出的简单信号源，具体要求如下。

（1）输出三角波，频率范围为 20～2×10^{4}Hz，输出幅度为−7～+7V 连续可调。

（2）输出与三角波同步的方波，频率范围为 20～2×10^{4}Hz，输出幅度为−7～+7V。

（3）输出与三角波同步的正弦波，频率范围为 20～2×10^{4}Hz，输出幅度为−7～+7V。

2）实验步骤

（1）根据设计任务，提出实现方案。

（2）根据设计方案，设计实现的原理图，并计算各元件参数。

（3）在矩阵板上安装焊接电路。

（4）安装焊接电路后，应仔细检查，再接通电源进行调试。

（5）自行设计实验表格，记录测试数据，并通过测试数据分析是否达到设计要求。

7.1.4 实验器材

（1）示波器 1 台。

（2）直流稳压电压 1 台。

（3）万用表 1 台。

（4）矩阵板（万用板）1 块。

（5）运算放大器、比较器、三极管和电阻电容若干。

7.1.5 预习要求

（1）复习集成运算放大器应用的相关知识。

（2）复习差分放大电路的工作原理，并分析其传输特性曲线。

（3）分析改变三角波、方波和正弦波发生器的幅度、频率需要调整哪些元件参数，并熟悉其频率计算方法。

7.1.6 设计报告要求

（1）画出设计方案图，并进行简单分析。

（2）画出设计好的实验电路图，简单写出参数计算过程，并在电路图上标出元件数值。

（3）测量输出的三角波、方波和正弦波的频率范围和幅度范围。

（4）画出示波器上显示的波形图，特别注意方波、正弦波与三角波的相位关系，检查是否达到设计的要求。

7.1.7 思考题

（1）用差分放大器实现三角波-正弦波变换有何优缺点？

（2）如何将方波-三角波发生器电路改成矩形波-锯齿波发生器？画出设计的电路，测试静态工作点与输出波形。

7.2 分离元件低频功率放大器设计

7.2.1 实验目的

（1）掌握无输出变压器（output transformer less，OTL）功率放大器和无输出电容（output capacitor less，OCL）功率放大器的基本工作原理。

（2）学会功率放大器的设计方法。

（3）理解功率放大器基本参数的概念。

（4）学会功率放大器的安装、调试和基本参数的测试方法。

7.2.2 实验原理

1）功率放大器分类

（1）当放大器输入为正弦信号时，按输出级晶体管导通角（θ）的大小可分为 4 种类型。①甲类放大器：输出级晶体管导通角 $\theta = 2\pi$ 。②乙类放大器：输出级晶体管导通角 $\theta = \pi$ 。③甲乙类放大器：输出级晶体管导通角 $\pi < \theta < 2\pi$ 。④丙类放大器：输出级晶

体管导通角 $\theta < \pi$ 。

（2）按输出级与扬声器之间的耦合方式分为 4 种类型。①变压器耦合功率放大器，输出级与扬声器之间采用变压器耦合方式。②OTL 功率放大器，输出级与扬声器之间采用电容耦合方式。③OCL 功率放大器，输出级与扬声器直接采用直接耦合方式。④平衡桥式（balanced transformer less，BTL）功率放大器，它由两组对称的 OCL 或 OTL 电路组成，扬声器接在两组 OCL 或 OTL 电路输出端之间，扬声器两端都不接地。

（3）按工作频率高低可分为低频功率放大器和高频功率放大器。

（4）按使用器件类型可分为分离元件功率放大器和集成功率放大器。

其中，OCL 和 OTL 功率放大器应用最广泛。这两种电路采用推挽输出，电路结构简单，效率较高，频率响应好。

2）低频功率放大器结构

低频功率放大器结构如图 7-7 所示，主要包括输入级、中间级和输出级。输入级常见的电路形式有差动电路和运算放大器构成的电路，主要完成信号幅度放大；中间级也称为推动级，一方面进一步放大信号，另一方面要完成对输出级的电流推动；输出级负责放大电流，用以推动扬声器，根据输出功率的大小，一般采用大功率三极管。

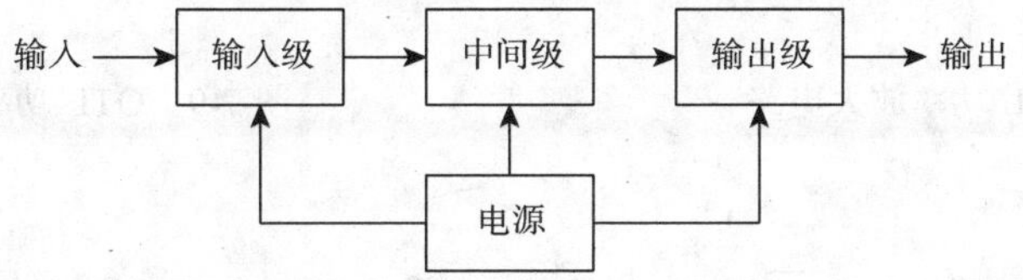

图 7-7　低频功率放大器结构图

3）OCL 和 OTL 功率放大电路形式

一般情况下，OCL 和 OTL 功率放大电路主要由前级放大、推动级和功率放大级组成。OCL 和 OTL 功率放大器输出电路形式分别如图 7-8 和图 7-9 所示。图 7-8 所示的 OCL 电路中 T_1 为推动级，这一级有时也由运算放大器构成。T_2、T_3 为两只参数一致的三极管，组成推挽输出级（或称为功率放大级），它们工作在乙类放大状态。输出级电路形式为射极跟随器，无电压放大能力，但可以放大电流。在要求有大功率输出时，这一级的 T_2、T_3 可以由复合管组成。同时，R_2、R_W、D_1、T_1 和三极管发射极电阻 R_1 形成直流通路（此处忽略 T_2、T_3 的基极电流），该直流电流在 R_W、D_1 上的压降正好给输出级 T_2、T_3 提供偏置电压，用来克服电路的交越失真。在要求不高时，可以把 R_W 直接换为二极管，利用两只二极管导通电压给 T_2、T_3 提供偏置电压。

图 7-9 是 OTL 功率放大电路，各元件的作用与 OCL 功率放大器相同，不同的是，OTL 为单电源供电，OCL 为双电压供电，故静态时，OCL 功率放大器中点电位（T_2、T_3 发射极）为零，而 OTL 功率放大器中点电位（T_2、T_3 发射极）为电源电压的一半，即 $V_{CC}/2$。

4）实用 OCL 功率放大器分析与参数计算

由差分电路作为输入的实用 OCL 功率放大电路如图 7-10 所示，电路中各部分、元件的作用如下。

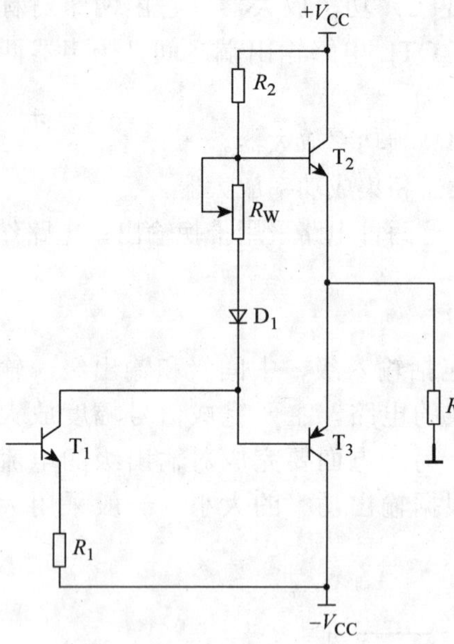

图 7-8　OCL 功率放大电路

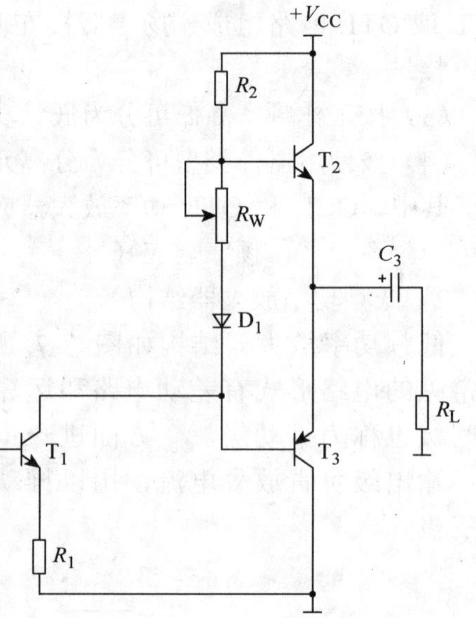

图 7-9　OTL 功率放大电路

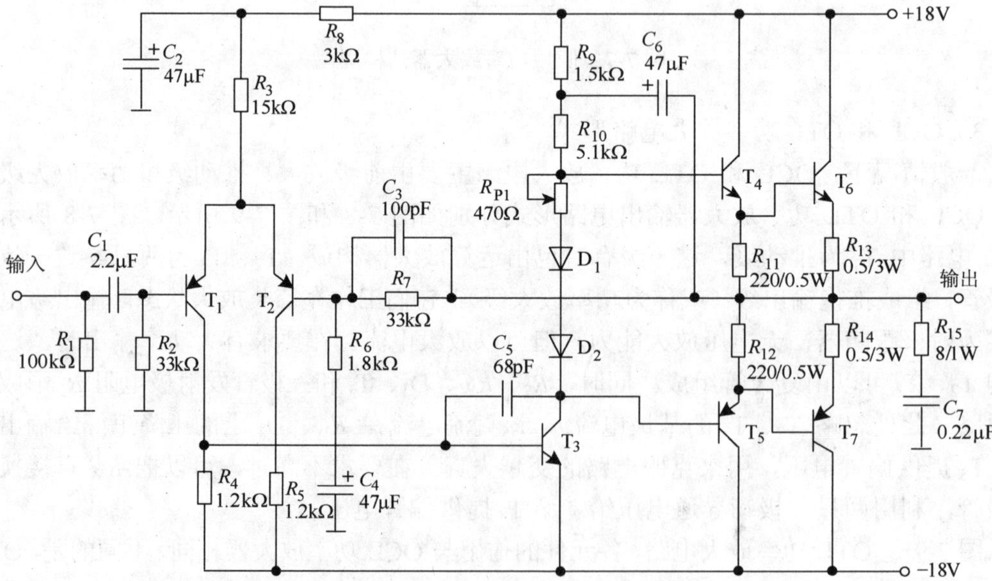

图 7-10　差分电路作为输入的 OCL 功率放大电路

（1）T_1、T_2、R_2、R_3、R_4、R_5和R_7构成差分放大电路，作为功率放大电路的输入级，其输入输出方式为单端输入-单端输出方式。

（2）T_3、R_9、R_{10}、R_{P1}、D_1、D_2构成共射极放大电路，作为推动级。

（3）T_4、T_6和R_{11}、R_{13}构成 NPN 型复合管，T_5、T_7和R_{12}、R_{14}构成 PNP 型复合管，组成推挽式输出级。

（4）电路中R_8、C_2组成 RC 滤波器，滤除电源中的干扰信号，以更好地为第一级差分电路提供电源。

（5）电阻R_7、R_6和C_4构成交流负反馈，故该电路的电压放大倍数A_V为

$$A_V = \frac{R_7}{R_6} \tag{7-7}$$

（6）R_{15}、C_7是相位校正补偿网络，用以减小扬声器感抗对功放电路的影响。

（7）C_5为滞后补偿电容，C_3为超前补偿电容，其数值大小常常通过实验来决定，可在 0～220pF 内选取。在调试中，若发现电路有自激振荡，可增减C_5、C_3的容量。没有自激时，可取消C_5。

（8）R_{P1}用于调节输出级的静态工作点，即可通过调节R_{P1}使电路输出端（中点电位点）的直流电位为零。

（9）C_6为自举电容。

电路参数分析与计算如下。

（1）电路最大输出功率P_{om}。

设电源电压为V_{CC}，三极管T_6、T_7的饱和管压降为V_{CES}，负载电阻为R_L，则输出信号的峰值为$V_{CC}-V_{CES}$，所以输出的最大功率为

$$P_{om} = \frac{U_o^2}{R_L} = \frac{1}{2}\frac{\left(V_{CC} - V_{CES}\right)^2}{R_L} \tag{7-8}$$

当V_{CES}相对于V_{CC}可以忽略时，$V_{CC}-V_{CES} \approx V_{CC}$，则

$$P_{om} \approx \frac{1}{2}\frac{{V_{CC}}^2}{R_L} \tag{7-9}$$

（2）电源电压的选取。

最大输出功率P_{om}通常为额定功率P_o的 1.5～2 倍，这里取 2 倍进行计算，根据式（7-9）得电源电压的绝对值为

$$V_{CC} \approx 2\sqrt{P_o \cdot R_L} \tag{7-10}$$

在实际设计中，电源电压的选取应比根据式（7-10）计算出的值大。

（3）输出级的计算。

三极管T_6、T_7的发射极电阻R_{13}、R_{14}过大时会消耗过多的输出功率，过小时稳定作用差。常取

$$R_{13} = R_{14} = (0.05 \sim 0.1)R_L \tag{7-11}$$

三极管 T_6、T_7 的最大输出电流为

$$i_{CM6} = i_{CM7} = V_{CC} / (R_L + R_{13}) \tag{7-12}$$

OCL 功率放大电路在输出功率最大时，输出三极管 C 和 E 极之间除了承受电源电压 V_{CC} 外，还要叠加一个峰值接近 V_{CC} 的信号电压。所以三极管 T_6、T_7 承受的最大压降为

$$v_{CM6} = v_{CM7} = 2V_{CC} \tag{7-13}$$

在选择输出三极管时，其集电极最大允许电流 I_{CM} 和反向击穿电压 $V_{(BR)CEO}$ 均应比 i_{CM6}、v_{CM6} 大。

（4）三极管 T_4、T_5 的选择。

设三极管 T_6、T_7 的放大倍数为 β，输入电阻 r_{be6} 与 r_{be7} 相等，则输出级的输入电阻为

$$R_{i6} = R_{i7} = r_{be6} + (1+\beta)R_{13} \tag{7-14}$$

T_4、T_5 发射极电阻 R_{11}、R_{12} 的大小一般取

$$R_{11} = R_{12} = （5 \sim 10）r_{i6} \tag{7-15}$$

三极管 T_4、T_5 集电极电流最大值为

$$i_{CM4} = i_{CM5} = (1.1 \sim 1.5)\frac{i_{CM6}}{\beta} \tag{7-16}$$

T_4、T_5 分别与 T_6、T_7 构成复合管，它们所承受的最大压降 v_{CM4}、v_{CM5} 也为 $2V_{CC}$。在选择 T_4、T_5 时，其集电极最大电流和反向击穿电压均应比 i_{CM4} 和 v_{CM4} 大。

（5）推动级三极管的选择。

推动级是由 T_3 构成的甲类放大器，当 R_{10} 较大时，它的交流负载近似为 T_4、T_5 的输入阻抗，为使信号不失真，可取

$$I_{CQ3} \approx 3i_{BM4} = 3i_{BM5} = 3i_{CM4} / \beta_4 \tag{7-17}$$

式中，i_{BM4}、i_{BM5} 为三极管 T_4、T_5 的基极最大电流；i_{CM4} 为 T_4 集电极最大电流；β_4 为 T_4 的交流放大倍数。T_3 的集电极最大电流 I_{CM3} 一般取值为

$$I_{CM3} = 2I_{CQ3} \tag{7-18}$$

由于 T_3 的 C 和 E 极之间直流电压约为 V_{CC}，在输出最大信号时，其集电极上叠加峰值接近于 V_{CC} 的信号电压，则 T_3 反向击穿电压 $V_{(BR)CEO3}$ 应大于 $2V_{CC}$。

输入差动放大电路的分析计算请参见 4.5 节。

输入级采用运算放大器构成的功率放大器实用电路如图 7-11 所示，其三极管的选取与输入级采用差动放大电路的分析计算一致。其放大倍数为

$$A_V = 1 + \frac{R_{P1}}{R_1} \tag{7-19}$$

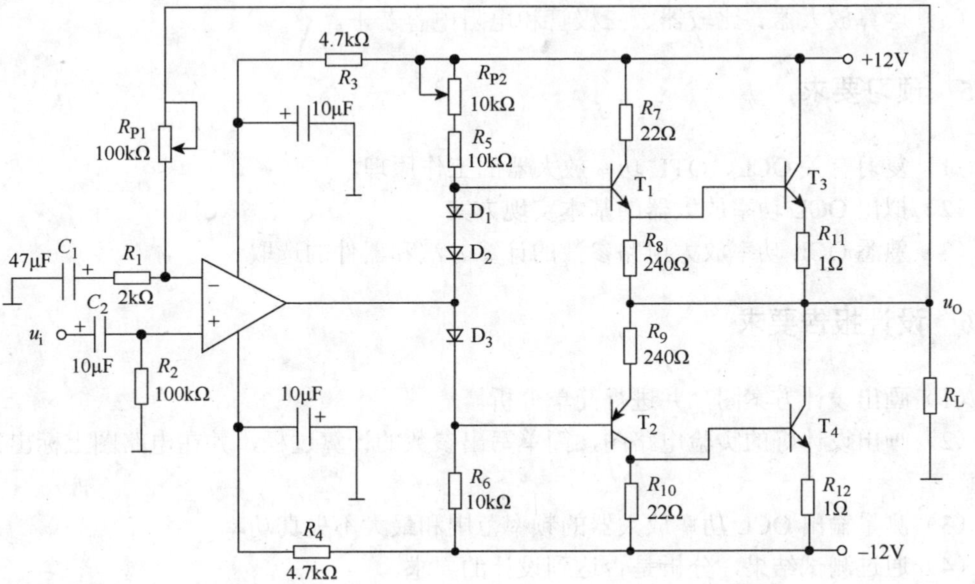

图 7-11　输入级采用运算放大器的 OCL 功率放大电路

7.2.3　实验内容和步骤

1）设计任务

设计一个分立元件 OCL 功率放大器，输入级可采用运算放大器，也可采用差动放大电路，具体要求如下。

（1）负载 R_L=8Ω。

（2）输出功率 $P_{omax} \geqslant 8W$ 。

（3）工作频率范围为 10～5×10^4Hz。

（4）失真度优于 1%。

2）实验步骤

（1）根据设计任务，提出实现方案。

（2）根据设计方案，设计实现的原理图，并计算各元件参数。

（3）应用 PROTEL 软件设计 PCB 板图，并制作 PCB 板。

（4）安装焊接电路，并仔细检查无误后，再接通电源进行调试、测试。

（5）自行设计实验表格，记录测试数据，并通过测试数据分析是否达到设计要求。

7.2.4　实验器材

（1）示波器 1 台。

（2）直流稳压电压 1 台。

（3）万用表 1 台。

（4）PCB 板 1 块。

（5）运算放大器、比较器、三极管和电阻电容若干。

7.2.5　预习要求

（1）复习有关 OCL、OTL 功率放大器的工作原理。

（2）拟出 OCL 功率放大器的基本实现方案。

（3）熟悉 OCL 功率放大电路参数的计算方法和器件的选取。

7.2.6　设计报告要求

（1）画出设计方案图，并进行简单分析。

（2）画出设计好的实验电路图，简单写出参数的计算过程，并在电路图上标出元件数值。

（3）测量输出 OCL 功率放大器的频率范围和最大不失真功率。

（4）通过测试结果，分析是否达到设计的要求。

7.2.7　思考题

（1）为什么引入自举电路能够扩大输出电压的动态范围？

（2）交越失真产生的原因是什么？怎样克服交越失真？

（3）为了不损坏输出管，调试中应注意什么问题？

7.3　稳压电源设计

7.3.1　实验目的

（1）掌握串联型直流稳压电源的工作原理。

（2）学会串联型直流稳压电源的设计方法。

（3）了解集成稳压电源的工作原理和应用。

（4）掌握稳压电源的主要性能指标的调整和测试方法。

（5）进一步熟悉电子线路的安装、调试、测试方法。

7.3.2　实验原理

直流稳压电源是电子电路和电子系统中重要的组成部分，其性能指标直接影响电子设备的质量。直流稳压电源按工作方式可分为两类，一类是线性直流稳压电源，另一类是开关电源。这两类电源各有特点，以适应不同的使用要求。线性电源具有较高的性能指标，它的稳定度和纹波系数可达 $10^{-7}\sim10^{-6}$。开关电源具有高效率、大电流的优点，其应用越来越广泛。本节主要介绍串联型线性直流稳压电源的基本原理、电路设计、参数计算和器件选取方法。

1）线性直流稳压电源的基本结构

（1）整体结构。

线性直流稳压电源主要包括降压、整流、滤波和稳压四部分，其结构如图 7-12 所示。

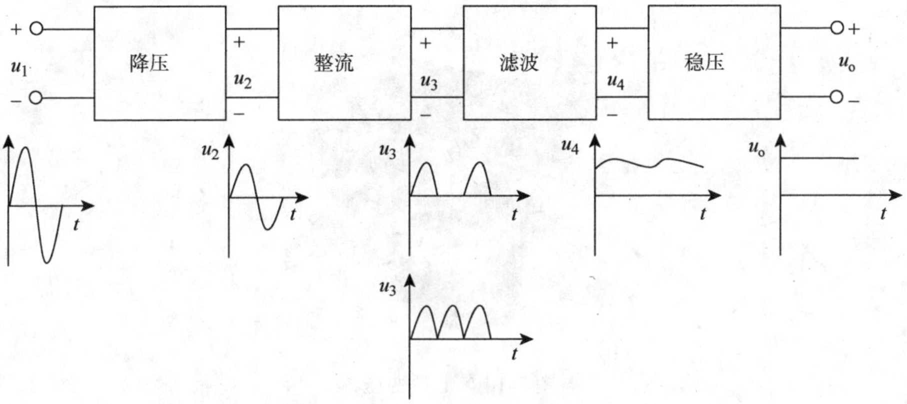

图 7-12　线性直流稳压电源结构图

降压部分主要是由变压器完成的，变压器将 220V 交流电压（u_1）降为线性直流稳压电源所需的低压（u_2）。整流部分主要任务是将降压后的低压交流电压转换为脉动的单向直流电压。常用的整流方法有半波整流和全波整流，整流后的波形如图 7-12 中的 u_3。滤波部分用于滤除整流部分输出电压中的纹波，使脉动直流电压变换为比较平滑的直流电压（u_4）。稳压电路用于克服电网电压、负载和温度等发生的变化，维持稳定输出的直流电压。

（2）串联型直流稳压电源稳压部分结构。

串联型直流稳压电源稳压部分结构图如图 7-13 所示，主要包括取样电路、基准电路、比较放大电路和调整电路，有些稳压电源增加了过流保护电路、过热保护电路等。

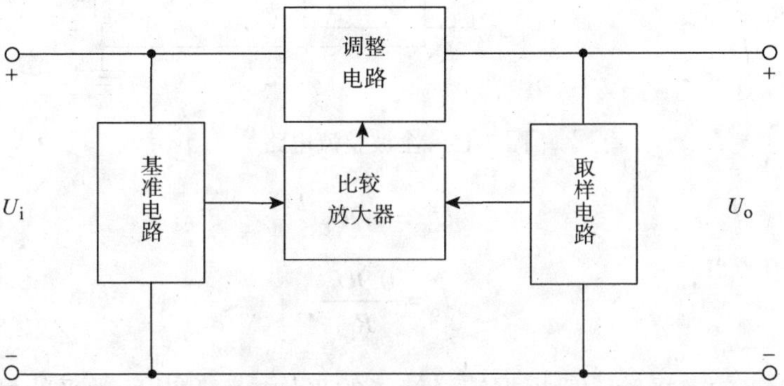

图 7-13　稳压部分结构图

2）各部分电路分析设计

（1）变压器。

为完成将 220V/50Hz 交流电变换为直流稳压电压，首先要解决的问题是降压。采用工频（50Hz）变压器，根据输入、输出电压的大小和直流稳压电源的最大功率，选择购买合适匝数比的变压器，工频变压器的实物图如图 7-14 所示。电网电压（u_1）通过变压器 T 后得到整流电路需求的交流电压（$u_2 = \sqrt{2}U_2 \sin \omega t$）。

图 7-14　工频变压器

（2）整流电路。

整流电路主要完成交流电压到直流电压的变换。整流主要是利用二极管的单向导电性。常用的整流电路有半波整流和全波整流两种，全波整理电路如图 7-15 所示。四只二极管 $D_{1\sim4}$ 接成电桥的形式，通常称为桥式整流电路，R_L 为负载电阻。其输出电压和输出电流的平均值分别为

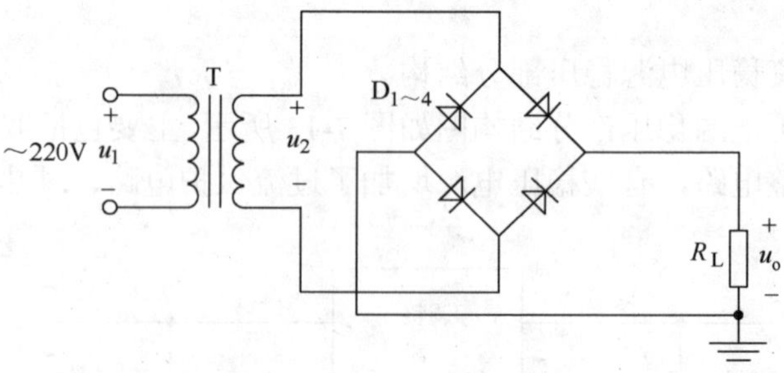

图 7-15　全波整流电路

$$U_o = 0.9U_2 \tag{7-20}$$

$$I_o = \frac{0.9U_2}{R_L} \tag{7-21}$$

整流电路所需的二极管一般根据流经管子的平均电流和其所承受的最大反向电压选取。为保证二极管安全工作，其参数的选取应至少留有 10%的余量。

（3）滤波电路。

通过降压、整流后得到脉动单向直流电压。该电压需要通过滤波后才可以得到比较平滑的直流电压，滤波电路如图 7-16 所示。设电容 C 经 R_L 的放电时间常数为 τ_d，则

$$\tau_d = R_L C \tag{7-22}$$

为得到平滑的负载电压，τ_d 一般取

$$\tau_d = R_L C \geqslant (3\sim5)\frac{T}{2} \tag{7-23}$$

式中，T 为电源交流电压的周期。当满足式（7-23）时，负载两端的电压 U_o 与 U_2 的关系为

$$U_o = (1.1\sim1.2)U_2 \tag{7-24}$$

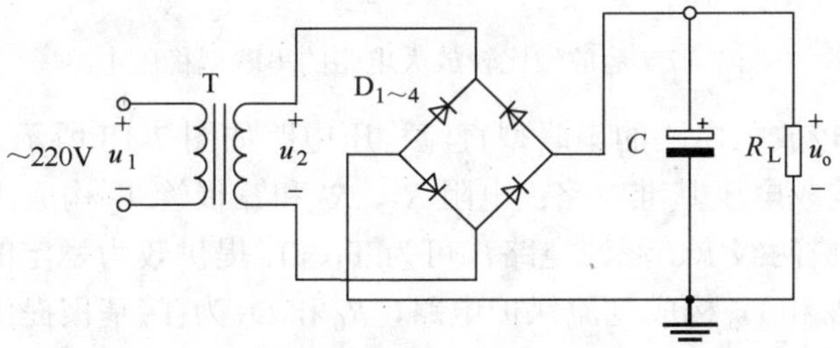

图 7-16　滤波电路

（4）稳压电路。

通过前面的降压、整流和滤波电路，虽然得到了直流电压，但所得的直流电压不稳定，会随着交流电压的波动而起伏，它不能满足一般电子系统的需求。为此，降压、整流和滤波后的电压还需要进行稳压。下面对串联型稳压电路的基本电路结构、工作原理和器件选择进行分析计算。串联型稳压电路如图 7-17 所示，其中 R_1、R_2 和 R_P 组成取样电路，并且通过 R_P 可以调节取样电压的大小；R 和 D_Z 构成二极管稳压电路，稳压后的电压作为基准电压；电路中的比较放大电路是由运算放大器构成的；三极管 T 为调整三极管。

稳压原理如下。

当输入电压 U_i 减小或负载电阻 R_L 减小时，输出电压 U_o 减小，取样电压 U_F 也减小，但基准电压 U_{REF} 保持不变，比较放大器净输入电压增大，其输出电压也增大（即三极管 T_1 基极电压 U_B 增大），T_1 的集电极和发射极之间的电压 U_{CE} 减小，使 U_o 上升，抑制了输出电压 U_o 的减小，从而达到维持输出电压基本稳定。其稳压过程表示如下：

$$U_I\downarrow \rightarrow U_o\downarrow \rightarrow U_F\downarrow \rightarrow U_B\uparrow \rightarrow U_{CE}\downarrow \rightarrow U_o\uparrow$$

当改变可调电位器 R_P 滑动端的位置时，可以调整输出电压 U_o 的大小，输出电压调节范围为

$$\frac{R_1+R_P+R_2}{R_P+R_2}U_{REF} \leqslant U_o \leqslant \frac{R_1+R_P+R_2}{R_2}U_{REF} \tag{7-25}$$

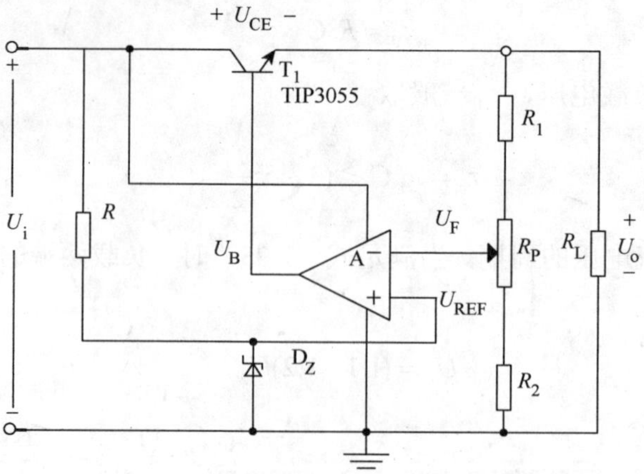

图 7-17　运放做比较放大电路的串联型稳压电路

由三极管做比较放大电路的串联型直流稳压电路如图 7-18 所示。R_8、R_9 和 R_{10} 为取样电路；R_7 和 D_6 构成电压基准电路；电阻 R_1、R_2 和三极管 T_2 构成比较放大电路，同时 R_1、C_3、R_2、C_4 构成两级 RC 滤波电路，可为 T_3、T_4 提供较为稳定的集电极偏置电压；T_3、R_3、R_4、R_5、R_6 和 D_5 构成过流保护电路，R_6 和 D_5 为 T_3 基极提供直流偏置电压；T_1 和 T_2 构成复合管，作为电源的调整放大电路。该电路的稳压原理和输出电压调节范围与图 7-16 类似。

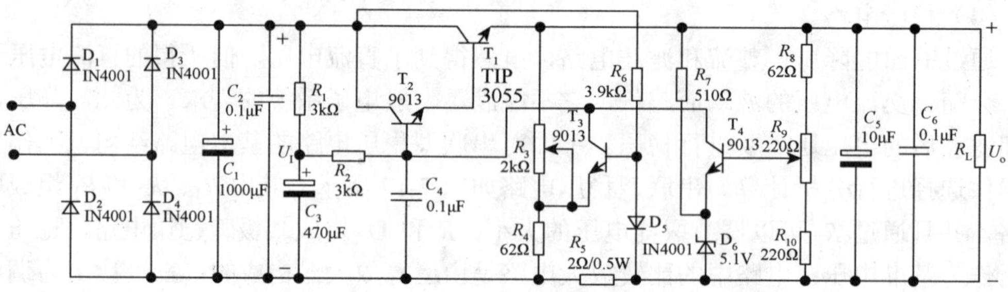

图 7-18　三极管做比较放大电路的串联型稳压电路

在串联型稳压电路中，调整管是核心元件，一般是大功率管，其选取原则与功率放大器总的功放管一样，应考虑调整 T 的集电极最大允许电流 I_{CM}、集电极与发射极间的反向击穿电压 $U_{(BR)CEO}$ 和集电极最大允许耗散功率 P_{CM}，其极限参数需满足

$$I_{CM} \geqslant I_{Lmax} \tag{7-26}$$

$$U_{(BR)CEO} > U_{imax} - U_{omin} \tag{7-27}$$

$$P_{CM} \geqslant (U_{imax} - U_{omin}) I_{Lmax} \tag{7-28}$$

式中，I_{Lmax} 为电源的最大输出电流；U_{imax} 为整流、滤波后的最大电压；U_{omin} 为最小输出电压。在实用的稳压电路中，还需要考虑一定的余量，同时还应采取适当的散热措施。

3）集成稳压器

（1）固定式集成稳压器。

固定式集成稳压器包括 78××系列和 79××系列，78××系列输出为正电压，79××系列输出为负电压。其中，××表示固定电压输出电压的数值，如 7805、7806、7809、7812、7815、7818、7824 等，指输出电压是+5V、+6V、+9V、+12V、+15V、+18V、+24V 等。79××系列与之对应，不同的是输出为负电压。

78××系列又可分为 78 系列、78M 系列和 78L 系列。它们的主要区别是额定输出电流大小不同，如 7805 的输出电流最大为 1.5A，78M05 的最大输出电流为 1A，78L05 的最大输出电流为 0.1A。

78××系列和 79××系列塑封引脚排列如图 7-19 所示。

固定式集成稳压器构成的单电源固定输出电路如图 7-20 所示，构成的双电源固定输出电路如图 7-21 所示。

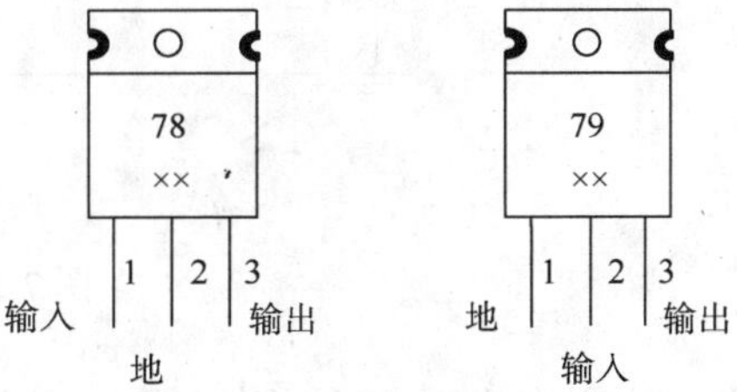

图 7-19　塑封引脚

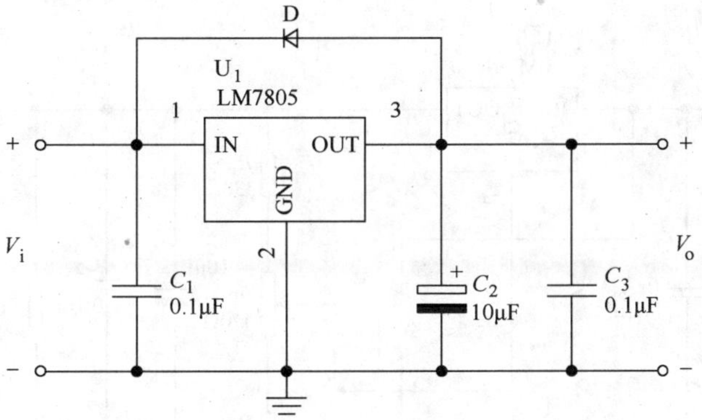

(a) 78××系列典型接法

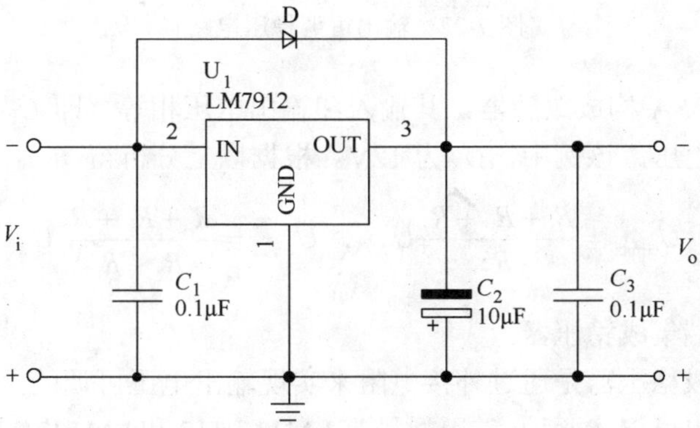

(b) 79××系列典型接法

图 7-20　单电源固定输出电路

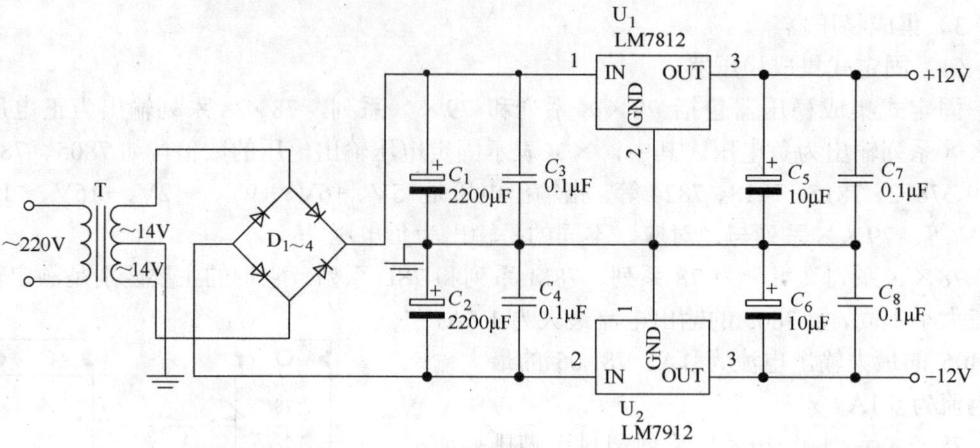

图 7-21　双电源固定输出电路

由固定式集成三端稳压器也可以构成输出可调的稳压电路，参考电路如图 7-22 所示。

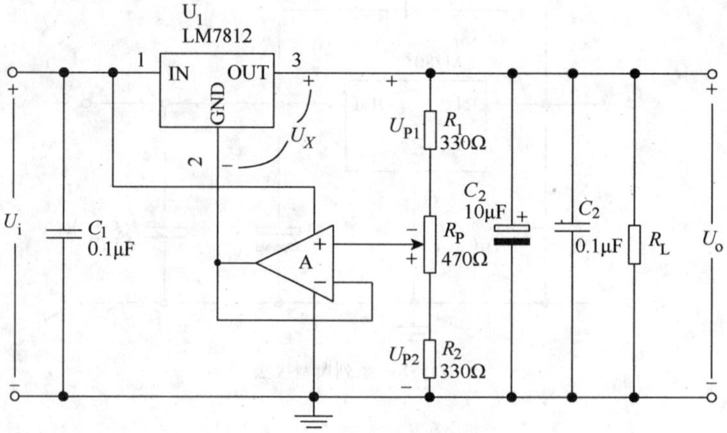

图 7-22　输出可调稳压电路

其中，运算放大 A 构成跟随器，其输入和输出电压相等，即 U_{P1} 和 U_X 相等。U_X 为集成稳压器的输出电压。该例中，U_X 为 12V。根据以上分析得

$$U_{omax}=\frac{R_1+R_P+R_2}{R_2}U_X\ ,\quad U_{omin}=\frac{R_1+R_P+R_2}{R_2+R_P}U_X \tag{7-29}$$

（2）可调式三端集成稳压器。

可调式三端集成稳压器是通过外接电阻来实现输出电压可调的，可分为正电压输出可调式和负电压输出可调式两种。常用型号为 LM117/317 和 LM137/337，其中 LM117/317 输出正电压，电压范围为 1.25～37V；LM137/337 输出负电压，电压范围为−1.25～−37V。塑封 LM317、LM337 以及 LM117 和 LM137 的引脚如图 7-23 所示。

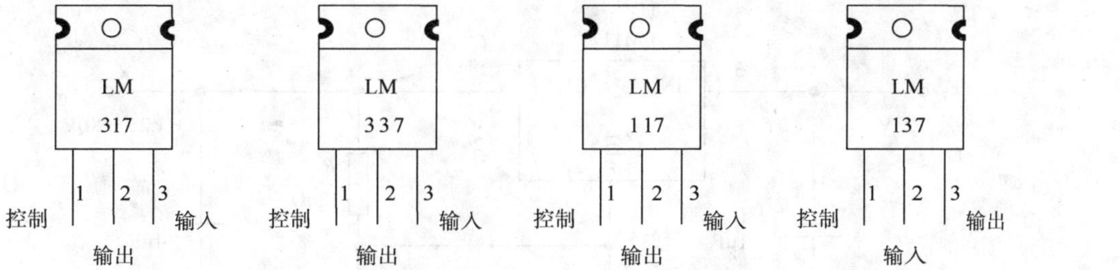

图 7-23　塑封可调式三端集成稳压器引脚

由 LM317 构成的可调稳压电路如图 7-24 所示。当 LM317 离电源的滤波器距离较大时，C_1 是必须接的，C_3 对电源的稳定性而言不必要，但可以改进瞬态响应。该可调稳压电路的输出电压为

$$V_o = 1.25 \times \left(1 + \frac{R_2}{R_1}\right) + I_{ADJ} R_2 \tag{7-30}$$

式中，I_{ADJ} 为 LM317 可调端输出电流，大小为 50μA。在一般的应用中 $I_{ADJ}R_2$ 这一项可忽略，则式（7-30）可简化为

$$V_o = 1.25 \times \left(1 + \frac{R_2}{R_1}\right) \tag{7-31}$$

由式（7-31）可知，只要调节 R_2 就能在一定范围调节输出电压的大小。

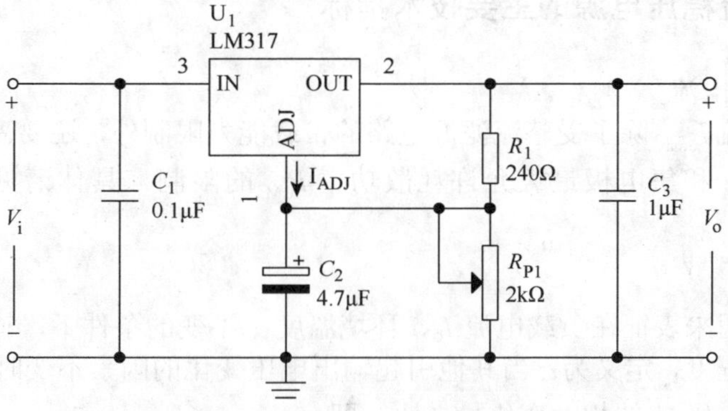

图 7-24　LM317 构成的可调稳压电源

由 LM117 和 LM137 构成的正负输出可调稳压电路如图 7-25 所示。该电路输入电压 V_i 为±25V，则输出电压可调范围为±（1.25～20）V。

集成稳压器具有较高的稳定性，内部具有过流、过热等保护措施，同时集成稳压器有使用方便、可靠、价格低廉等优点，因此集成稳压器在各种电子仪器、设备、产品中得到了广泛的应用。

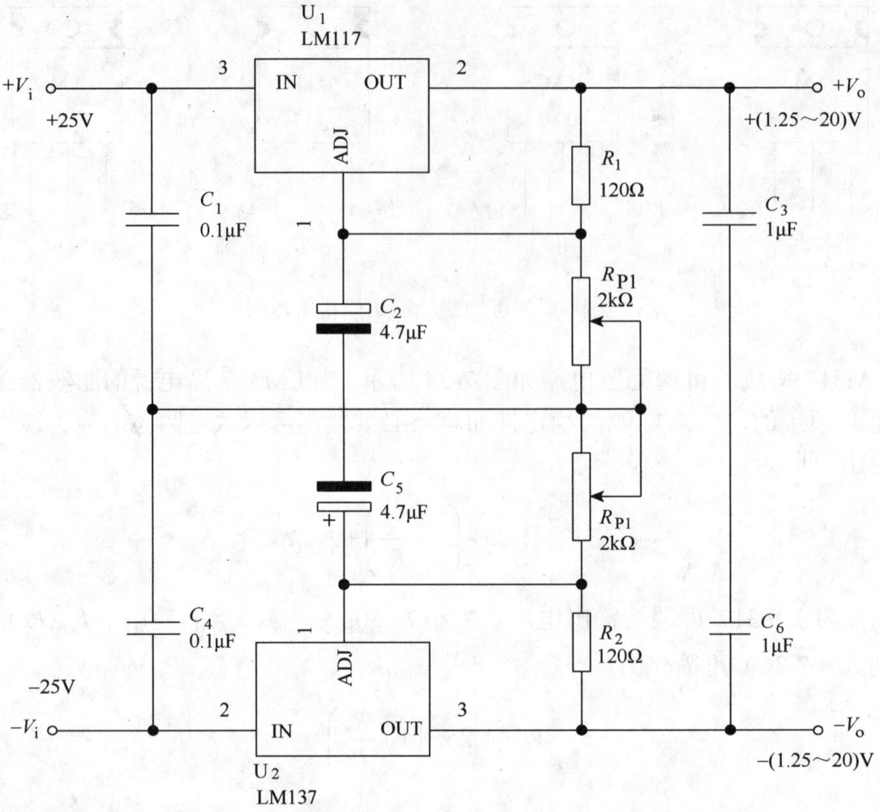

图 7-25　正负输出电压可调稳压电路

7.3.3　线性直流稳压电源的主要技术指标

1）最大输出电流

最大输出电流 I_{omax} 除了受整流滤波电路的带载能力限制外，还要受调整管的集电极最大允许电流 I_{CM} 和集电极最大允许耗散功率 P_{CM} 的限制，具体请见式（7-26）和式（7-28）。

2）稳压系数

稳压系数是用来表征在负载电流 I_o、环境温度 T 不变的条件下，输入电压的变化对输出电压影响的程度，定义为：当其他引起输出电压变化的因素不变时，输出电压 U_o 的相对变化与输入电压 U_i 的相对变化量之比，即

$$S = \frac{\Delta U_o / U_o}{\Delta U_i / U_i} \quad (\Delta I_o = 0, \Delta T = 0) \tag{7-32}$$

稳压系数这一指标反映了电网电压波动（通常取±10%）对稳压电源输出电压的影响。

3）输出电阻

输出电阻 r_o 反映了输出电流 I_o 变化对输出电压 U_o 影响的程度，定义为：在其他因素不变时，输出电压的变化量与输出电流的变化量之比，即

$$r_{\text{o}} = \frac{\Delta U_{\text{o}}}{\Delta I_{\text{o}}} \quad (\Delta U_{\text{I}} = 0,\ \Delta T = 0) \tag{7-33}$$

输出电阻反映了负载变化对稳压电源输出电压的影响。r_{o} 越小，带负载的能力越强。

4）负载调整率

负载调整率 S_{R} 是指在输出电流 I_{o} 由空载变化到额定输出时，输出电压的相对变化，即

$$S_{\text{R}} = \frac{\Delta U_{\text{o}}}{U_{\text{o}}} \quad (\Delta U_{\text{i}} = 0,\ \Delta T = 0) \tag{7-34}$$

5）纹波电压

纹波电压 $\tilde{U}_{\text{o}}$ 是指在额定输出时，叠加在直流电压上的交流分量有效值，可用晶体管毫伏表测量。

7.3.4　实验内容和步骤

1）设计任务

按要求设计一个分离元件串联型直流稳压电源，并根据计算合理地选择元器件，其具体指标要求如下。

（1）输出电压+12V，输出电流 200mA。

（2）电压调整率小于 3×10^{-3}，负载调整率小于 3×10^{-3}。

（3）纹波电压小于 5mV，输出内阻小于 0.1Ω。

2）实验步骤

（1）根据设计任务，提出实现方案。

（2）根据设计方案，设计实现的原理图，并计算各元件参数。

（3）应用 PROTEL 软件设计 PCB 板图，并制作 PCB 板。

（4）安装焊接电路，并仔细检查无误后，再接通电源进行调试、测试。

（5）自行设计实验表格，记录测试数据，并通过测试数据分析是否达到设计要求。

7.3.5　实验器材

（1）示波器 1 台。

（2）万用表 1 台。

（3）PCB 板 1 块。

（4）三极管和电阻电容若干。

7.3.6　预习要求

（1）复习稳压电源工作原理。

（2）拟出稳压电源的基本实现方案。

（3）用选定的方案计算电路参数，并确定器件的选取。

7.3.7 设计报告要求

（1）画出设计方案图，并进行简单分析。

（2）画出设计好的实验电路图，简单写出参数计算过程，并在电路图上标出元件数值。

（3）测量输出稳压电源最大输出电路、电压调整率、负载调整率和纹波电压等参数。

（4）通过测试结果，分析是否达到设计的要求。

第 8 章　数字电子技术综合性设计性实验

8.1　组合逻辑电路设计

8.1.1　实验目的

（1）掌握利用逻辑门、数据选择器、3-8 译码器设计组合逻辑电路的方法。

（2）熟悉常用逻辑门的使用。

8.1.2　实验原理与范例

组合电路是最常用的逻辑电路，其电路的结构特点是输出、输入之间没有反馈延迟通路，也不含记忆单元，其任何时刻的输出仅由同一时刻的输入确定，与历史状态无关。组合电路的设计可以用一些常用的小规模集成电路（small scale integration，SSI）或中规模集成电路（medium scale integration，MSI）来完成。

（1）组合逻辑的设计方法。

组合逻辑的设计是从实际逻辑问题出发，经过逻辑抽象、化简、变换等操作，求出实现该逻辑功能的最简逻辑电路的过程。具体设计步骤大致为：①逻辑抽象，根据实际逻辑问题的因果关系确定输入、输出变量，并定义逻辑状态的含义；②根据逻辑描述列出真值表；③由真值表写出逻辑表达式；④根据器件的类型，化简和变换逻辑表达式；⑤根据逻辑表达式画出逻辑图；⑥设计实验电路，用实验来验证设计的正确性。

在组合逻辑设计中需要注意的是，在利用小规模集成芯片进行逻辑设计时，不一定要将逻辑关系化到最简形式，既要考虑器件的类型和数量最小化，也要考虑竞争冒险。

（2）组合逻辑的设计范例。

设计一个监视交通信号灯工作状态的逻辑电路。正常情况下，红、黄、绿三个灯中有且只有一个亮，否则视为故障状态，发出报警信号，提醒有关人员修理。

设计步骤如下。

①逻辑抽象，输入信号为红、黄、绿三个灯，输出信号为报警指示灯。红、黄、绿灯分别用 R、Y、G 三个变量表示，1 表示灯亮，0 表示灯灭。输出报警指示灯用 Z 表示，1 表示有报警，0 表示正常。

②列写真值表如表 8-1 所示。

③根据真值表写出表达式。

$$Z=\overline{R}\,\overline{Y}\,\overline{G}+\overline{R}YG+R\overline{Y}G+RY\overline{G}+RYG$$

表 8-1　交通灯检测电路真值表

输入变量			输出变量
R	Y	G	Z
0	0	0	1
0	0	1	0
0	1	0	0
0	1	1	1
1	0	0	0
1	0	1	1
1	1	0	1
1	1	1	1

④因未指定器件，所以可以选择各类 SSI 或 MSI 器件来实现。假设选择与门、或门、非门实现，则用卡诺图化简为最简与或表达式。

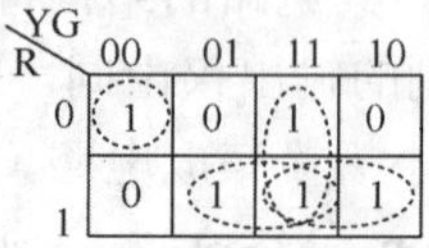

$$Z=\overline{R}\,\overline{Y}\,\overline{G}+RY+RG+YG$$

⑤根据逻辑表达式画出逻辑图，如图 8-1 所示。

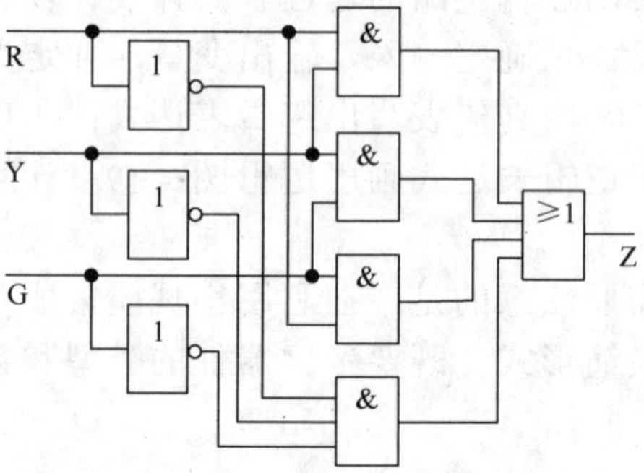

图 8-1　合并 1 用与、或、非门实现

⑥选择 74LS04（6 反相器）1 块、74LS08（二输入四与门）1 块、74LS11（三输入三与门）1 块和 74LS32（二输入四或门）1 块来验证实现。

该方案需要的芯片较多，且种类也较多。由于该逻辑输出为 0 的情况较少，只有 3 项，所以也可以通过卡诺图中圈 0 来实现。

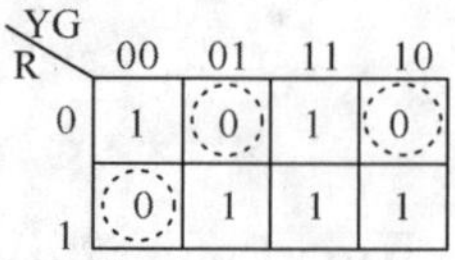

$$Z=\overline{\overline{Z}}=\overline{\overline{R}\,\overline{Y}G+\overline{R}Y\overline{G}+R\overline{Y}\,\overline{G}}$$

逻辑图如图 8-2 所示。

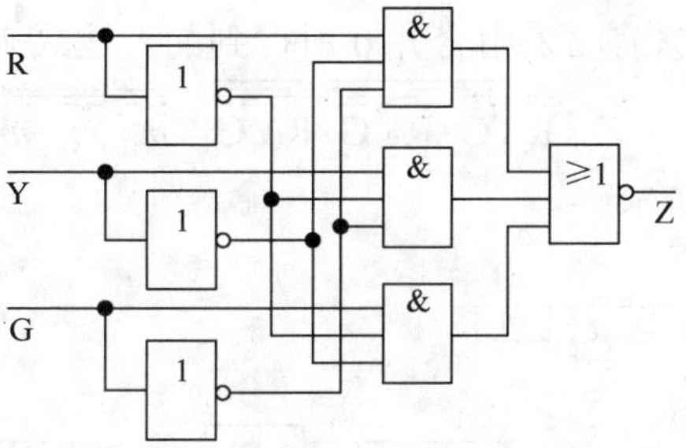

图 8-2　合并 0 用与、或、非门实现

因此，可以选择 74LS04（六反相器）1 块、74LS11（三输入三与门）1 块和 74LS32（三输入三或非门）1 块来验证实现。

为了减少芯片的种类，也可以仅使用一种芯片来完成，如仅用与非门实现。要用与非门实现需要将最简与或表达式变换为与非-与非表达式。下面分别将合并 1 和合并 0 两种情况下的表达式转换为与非-与非表达式。

合并 1 的情况：

$$Z=\overline{\overline{\overline{RAG}+RY+RG+YG}}=\overline{\overline{\overline{RYG}}\cdot\overline{RY}\cdot\overline{RG}\cdot\overline{YG}}$$

合并 0 的情况：

$$Z=\overline{\overline{Z}}=\overline{\overline{R}\,\overline{Y}G+\overline{R}Y\overline{G}+R\overline{Y}\,\overline{G}}=\overline{\overline{\overline{R}\,\overline{Y}G+\overline{R}Y\overline{G}+R\overline{Y}\,\overline{G}}}=\overline{\overline{\overline{R}\,\overline{Y}G}\cdot\overline{\overline{R}Y\overline{G}}\cdot\overline{R\overline{Y}\,\overline{G}}}$$

从以上两个表示式可见，合并 0 所得到的与非-与非表达式更简洁，因此，可以根据该表达式画出逻辑图，如图 8-3 所示。

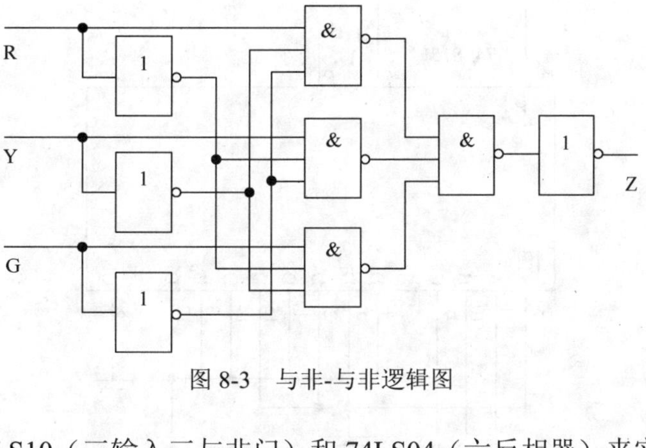

图 8-3　与非-与非逻辑图

可以选择 74LS10（三输入三与非门）和 74LS04（六反相器）来实现。反相器也可以由输入端并联的与非门来实现。

除了使用简单门电路来实现外，还可以使用一些常用的 MSI 中规模器件来实现，如 3 线 8 线译码器 74LS138 或 8 选 1 数据选择器 74LS151 等。

（1）用 74LS138 来实现。

$$Z=\bar{R}\bar{Y}\bar{G}+\bar{R}YG+R\bar{Y}G+RY\bar{G}+RYG=m_0+m_3+m_5+m_6+m_7=\overline{\overline{m_0}\cdot\overline{m_3}\cdot\overline{m_5}\cdot\overline{m_6}\cdot\overline{m_7}}$$

这种实现方案需要使用 1 片 74LS138 和 5 输入与非门。但没有 5 输入与非门，因此，实现起来不容易，可以考虑前面采用合并 0 所得到的表达式来演变。

$$Z=\overline{\overline{Z}}=\overline{\overline{\bar{R}\bar{Y}G}\cdot\overline{\bar{R}Y\bar{G}}\cdot\overline{R\bar{Y}\bar{G}}}=\overline{\overline{m_1}\cdot\overline{m_2}\cdot\overline{m_4}}$$

其逻辑实现如图 8-4 所示。

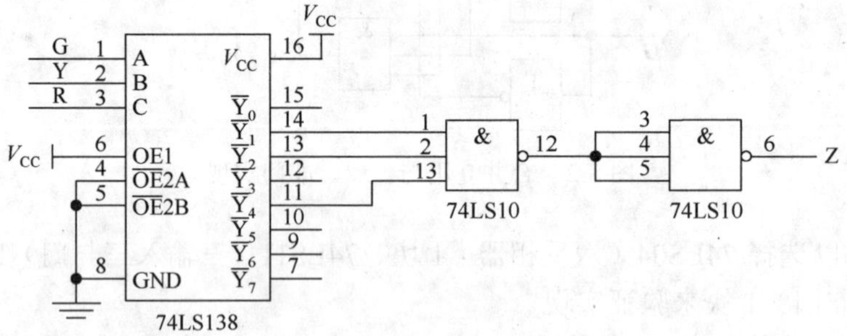

图 8-4　三线八线译码器实现

该设计方案只需要 1 块 74LS138 和 1 块 74LS10 即可实现。

（2）用 74LS151 来实现。

$$Z=\bar{R}\bar{Y}\bar{G}+\bar{R}YG+R\bar{Y}G+RY\bar{G}+RYG=m_0+m_3+m_5+m_6+m_7$$

74LS151 表达式为

$$Y=m_0D_0+m_1D_1+m_2D_2+m_3D_3+m_4D_4+m_5D_5+m_6D_6+m_7D_7$$

两式相对比可知，只要令 $D_0=D_3=D_5=D_6=D_7=1$，$D_1=D_2=D_4=0$，Y=Z。因此，其电路逻辑图如图 8-5 所示。

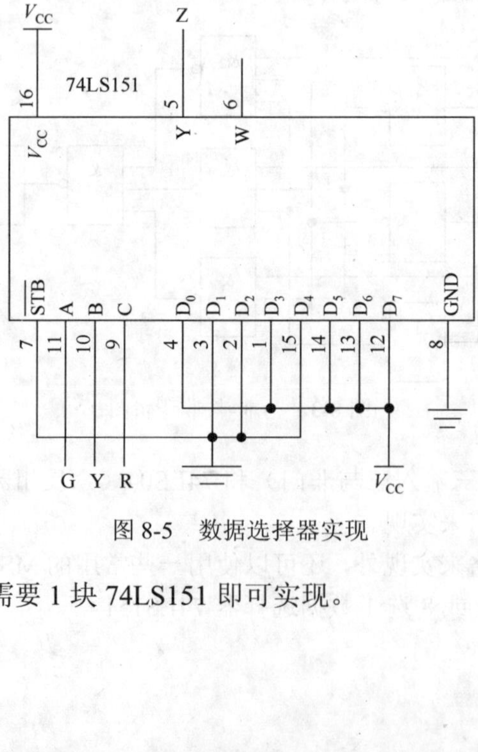

图 8-5　数据选择器实现

该方案最简洁，仅需要 1 块 74LS151 即可实现。

8.1.3　实验内容和步骤

（1）从以下两个设计任务中任意选择一个来实现。

①设举重比赛有 3 个裁判，一个主裁判和两个副裁判。杠铃完全举上的裁决由每一个裁判按一下自己面前的按钮来确定。只有当两个或两个以上裁判判决成功，并且其中有一个为主裁判时，表明成功的灯才亮。参照交通信号灯监视电路的设计方法选择恰当的方案设计实现该举重判决的电路。

②医院有 16 个病房，按病情的危重情况排序，1 号房间为最危重病人，16 号房间为最轻病人。因此，病房呼叫的优先级 1 号病房最高，16 号病房最低优先级。当 1 号病房呼叫医生时，不管其他房间是否呼叫，都只显示 1 号呼叫；当 1 号病房未呼叫医生，而 2 号病房呼叫医生时，不管其他房间是否呼叫，都只显示 2 号呼叫；以此类推，只有 1～15 号均未呼叫，而 16 号病房呼叫医生时，才指示 16 号房间呼叫。要求用 16 位拨码开关代表 16 个房间，用数码管显示呼叫房间号，无呼叫时，数码管不亮或显示 0。

（2）设计可以采用 MSI 或 SSI 来实现，力求电路简洁。

（3）在实验平台上搭建电路并完成测试。

8.1.4　实验器材

（1）KHD-2 型实验台。

（2）各型常用 74 系列数字集成块若干。

（3）万用表。

8.1.5　预习要求

（1）复习门电路的逻辑功能和逻辑函数表达式。

（2）复习组合逻辑电路的设计方法。

（3）画好实验用表格。

8.1.6　实验报告要求

（1）写明基本设计思想、设计过程，并画出完整电路逻辑图。

（2）在电路图中标明所使用的器件型号。

（3）写明实验台上完成硬件测试的过程、记录的实验数据，以及对实验数据进行的分析，并给出明确的实验结论。

8.1.7　实验注意事项

（1）实验连线的过程中，注意按照一定的步骤和顺序接线，避免多接和漏接的情况。

（2）在设计好的逻辑电路中，未用的输入引脚最好给其提供一个高电平信号。

（3）实验结束或者改接线路时，应先断开电源，再修改连线，以保护芯片。

8.2 同步时序逻辑电路设计

8.2.1 实验目的

（1）掌握同步时序逻辑电路的设计方法。

（2）掌握常用集成触发器和门电路的使用方法。

8.2.2 实验原理与范例

时序逻辑电路由组合逻辑电路和存储器构成，其输出不仅与当前输入有关，还和历史状态有关。根据时钟与动作特点的不同，时序逻辑电路分为同步时序逻辑电路和异步时序逻辑电路。同步时序逻辑电路中所有触发器有一个统一的时钟源，它们的状态在同一时刻更新，而异步时序逻辑电路没有统一的时钟脉冲或没有时钟，电路的状态更新不是同时发生的。同步时序逻辑电路的设计有非常严谨的方法和步骤。

（1）同步时序逻辑电路的设计方法。

同步时序逻辑电路的设计是根据实际逻辑问题的要求，设计出实现给定逻辑功能电路的过程。具体设计步骤大致如下。

①逻辑抽象，根据给定的逻辑功能建立原始状态图和原始状态表。首先要明确电路的输入条件和相应的输出要求，分别确定输入变量和输出变量的数目和符号；然后找出所有可能的状态和状态转换之间的关系；最后根据原始状态图建立原始状态表。

②状态化简，找出状态图中的等价状态，并合并等价状态，求出最简状态图。

③状态编码，以一个唯一的二进制代码代表每个状态。

④选择触发器的类型，一般选用 JK 或 D 触发器来实现。

⑤求出电路的激励方程和输出方程。

⑥进行自启动检查，判断电路的自启动能力。若不能自启动，则需要修改设计。

⑦画出逻辑电路图。

⑧设计实验电路，用实验来验证设计的正确性。

设计同步时序电路时，一般应遵循如下最简设计原则。

①芯片的数量越少越好。

②芯片的种类越少越好。

③连线越少越好。

（2）同步时序逻辑的设计范例。

用 JK 触发器设计一个按照如图 8-6 所示状态变换的五进制同步计数器。

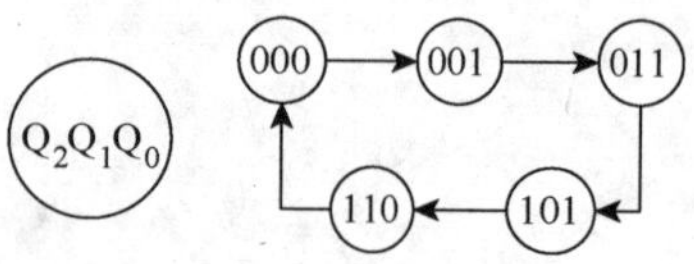

图 8-6 五进制计数器状态转换图

①逻辑抽象。建立原始状态图和原始状态表。根据

题意，该时序电路有 3 个状态变量，设状态变量为 Q_2、Q_1、Q_0，其状态转换表如表 8-2 所示。

表 8-2　五进制同步计数器状态转换表

现态			次态		
Q_2^n	Q_1^n	Q_0^n	Q_2^{n+1}	Q_1^{n+1}	Q_0^{n+1}
0	0	0	0	0	1
0	0	1	0	1	1
0	1	1	1	0	1
1	0	1	1	1	0
1	1	0	0	0	0

②状态化简。由于该电路为五进制计数器，5 个有效状态中没有等价状态，已经为最简。

③状态编码。设计要求已经给出了每个状态的二进制代码，因此，不需要再编码。

④选择触发器的类型。设计要求采用 JK 触发器来实现，因此，可以选择带预置清零负沿触发的双 JK 触发器 74LS76 来实现。

⑤根据 JK 触发器的状态转换图，求出电路的激励方程和输出方程。JK 触发器状态图如图 8-7 所示。所得状态转换真值表和激励信号表如表 8-3 所示。图 8-8 为激励信号的卡诺图化简。

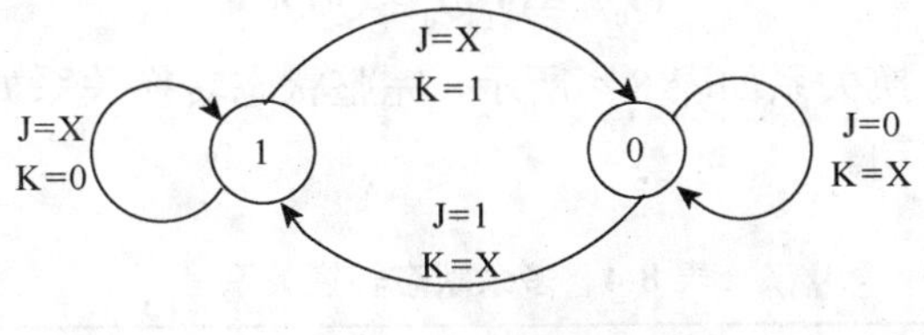

图 8-7　JK 触发器状态转换图

表 8-3　状态转换真值表和激励信号表

现态			次态			激励信号					
Q_2^n	Q_1^n	Q_0^n	Q_2^{n+1}	Q_1^{n+1}	Q_0^{n+1}	J_2	K_2	J_1	K_1	J_0	K_0
0	0	0	0	0	1	0	X	0	X	1	X
0	0	1	0	1	1	0	X	1	X	X	0
0	1	1	1	0	1	1	X	X	1	X	0
1	0	1	1	1	0	X	0	1	X	X	1
1	1	0	0	0	0	X	1	X	1	0	X

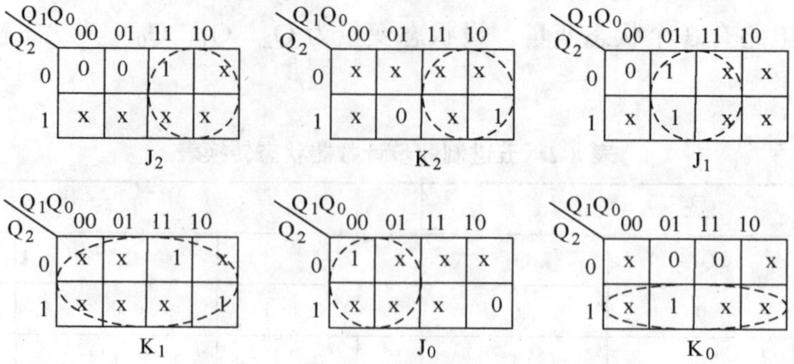

图 8-8　驱动方程的卡诺图化简

根据激励信号表，利用卡诺图化简可以得到各激励方程如下：

$$J_2 = Q_1\ ,\ \ K_2 = Q_1$$

$$J_1 = Q_0\ ,\ \ K_1 = 1$$

$$J_0 = \overline{Q_1}\ ,\ \ K_0 = Q_2$$

由于该逻辑问题没有输出量，因此也就没有输出方程。

⑥自启动检查。该设计中只利用到了 3 个变量构成的 5 个状态，因此，还有 3 个多余状态。可以利用激励方程获得 3 个 JK 触发器的状态方程，再将这 3 个多余状态分别代入 3 个状态方程计算其次态，以判断电路能否自启动。

将激励方程代入 JK 触发器特性方程 $Q^{n+1} = J\overline{Q_n} + \overline{K}Q_n$ 得到如下状态方程组：

$$Q_2^{n+1} = Q_1^n\overline{Q_2^n} + \overline{Q_1^n}Q_2^n$$

$$Q_1^{n+1} = Q_0^n\overline{Q_1^n}$$

$$Q_0^{n+1} = \overline{Q_1^n}Q_0^n + \overline{Q_2^n}Q_0^n$$

所得到多余状态转换关系如表 8-4 所示，完整状态转换关系如图 8-9 所示。由图 8-9 可见，该电路可以自启动。

表 8-4　多余状态转换关系

现态			次态		
Q_2^n	Q_1^n	Q_0^n	Q_2^{n+1}	Q_1^{n+1}	Q_0^{n+1}
0	1	0	1	0	0
1	0	0	1	0	1
1	1	1	0	0	0

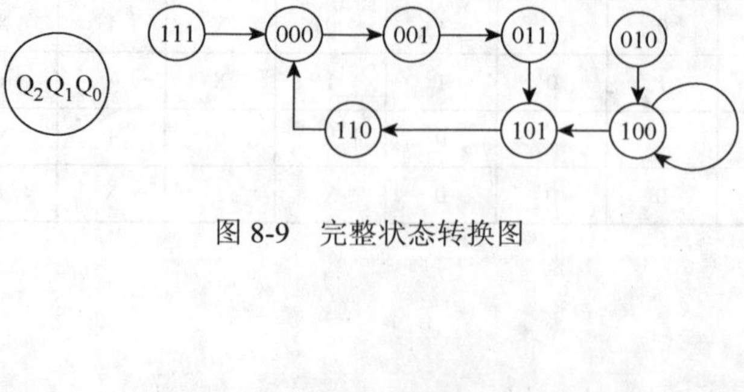

图 8-9　完整状态转换图

⑦根据激励方程画出逻辑图，如图 8-10 所示。

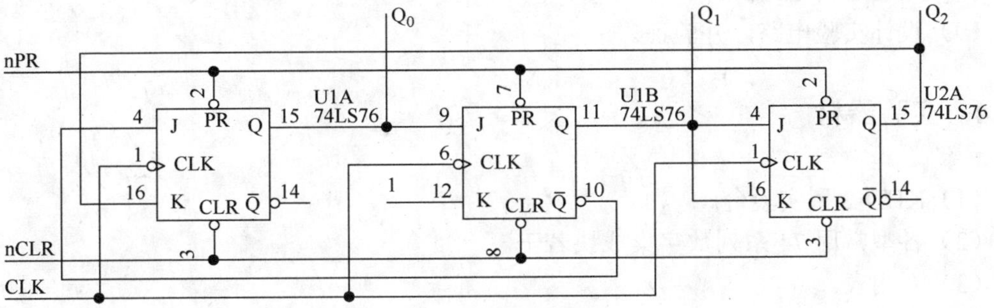

图 8-10　完整逻辑图

⑧设计实验电路，用实验来验证设计的正确性。将 Q_0、Q_1、Q_2 接到输出 LED 指示灯上，将 CLK 连接到手动脉冲输出端上，nPR 和 nCLR 端直接接高电平或接在输出电平开关上即可验证该逻辑电路工作的情况。

8.2.3　实验内容和步骤

（1）根据自己的实际情况，从以下两个设计任务中任意选择一个来实现。

①设计一个模六同步计数器，其状态编码和状态转换关系如图 8-11 所示，要求采用 JK 触发器来设计实现。

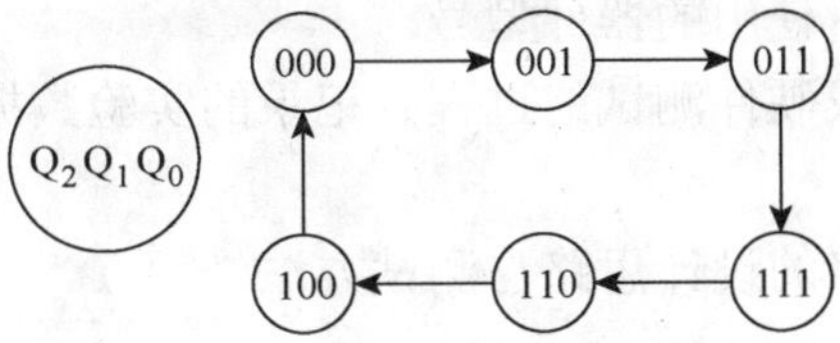

图 8-11　模六同步计数器状态图

②设计一个按照如图 8-12 所示规律变换的流水灯控制器，并搭建实验电路测试。

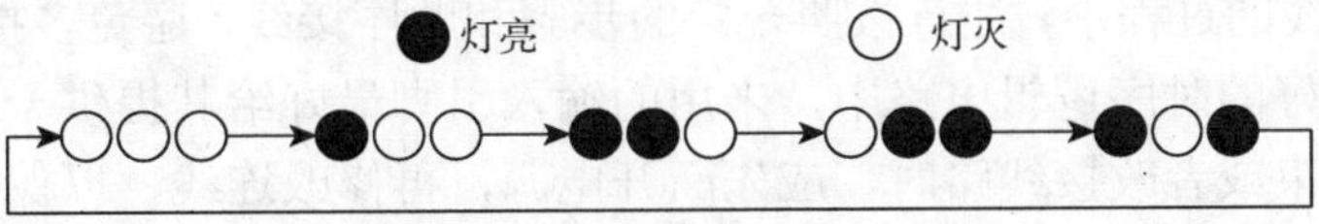

图 8-12　流水灯变换状态

（2）根据逻辑功能建立原始状态图和原始状态表。

（3）状态化简，求出最简状态图。

（4）给每个状态赋以状态编码。

（5）根据要求选择 JK 或 D 触发器以及相关门电路来实现。

（6）求出电路的激励方程和输出方程。

（7）自启动检查。

（8）画出逻辑电路图。

（9）设计实验电路，并验证。

8.2.4 实验器材

（1）KHD-2 型实验台。

（2）各型常用 74 系列数字集成块若干。

（3）万用表。

8.2.5 预习要求

（1）复习常用门电路和 D 触发器、JK 触发器的逻辑功能和逻辑函数表达式。

（2）复习掌握同步时序逻辑电路的设计方法。

（3）设计好实验测试方案，并画好实验用表格。

8.2.6 实验报告要求

（1）根据实验内容的设计要求，完成时序电路的设计，给出详细设计过程和完整逻辑电路图。

（2）在电路图中标明所使用的器件型号。

（3）给出实验台上完成硬件测试的过程、记录的实验数据，以及对实验数据进行的分析。

（4）小结时序逻辑电路的设计思路与测试方法。

（5）实验的心得与体会。

8.2.7 实验注意事项

（1）实验连线的过程中，注意按照一定的步骤和顺序接线，避免多接和漏接的情况。

（2）在设计好的时序逻辑电路中，未用的输入引脚最好给其提供一个高电平信号。

（3）实验结束或者改接线路时，应先断开电源，再修改连线，以保护芯片。

8.3 基于 MSI 的多种计数器设计

8.3.1 实验目的

（1）掌握常用集成计数器的逻辑功能和控制端口的作用。

（2）掌握任意计数器的设计方法。

8.3.2　实验原理与范例

1）常用 MSI 计数器芯片

计数器是数字逻辑中最常用的时序逻辑电路，可用于计数、分频、定时、节拍产生等众多时序控制的场合。市场上，有很多中规模集成计数器可供使用。表 8-5 给出了几种常用同步中规模计数器的简要信息。表 8-6 给出了几种常用中规模异步计数器的简要信息。MSI 计数器芯片的具体功能和引脚排列等信息可以参考芯片数据手册。

表 8-5　几种常用中规模同步计数器

型号	工作模式	预置数	清零
74LS160	BCD 计数	同步（低）	异步（低）
74LS161	4 位二进制计数	同步（低）	异步（低）
74LS162	BCD 计数	同步（低）	同步（低）
74LS163	4 位二进制计数	同步（低）	同步（低）
74LS168	可逆十进制计数	同步（低）	无
74LS169	可逆 4 位二进制计数	同步（低）	无
74LS190	可逆十进制计数	异步（低）	无
74LS191	可逆 4 位二进制计数	异步（低）	无
74LS192	可逆十进制计数	异步（低）	异步（高）
74LS193	可逆 4 位二进制计数	异步（低）	异步（高）
74LS568	带三态可逆十进制计数	同步（低）	同步（低） 异步（低）
74LS569	带三态可逆 4 位二进制计数	同步（低）	同步（低） 异步（低）

表 8-6　几种常用中规模异步计数器

型号	工作模式	预置数	清零
74LS90	二-五-十进制异步计数器	高电平置 9	高电平
74LS92	二-六-十二异步计数器	无	高电平
74LS93	二-八-十六异步计数器	无	高电平
74LS290	二-五-十进制异步计数器	高电平置 9	高电平
74LS390	双 8421-5421 十进制异步计数器	无	高电平
74LS393	双 4 位二进制异步计数器	无	高电平

2）任意进制计数器的设计思想

市场上的 MSI 计数器主要是 4 位二进制计数器或 BCD 码十进制计数器，而实际设计中往往需要其他进制的计数器，因此，必须掌握利用 MSI 集成计数器设计任意计数器的方法。根据任意进制的循环状态数 M 与单片 MSI 计数器最大循环状态数 N 之间的不同，可以分成 $M<N$、$M=N$ 和 $M>N$ 三种情况。当 $M=N$ 时，不需要额外设计。当 $M<N$ 时，只需要从 MSI 计数器的 N 个状态中截取 M 个出来构成新的循环，从而实现任意进制计数。具体实现方法主要有反馈清零法和反馈置数法两种。当 $M>N$ 时，一片 MSI 集成计数器无法满足需要，必须使用多片计数器芯片联合设计才能实现。具体实现方法也有两种。一种是将任意进制计数 M 拆分成 M_1，M_2，…，M_n，并满足 $M = M_1 \times M_2 \times \cdots \times M_n$，且 M_1，M_2，…，M_n 均小于 N，分别用单片计数器实现 M_1，M_2，…，M_n 的计数器，再将各单元采用级联法级联构成 M 进制计数器。另一种方法则是将多片计数器芯片按 N 进制用级联法构成最大容量计数器，再用和 $M<N$ 时相似的反馈清零法与反馈置数法对该计数进行整体清零或整体置数，以跳过剩余状态。

3）任意进制计数器设计范例

（1）反馈清零法。

反馈清零法是利用计数器芯片的清零端口跳过不需要的 $N–M$ 个末端状态，而只保留从 0 状态到 $M–1$ 状态的设计方法。由于 MSI 芯片的清零有异步清零和同步清零两种，对于同步清零的芯片，需要从有效计数状态的最后一个状态（$M–1$）上获取反馈信号，并引入清零端完成清零操作；对于异步清零的芯片，则需要从有效计数状态的下一个状态（M）上获取反馈信号，并引入清零端完成清零操作。需要注意的是，异步清零的反馈状态 M 并不是有效循环中的状态，由于“异步优先”，计数到 M 状态时，译码产生的清零信号会立刻使状态清零，所以，M 状态无法持续 1 个时钟周期，只有极短暂的时间，只是一个过渡态而已。反馈清零法原理示意如图 8-13 所示。

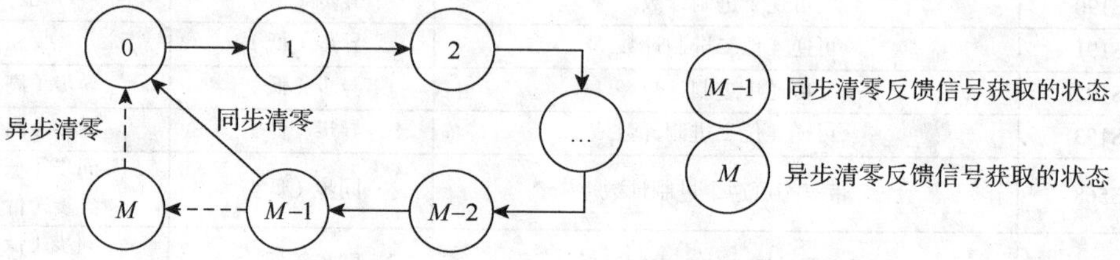

图 8-13　反馈清零法原理示意图

图 8-14 和图 8-15 是分别采用 74LS161 和 74LS163 实现的模等于 13 的四位二进制编码的计数器。

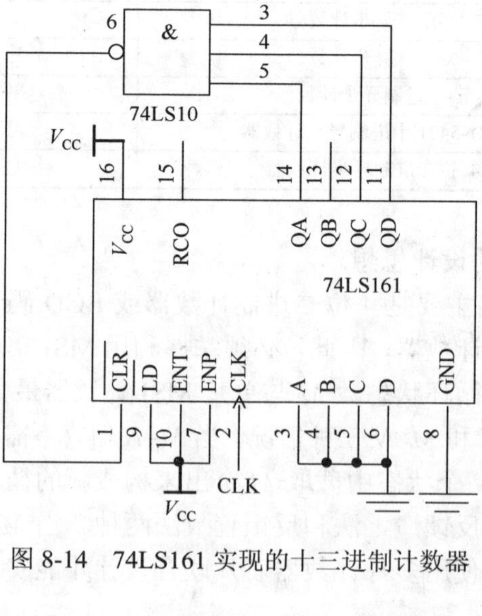

图 8-14　74LS161 实现的十三进制计数器

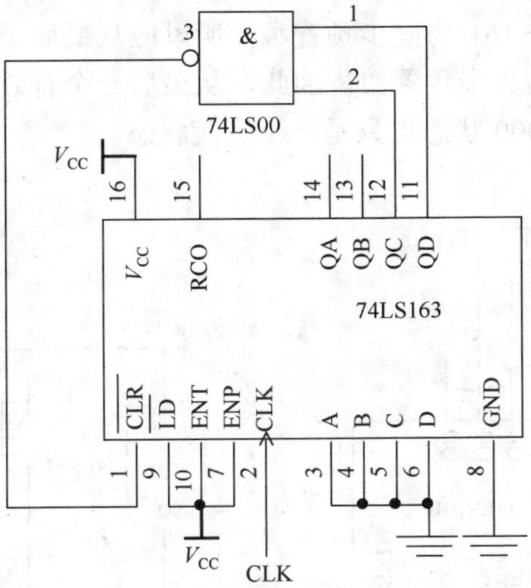

图 8-15　74LS163 实现的 13 进制计数器

十三进制计数器的有效循环状态 0～M–1 分别为 0000，0001，0010，…，1100。因为 74LS163 为同步清零，所以反馈状态应为有效循环的最后一个状态 M–1，即 1100。74LS161 为异步低电平清零，所以反馈状态应为有效循环中最后一个状态的下一状态 M，即 1101。由于异步优先的关系，1101 状态不是有效循环中的状态，只是一个持续时间极短的过渡状态。

需要注意的是，无用的输入控制端口必须设置合理的电平，计数器才能工作。其中，9 脚预置数端口必须设置为无效，即高电平。芯片使能端 7 脚和 10 脚必须设置为高电平，芯片才能使能。由于并行预置数功能没有使用，所以数据端口 A、B、C、D 可以设置任意电平，对 CMOS 芯片来说不允许悬空，对 TTL 芯片来说悬空等效为高电平。

（2）反馈置数法。

反馈置数法是利用计数器芯片的预置数功能跳过 N–M 个无用状态的方法。与反馈清零法不同，反馈置数法的有效状态可以任意选取，既可以和清零法一样，保留全 0～M–1 的 M 个状态，也可以保留 1～M–2 或 2～M–3 或 3～M–4 等 M 个状态。MSI 芯片的预置数也有异步和同步两种。对于同步预置数的芯片，需要从计数状态的最后一个有效状态上获取反馈信号，并引入预置数端口，在下一个时钟有效沿到达时，完成置数操作。对于异步预置数芯片，需要从最后一个有效计数状态的下一个状态上获取反馈信号，并引入到预置数端。由于“异步优先”，该预置数信号一旦产生将立刻完成预置数操作，不需要等待时钟有效沿到达，所以该状态只是一个持续时间极短的过渡状态。

图 8-16 和图 8-17 是分别采用 74LS161 和 74LS191 实现的模等于 8 的四位二进制编码的计数器。图中选择了 0000～01118 个有效状态，因此，预置数设置为 0000，即 DCBA=0000。如果选择 0001～1000 的八个有效状态，则预置数应设置为 0001，即 DCBA=0001，同理，也可以根据需要截选其他任意八个有效状态，如 1000～1111 的 8

个有效状态等。由于 74LS161 为同步预置数，所以应从最后一个有效状态 0111 上获取反馈信号，而 74LS191 为异步预置数，因此，从最后一个有效状态 0111 的下一个状态 1000 上获取反馈信号，1000 状态也只是一个过渡状态。

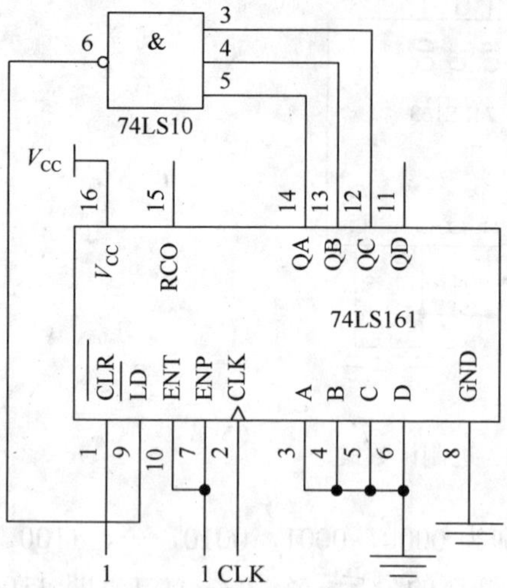

图 8-16　同步预置数实现的八进制计数器

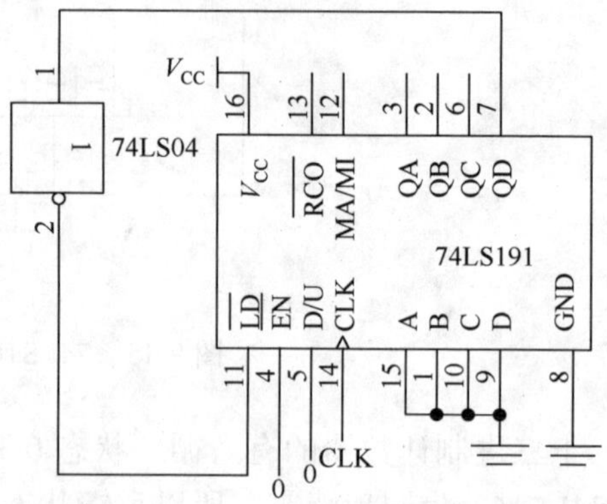

图 8-17　异步预置数实现的八进制计数器

预置数反馈信号除了从输出信号端通过门电路获取外，还可以从芯片的进位输出端获取，如图 8-18 所示。在这种情况下，计数器所截选的有效状态就必须包含 MSI 计数芯片能产生进位或借位输出的状态，一般为计数器芯片的最后一个状态。图 8-18 所截选的状态就是 1000～1111 的 8 个状态。当计数到 1111 状态时，74LS161 进位输出端 RCO 产生高电平，等下一个时钟到达时，被反相器反相后的低电平信号使芯片重新预置数据 1000，因此，跳过了 0000～0111 的 8 个无效状态。

需要注意的是，为了计数器工作可靠，在条件允许的情况下，无论清零法还是置数法都最好尽可能使用同步清零或同步置数端口，其循环状态中也不会有不稳定的过渡态存在。

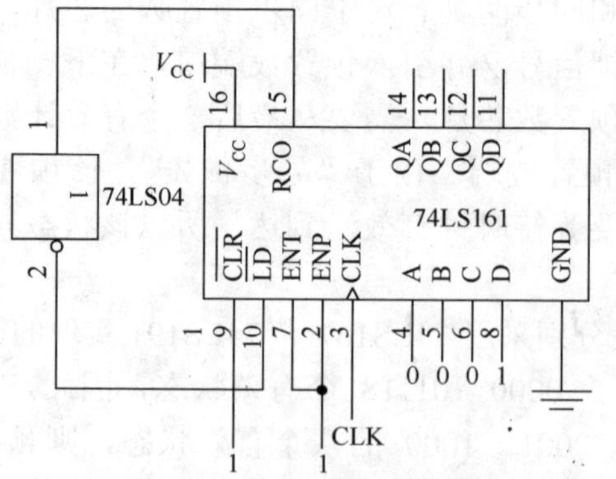

图 8-18　利用进位输出端获得预置数反馈信号

（3）级联法、整体清零法与整体置数法。

当计数状态数 M 大于单个芯片的最大计数模 N 时可以使用这三种方法。其基本思想是，先用多块芯片构建大容量计数器，再利用反馈清零法或反馈置数法将整个计数器整体清零或整体置数，从而跳过不需要的状态。

图 8-19 是利用 1 片双十进制计数器 74LS390 通过级联法构建的 100 进制 BCD 码计数器。图中 CLKB 与 QA 连接构成 8421BCD 码的十进制计数器，低位计数器的 QD 连接高位计数器的 CLKA，构成异步计数，利用低位计数器从 1001 变化到 0000 时，QD 上产生的下降沿使高位 BCD 计数器加 1，从而构成 00～99 的 100 进制 BCD 码计数器。

图 8-20 是在 100 进制 BCD 码计数器基础上，利用整体清零法设计的 24 进制 BCD 码计数器。由于是异步高电平清零，所以反馈状态要从最后一个有效状态的下一个状态获取。24 进制 BCD 码计数器的有效状态是 0000 0000（十进制 00）～0010 0011（十进制 23），因此反馈状态应该在 0010 0100（十进制 24）状态上获取。经过与门后获得高电平清零信号，将状态立即变换为 0000 0000。

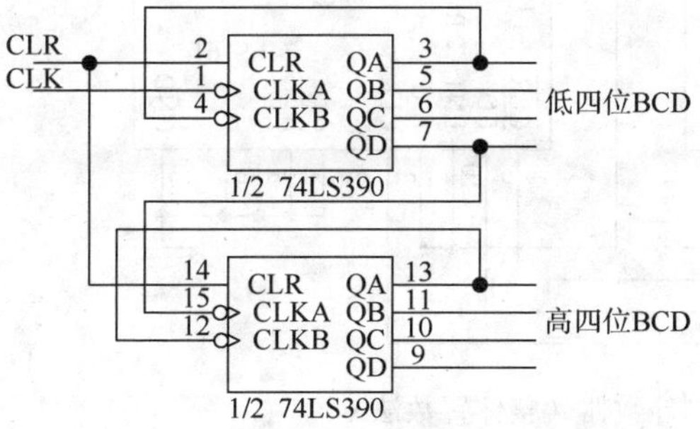

图 8-19　100 进制 BCD 计数器（级联法）

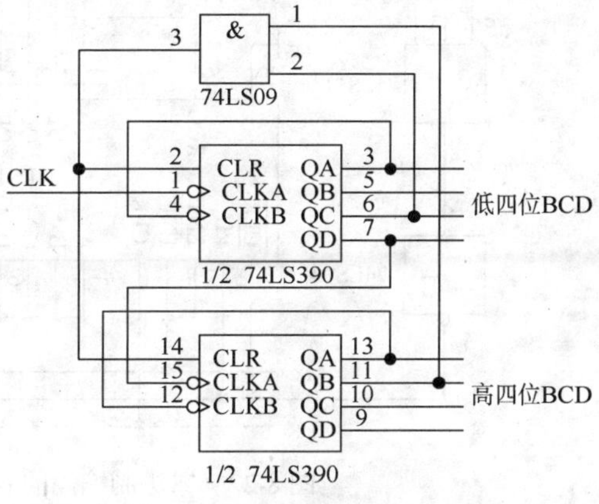

图 8-20　24 进制 BCD 计数器（整体清零法）

图 8-21 是两片 74LS161，采用同步计数方式设计的 8 位二进制加计数器，计数容量为 256。图中利用低位计数器的进位输出端 RCO 控制高位计数器的 ENT 和 ENP 使能端。当低位计数到 1111 时，RCO=1，在下一个 CLK 到达时，高位计数器才加 1，同时，低位计数器回到 0000。

图 8-22 是在图 8-21 的基础上采用整体置数法实现的 60 进制计数器。选取的 60 个状态量的编码为 0000 0000～0011 1011（十六进制数 3B，十进制数 59）。两块芯片的预置数端并联后接收来自数据输出端的预置数信号，预置数据为二进制数 0000 0000。由于 74LS161 为同步低电平预置，所以反馈信号直接从有效循环状态的最后一个状态获取，即 0011 1011 上获取。需要注意的是，该 60 进制计数器采用的是 8 位二进制编码，而非 8421BCD 编码。如果需要 8421BCD 码编码的 60 进制计数器则可以采用 74LS160 来实现，有效状态仍然从 0000 0000 开始，反馈状态则为 0101 1001（BCD 码 59）。

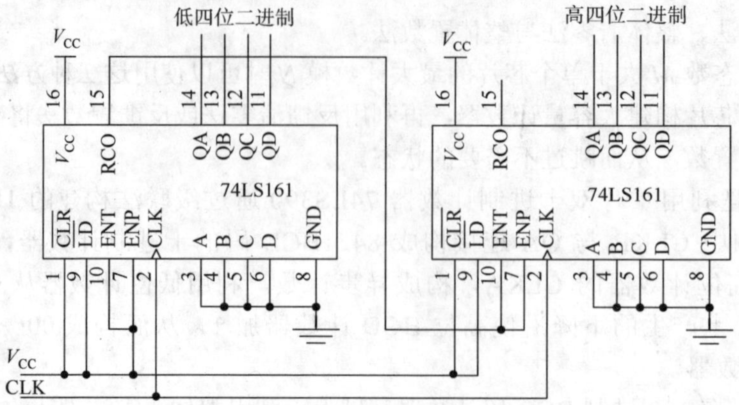

图 8-21　8 位二进制加计数器

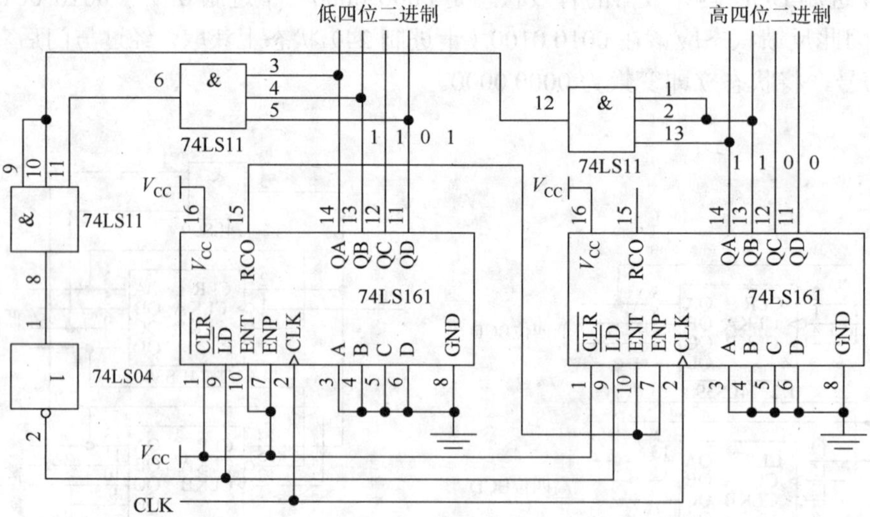

图 8-22　二进制编码的 60 进制计数器（整体置数法）

8.3.3　实验内容和步骤

（1）从以下三个设计任务中任意选择两个来实现。

①采用 74LS160 芯片，分别利用反馈置数法和反馈清零法设计一个六进制计数器。

②选择合适的芯片，设计一个十二进制计数器，分别采用 8421BCD 编码方案和二进制编码方案实现。

③设计 60 进制计数器，要求计数器采用 8421BCD 编码方案，计数器芯片不限。

（2）画出设计方案图，并标注出所选择的芯片型号。

（3）画出状态转换图，并明确是否存在过渡状态。

（4）设计测试方案。

（5）在实验箱上连接实验电路，并验证。

8.3.4 实验器材

（1）KHD-2 型实验台。
（2）各型常用 74 系列数字集成块若干。
（3）万用表。

8.3.5 预习要求

（1）复习并掌握基于 MSI 集成计数器的任意进制计数器的设计方法。
（2）设计实验电路，并画出状态转换图。
（3）设计实验测试方案和实验用表格。

8.3.6 实验报告要求

（1）写出详细设计过程、设计方法。
（2）给出实验测试方案、实验测试数据和测试结论等。
（3）小结任意进制计数器设计思路与方法。
（4）实验的心得与体会。

8.3.7 实验注意事项

（1）实验连线的过程中，注意按照一定的步骤和顺序接线，避免多接和漏接的情况。
（2）未用的输入引脚最好给其提供一个高电平信号。
（3）实验结束或者改接线路时，应先断开电源，再修改连线，以保护芯片。

8.4 竞赛抢答器设计

8.4.1 实验目的

（1）掌握抢答器的工作原理和设计方法。
（2）学习编码器、译码器、触发器、分频器和多谐振荡器等单元电路的综合运用。
（3）掌握简单数字系统电路的调试和故障排除方法。

8.4.2 实验原理与范例

1）抢答器原理

竞赛抢答器是智力竞赛中常用的抢答控制与裁决装置。抢答器一般由一个主持人控制开关、若干抢答开关、抢答结果显示、倒计时显示等模块构成，如图 8-23 所示。

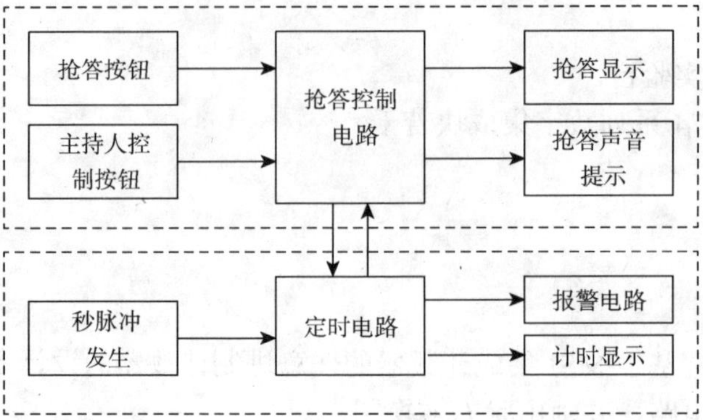

图 8-23 一般抢答器的结构

抢答器的主要功能是分辨出参赛选手抢答的先后，当有抢答信号时，给出抢答声音提示，并显示最先抢答选手的编号，同时封锁其他选手的操作，使其他选手操作无效，直到主持人复位重新开始为止。

定时电路一般为倒计时定时器，为抢答设定抢答超时时间。秒脉冲发生电路主要为定时器提供倒计时秒脉冲，使定时电路每秒减 1，计时数值由计时显示电路完成。报警电路主要用于抢答超时的声音提示。

2）抢答模块设计范例

抢答控制电路是抢答器最核心的部分，其关键是识别先按键的抢答信号，并封锁其他后来的抢答信号。实现该功能有多种方案，可以利用基本逻辑门、触发器或锁存器等来构成。

（1）采用基本逻辑门实现抢答的范例。

图 8-24 是仅采用两片 74LS20（双四输入与非门）实现的四路抢答器。图中开关 K_c 为系统工作开关，当需要抢答时，由主持人闭合 K_c 开始抢答。开关 K_1～K_4 为四路抢答开关，开关断开时为低电平，开关闭合时为高电平。发光二极管 D_1～D_4 为四路抢答的指示灯，灯亮则表示该对应选手抢答成功。

抢答前，所有选手的抢答开关必须处于断开状态。当主持人闭合控制开关才可以开始抢答。由于此时所有抢答开关均断开，所以所有与非门与抢答开关相连接的端口均输入低电平，每个与非门从上到下的输入信号均为“0111”，所以与非门输出高电平，所有发光二极管全部熄灭。抢答开始后，先闭合的抢答开关将使其右边对应的四输入与非门的输入信号由“0111”变为“1111”，该与非门输出 0，对应发光二极管亮。同时该与非门输出的低电平 0 信号将反馈到其他 3 个与非门的输入端，使其他 3 个与非门被封锁。无论其对应的输入开关为何种状态，其输出都为高电平，其后面的发光二极管始终熄灭，从而实现了抢答、指示和阻止其他后来选手操作的功能。

该电路方案简单，但电路的可靠性较差，且每次开始前无法由主持人清除状态，必须要参赛选手自己将开关全部断开才能开始下一轮抢答，操作不是很方便。另外，由于采用与非门直接推动发光二极管，所以电路中与非门的选择有一定要求，需要芯片的低电平输出电流 I_{OL} 足够大。

该电路还可以加上如图 8-25 所示的抢答成功后提示发声的电路。当任何一路抢答成功时，蜂鸣器发声。

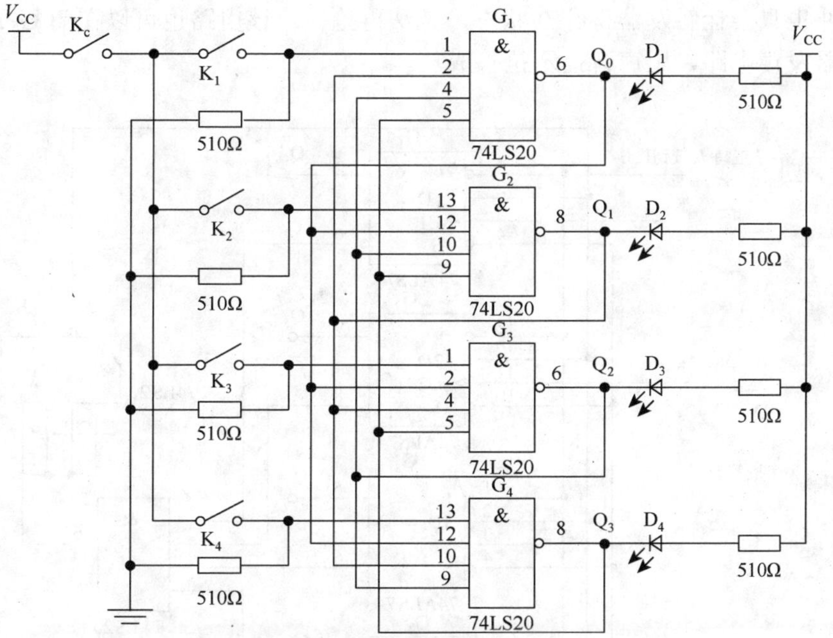

图 8-24　与非门实现的抢答模块

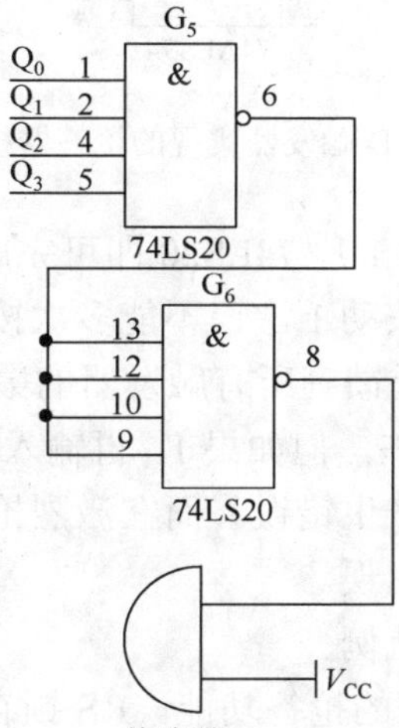

图 8-25　抢答提示音电路

（2）采用触发器实现抢答的范例。

图 8-26 是采用 D 触发器实现的抢答器的核心电路。图中 K_1～K_4 为抢答开关，Q_1～Q_4

为抢答结果指示输出端，高电平 1 输出表示抢答成功。首先通过主持人按钮产生清零负脉冲，将所有触发器的 Q 端清零，$\overline{Q}$ 端置 1，因此，门 G_5 的输入为“1111”，输出 0，经 G_6 反相后，输出 1 到所有触发器的数据输入 D 端。抢答时，某一抢答开关先产生上升沿脉冲，则对应的 D 触发器 Q 端输出 1，指示抢答成功。同时 $\overline{Q}$ 端输出 0，经门 G_5 和 G_6 后输出 0 反馈到所有触发器的数据输入 D 端。此后若还有其他抢答开关产生抢答上升沿脉冲也只会让触发器寄存 0 状态，无法再抢答。该电路也可以在门 G_5 或 G_6 后面加入蜂鸣器发声电路，用声音提示抢答成功。

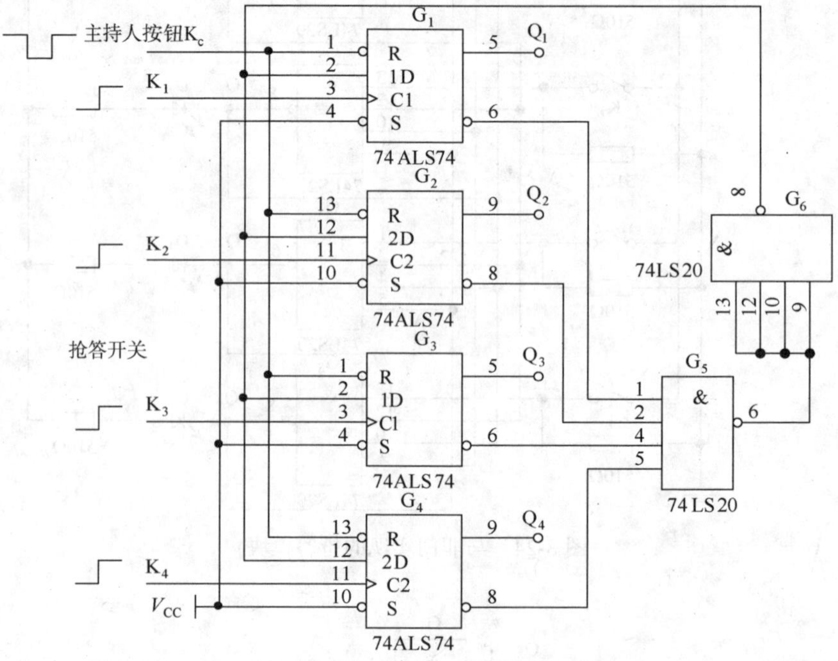

图 8-26　D 触发器实现的抢答器核心电路

该方案仅需要 2 片 74LS74 和 1 片 74LS20 即可完成，电路非常简单。需要注意的是，该电路在使用时，抢答按键只能按动 1 次，不能多次按键，否则会产生错误。例如，当 K_1 先抢答成功后，门 G_6 输出 0 反馈到所有触发器的数据输入 D 端，K_2、K_3 和 K_4 再抢答则不会改变 Q_2、Q_3 和 Q_4 的状态，但如果 K_1 再输入脉冲，则 Q_1 将从 1 变为 0，使原来抢答成功的状态被修改，从而产生错误。而在激烈抢答的状态下，选手非常容易产生连续按键操作，从而使电路产生错误。

（3）采用锁存器实现抢答的范例。

采用 RS 锁存器也能实现相同的抢答功能。RS 锁存器可以由与非门或或非门实现，也可以用带直接复位和置位端的 74LS74 双 D 触发器芯片来替代，只利用其 S 和 R 端即可。图 8-27 就是采用 74LS74 只利用其置数端和清零端实现的抢答器核心电路。图中 K_c 为负脉冲开关，K_1～K_4 可以采用正脉冲开关或电平开关，初始时输出低电平。抢答结果由 Q_1～Q_4 端口输出，高电平 1 表示抢答成功。系统工作时，首先通过主持人按钮 K_c 产生一个负脉冲清零信号，所有触发器清零，$Q_1Q_2Q_3Q_4$=“0000”，$\overline{Q_1}\cdot\overline{Q_2}\cdot\overline{Q_3}\cdot\overline{Q_4}$ =“1111”。在没有任何抢答信号输入时，K_1～K_4 均为 0，门电路 $G_1G_2G_3G_4$ 都输出 1，所有触发器 S 端无效，都保持 0 状态不变。当 K_1～K_4 有任何一个输入高电平抢答信号，都将使开关右边的与非门输出 0，右边对应触发器的 S 端有效，触发器变为 1 状态，表示抢答成功。同时该触发器的 $\overline{Q}$ 端输出 0，使其余 3 个抢答开关连接的与非门被封锁，只能输出 1，其余抢答开关将不起作用。

该电路工作可靠，先抢答的参赛者既可以阻止其余参赛者的抢答信号输入，还可以多次重复输入抢答信号，而不改变抢答的结果。但该方案较复杂，所需要的芯片较多，连线也多。

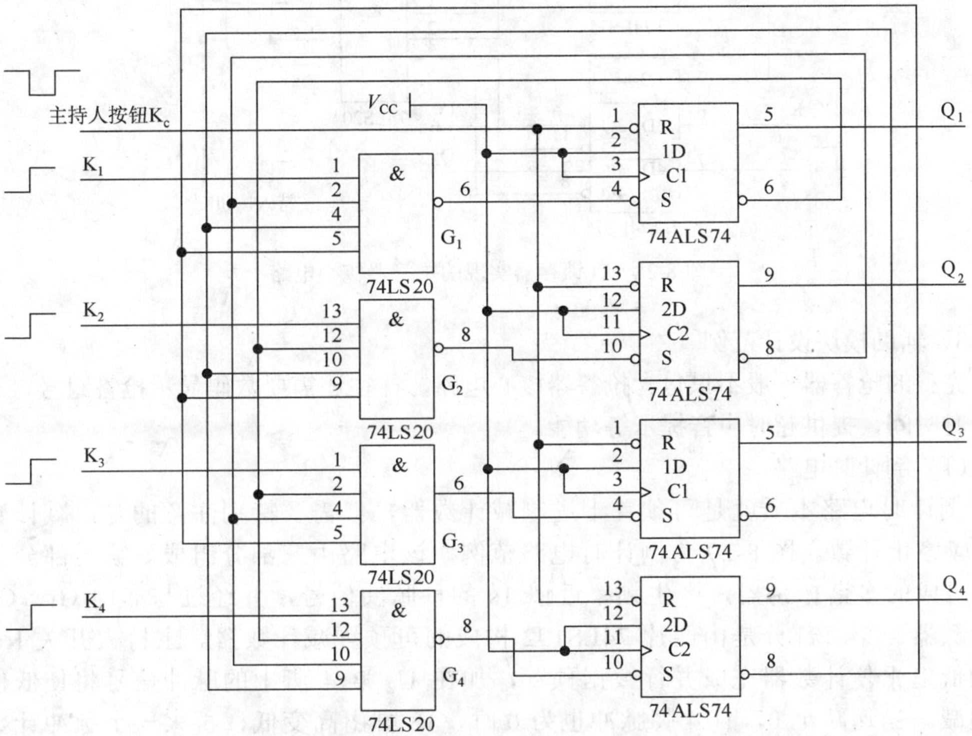

图 8-27　只利用 D 触发器的 R 和 S 端实现的抢答器核心电路

图 8-28 是采用 D 锁存器实现的抢答器核心电路。图中 74LS75 为四 D 锁存器，锁存器 1 和 2 共用控制使能端 C1-2，锁存器 3 和 4 共用控制使能端 C3-4。该控制信号为高电平使能，此时 $Q^{n+1}=D$，使能信号为低电平时为锁存状态，输出保持不变。抢答前，主持人先按下负脉冲开关 K_C，产生一个低电平，使门 G_2 输出为 1，锁存器全部使能，此时还未开始抢答，抢答开关 K_1～K_4 均输出低电平，因此，所有锁存器均锁存为 0 状态，门 G_1 也输出 0。K_c 开关释放后 K_c 恢复为高电平输出，由于此时 G_1 也输出 0，所以 G_2 输出 1 的状态不变，锁存器继续维持使能状态。当有人抢答时，如 K_1 按下，输出高电平 1，则 Q_1 由 0 变成 1，表示抢答成功，同时 $\overline{Q_1}$

由 1 变成 0，使门 G_1 输出 1，门 G_2 输出 0，禁止所有锁存器的使能，锁存器进入锁存状态，禁止后面抢答者的信号存入锁存器，因此，即使其他选手再按下所对应的按钮也不起作用。既封锁了其他组的抢答，又避免了本组如果反复按下抢答按钮造成的结果错误。

该电路的优点是线路简单，器件和连线少（仅用 1 片 74LS75 和 1 片 74LS20）。

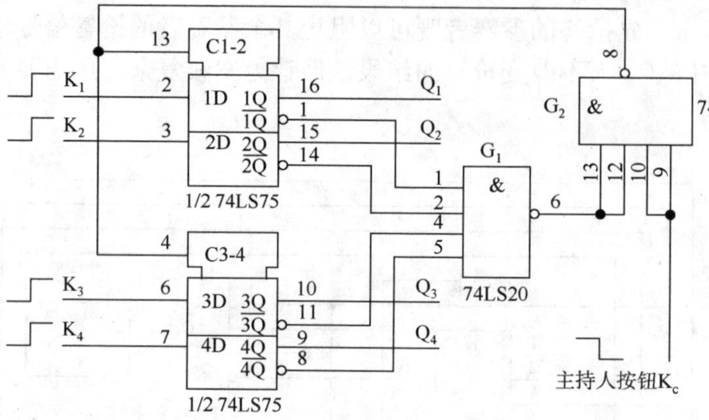

图 8-28　D 锁存器实现的抢答器核心电路

3）辅助模块设计范例

完整的抢答器一般不只包含抢答器核心电路，往往还需要数码显示抢答组号，设定倒计时时间，提供超时声音提示等功能。

（1）倒计时电路。

倒计时电路本质就是可预置十进制减计数器，但需要特别注意的是，减计数到 0 时应停止计数。图 8-29 为倒计时电路范例。该电路由三部分组成。第一部分是由 555 组成的多谐振荡器，产生频率近似 1s 的秒脉冲信号，并经过与非门 G_1、G_2 送给计数器。第二部分是由两片 74LS192 构成的可预置减计数器。主持人开关 Kc 产生的低电平使计数器完成并行数据预置，加在 U_2 第 4 脚上的脉冲信号将使低位数据递减。当递减至 0，且 4 脚脉冲也为 0 时，13 脚由高变低，再来一个脉冲计数值变为 9 时，13 脚由低变高，该上升沿使高位 U_1 的数据减 1。当高和低位数据全部减为 0 时，U_1 的 13 脚输出低电平反馈至门 G_1，封锁秒脉冲信号，并且经过 G_2 使 U_2 减计数脉冲端电平恒为 0，此时计数器停止工作。第三部分是由两片 74LS48 构成的显示译码电路，其工作原理不再赘述。

（2）组号显示电路。

抢答成功时，如果只通过对应组的灯光提示抢答成功不是很方便和直观。因此可以给抢答电路增加数码显示，直观显示抢答成功的编号。图 8-30 是可以直接用于图 8-24～图 8-28 的显示电路。该电路使用了一块优先编码器和一片七段译码器，可以支持最多 8 路显示，工作原理大家可以自己分析。

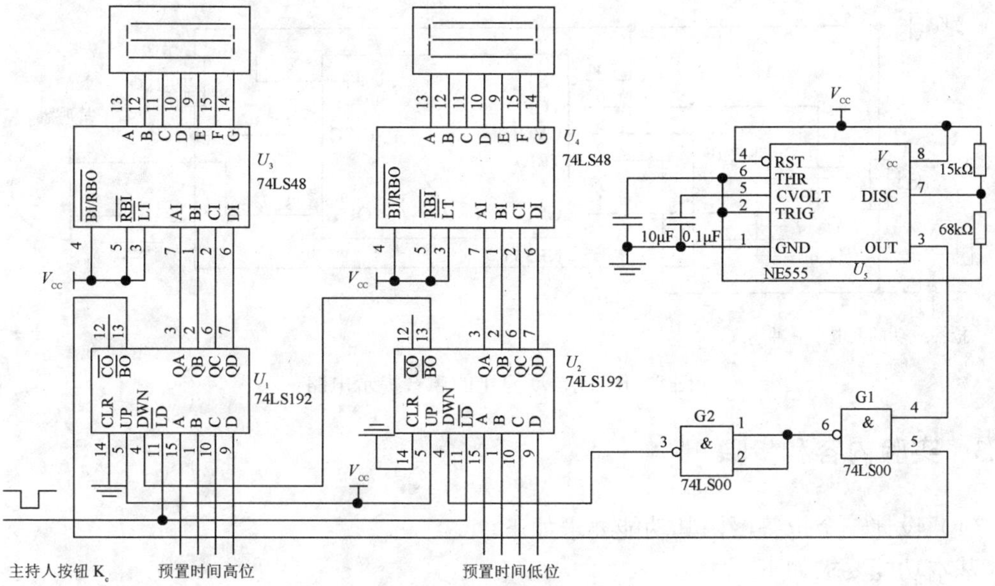

图 8-29　可预置倒计时器

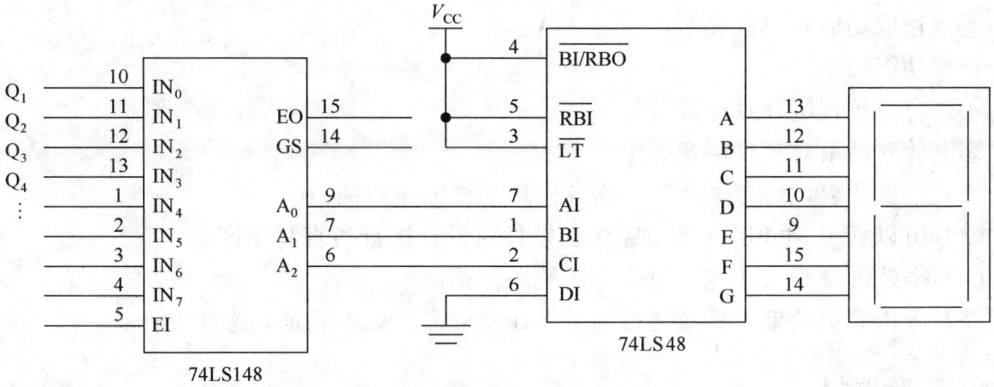

图 8-30　抢答编号显示电路

（3）声音提示电路。

图 8-25 给出了一种简单的抢答提示音电路。该电路在抢答成功后会一直鸣叫，直到主持人清除后才会停止，这将影响抢答人员的问题回答。因此，声音提示电路最好能自动停止。图 8-31 给出了一种利用单稳态电路实现的能自动停止的声音提示电路。图中 555 构成脉宽约为 1s 的单稳态触发器，当抢答成功输出的由高变低的下降沿将触发该电路，使电路进入 1s 的高电平暂态，该高电平使蜂鸣器鸣叫 1s。提示音电路也可以由“叮咚”门铃里面的音乐芯片来实现。

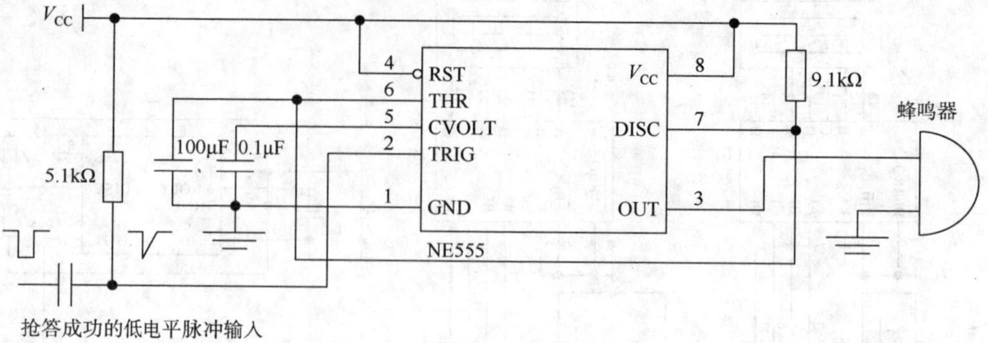

图 8-31　能自动停止的声音提示电路

8.4.3　实验内容和步骤

（1）设计一个抢答器，其功能要求如下。

基本功能要求如下。

①支持抢答对象大于等于 4 名。

②数码显示抢答选手编号。

③具有主持人控制开关，可以控制系统清零和抢答开始。

④抢答成功后有声音提示。

扩展功能如下。

①具有可预置倒计时计数与显示。

②倒计时结束时具有声音提示。

（2）根据要求设计方案，并画出各模块的详细电路图。

（3）可以利用 Multisim 等电路仿真软件对设计进行仿真与验证。

（4）搭建硬件测试环境，完成设计的硬件测试。

（5）分析测试结果，测验是否满足设计要求，如果不满足则修改设计。

8.4.4　实验器材

（1）KHD-2 型实验台。

（2）各型常用 74 系列数字集成块若干。

（3）万用表。

8.4.5　预习要求

（1）学习并掌握抢答器设计的基本思路与原理。

（2）预先设计好抢答器主电路和秒脉冲发生电路、倒计时电路、显示译码电路和声音提示电路等。

（3）完成各模块实验电路的软件仿真测试。

（4）设计实验测试方案和实验用表格。

8.4.6　实验报告要求

（1）写出详细的设计过程、设计方法。
（2）给出实验测试方案、实验测试数据和测试结论等。
（3）小结抢答器的设计思路与方法。
（4）实验的心得与体会。

8.4.7　实验注意事项

（1）实验连线的过程中，注意按照一定的步骤和顺序接线，避免多接和漏接的情况。
（2）未用的输入引脚最好给其提供一个高电平信号。
（3）实验结束或者改接线路时，应先断开电源，再修改连线，以保护芯片。

8.5　数字频率计的综合设计

8.5.1　实验目的

（1）掌握数字频率计的工作原理和设计方法。
（2）学习计数器、分频器、多谐振荡器等单元电路的综合运用。
（3）掌握数字系统电路的调试和故障排除方法。

8.5.2　实验原理与范例

频率是指周期信号在单位时间内变化的次数。假设在时间 T 内测得信号变化了 N 次，则信号的频率为

$$f = N/T$$

频率计是测试信号频率的重要仪器，其原理框图如图 8-32 所示。图中各工作点波形示意图如图 8-33 所示。被测信号经过放大整形后变成标准脉冲信号Ⅰ。在逻辑控制电路控制下，首先令使能信号Ⅱ有效，闸门打开，被测信号进入计数器计数。然后令使能信号Ⅱ无效，闸门关闭，计数器停止计数。接下来，逻辑控制电路产生锁存信号Ⅳ，将计数器的计数结果锁存到寄存器中，通过译码与显示驱动电路在数码管上显示计数结果。如果闸门使能信号使闸门打开的时间为 1s，则数码管显示的数据为以 Hz 为单位的频率。最后产生清零信号Ⅴ将计数器清零，为重新测量做好准备。

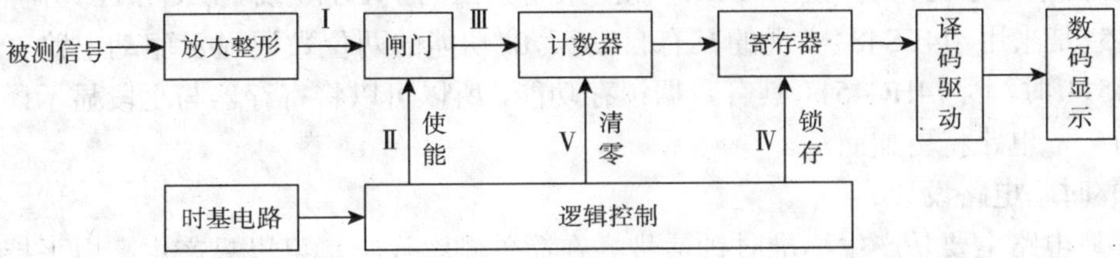

图 8-32　频率计框图

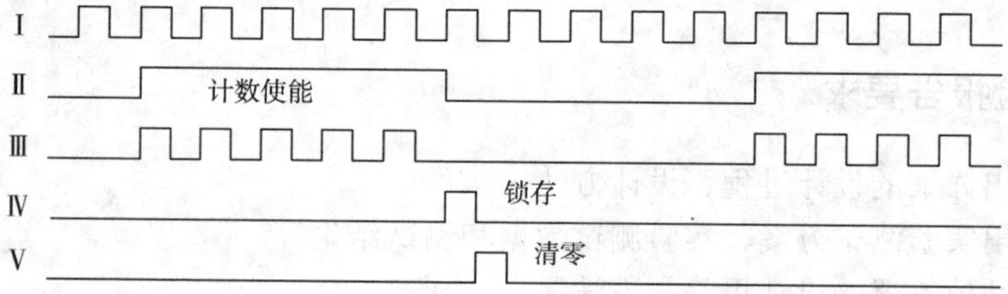

图 8-33　各点工作波形示意图

下面对各基本电路模块展开设计。

1）放大整形电路的设计

放大整形电路包括信号的放大与整形两个功能模块。放大电路可以采用3DG100 等小功率高频三极管构成放大来实现，也可以采用 OP07 等运算放大器来实现。该放大电路的设计主要需要考虑信号放大的倍数、信号的通频带和输入阻抗三个因素。信号整形的目的是将正弦波、三角波等波形整形为上升沿与下降沿陡峭的标准 TTL 脉冲波。信号整形可以采用施密特触发器来完成。施密特触发器可以采用门电路构成的施密特触发器或集成施密特触发器，或 555 构成的施密特触发器。施密特触发器的设计，重点要考虑的是其工作的上限频率不能低于频率计的最高工作频率。此处不再给出放大整形的具体电路。

2）闸门与计数器的设计

闸门与计数器电路可以统一设计。该部分的本质就是一个带有计数使能和清零功能的计数器。为了方便显示，计数模式最好采用 8421BCD 码计数。因此，可以采用 74LS160、74LS162、74LS90 或 74LS390 等 BCD 码十进制计数器来设计。具体设计方法可参考 8.3 节，此处不再给出具体参考电路。

3）寄存器的设计

在频率计电路中，如果没有寄存器，直接将计数器的输出交给译码显示，则在计数器计数的过程中，显示数据将跟随计数器计数值的变化而变化。因此，需要在计数器计数完毕后，由逻辑控制器产生锁存信号将计数器的最后计数结果寄存起来，以防止在后续的清零和测量过程中显示数据跟随计数器而发生变化。寄存器可以采用 8D 触发器 74LS273 或 74LS374 等来实现。图 8-34 所示为 16 位数据寄存器，可以寄存 4 位十进制频率的显示数据。

4）显示电路设计

显示电路有动态扫描显示和静态显示两种方案。当显示位数较少时，宜采用静态显示方案。静态显示方案对每位 BCD 码输出采用独立的 74LS48 或 74HC4511 译码和驱动。图 8-35 是采用 74LS48 实现的具有自动灭 0 功能的两位数码显示驱动电路。当采用 74HC4511 时，因 74HC4511 具有数据锁存功能，所以可以将寄存器与七段显示译码电路合二为一，电路将更加简洁。

5）时基电路设计

时基电路主要是产生标准时钟信号。在简单频率计中，可以只产生高电平持续时间为 1s 的标准时间信号。该信号可以使用 555 时基电路直接产生。但由于该信号关系到测量的准确度，所以时基电路频率的准确度和稳定度越高越好。更好的方案是使用晶体振荡器产生高频振荡，再经过若干次分频后获得所需要的标准时间信号。

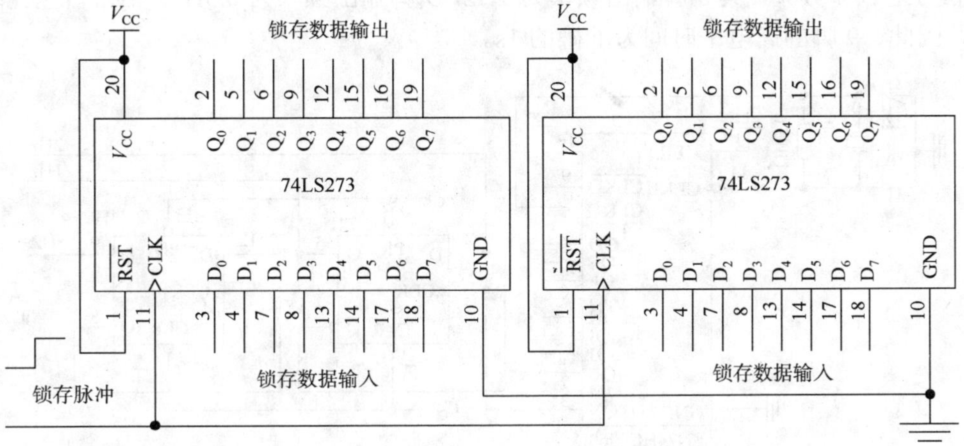

图 8-34　数据寄存单元

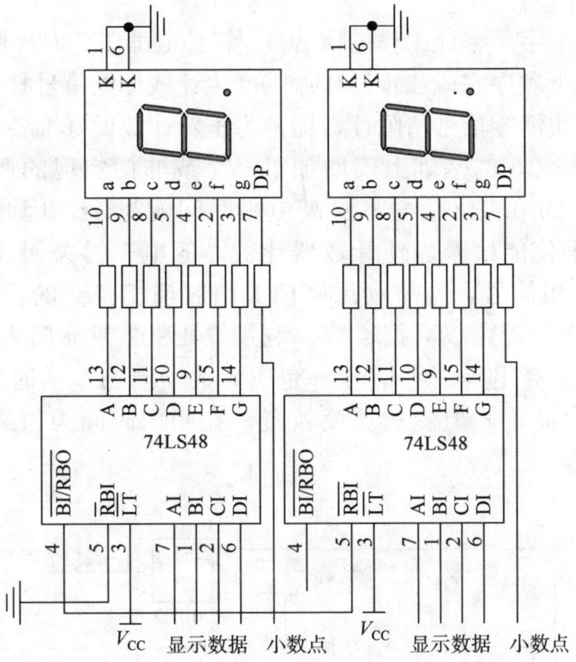

图 8-35　采用 74LS48 的两位数码显示

图 8-36 采用了 74HC4060 和 74HC74 实现的 0.5Hz 时基信号，其高电平时间与低电平时间各 1s。74HC4060 芯片由两部分组成，一部分为 T 触发器组成的 14 位二进制串行计数器/分频器，另一部分是由外接 RC 或晶振构成的振荡器。图中晶振的频率是

32768Hz，两个电容为频率校正电容，可采用半微调电容。由于 74HC4060 最大只能实现 2^{14}=16384 级分频，所以 74HC4060 的第 3 脚输出的脉冲的频率为 32768Hz÷16384=2Hz。为了获得高电平持续时间均为 1s 的 0.5Hz 脉冲，还采用 1 片 74HC74 设计了两个 T′触发器对信号进行 4 分频，其 5 脚输出频率为 1Hz，9 脚输出频率为 0.5Hz，信号占空比均为 50%，因此，9 脚的高电平时间为准确的 1s。

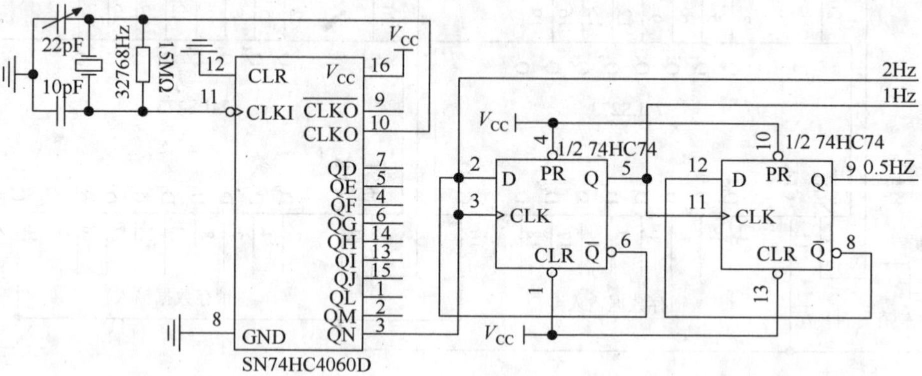

图 8-36　时基电路

6）逻辑控制电路设计

逻辑控制电路是数字频率计工作的核心。逻辑控制器工作时序图如图 8-33 所示。控制器需要在时钟控制下顺序完成三步操作：①产生计数使能信号打开闸门；②产生锁存信号寄存数据；③产生清零信号清除计数器，为重新计数做好准备。

图 8-37 是在图 8-36 的基础上仅增加了一个或非门实现的逻辑控制电路，硬件消耗极小。9 脚输出的 0.5Hz 信号本身高电平时间就为 1s，因此，可以直接用该信号作为闸门的高电平使能信号，使计数器计数，低电平时关闭计数。从 8 脚引出的 0.5Hz 闸门信号的反相信号，直接利用闸门关闭时反相得到的上升沿，对图 8-34 中的寄存器产生锁存信号，完成数据寄存。利用 74LS02 或非门将 1Hz 和 0.5Hz 信号进行或非，产生 0.5s 高电平清零信号，完成计数器清零。其时序波形如图 8-38 所示。该方案电路非常简单，但测量速度较慢，在闸门时间为 1s 的情况下，需要用 2s 才能完成一次完整测试。

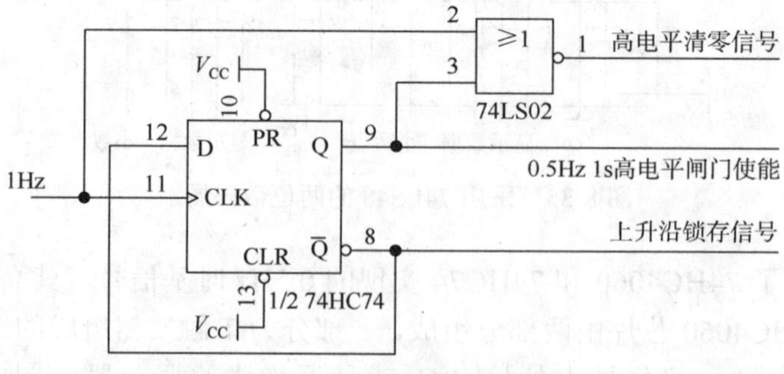

图 8-37　一种简单的控制逻辑产生电路

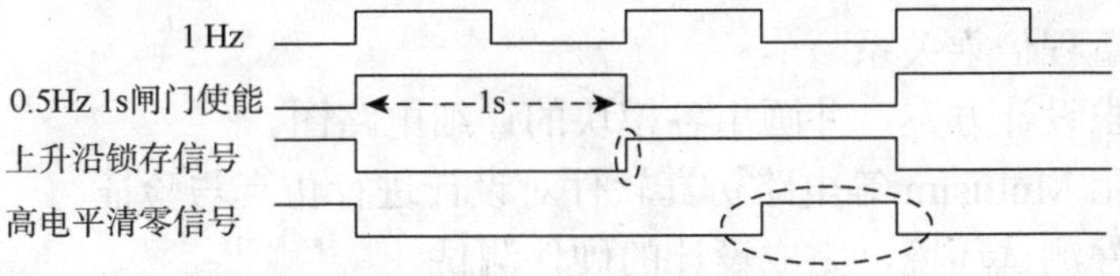

图 8-38　控制逻辑时序波形

该控制逻辑电路也可以采用状态机的方法来设计，实现更高速更可靠的测量。图 8-39 和图 8-40 分别是在 5Hz 时钟输入情况下产生控制逻辑的时序图和对应的状态转换图。基于该状态转换图的控制器设计可以参照 8.2 节知识自行设计。

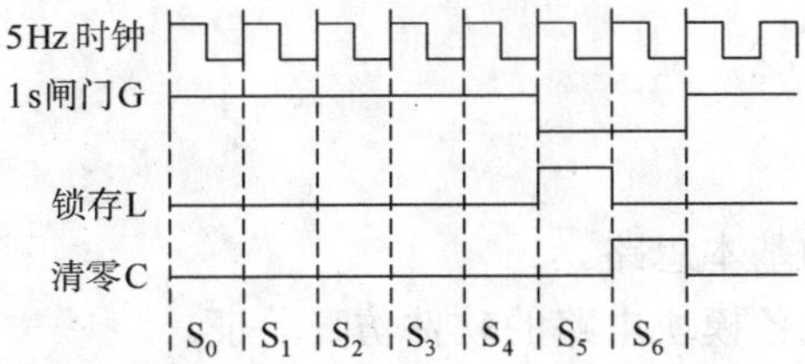

图 8-39　5Hz 时钟脉冲下的控制逻辑时序

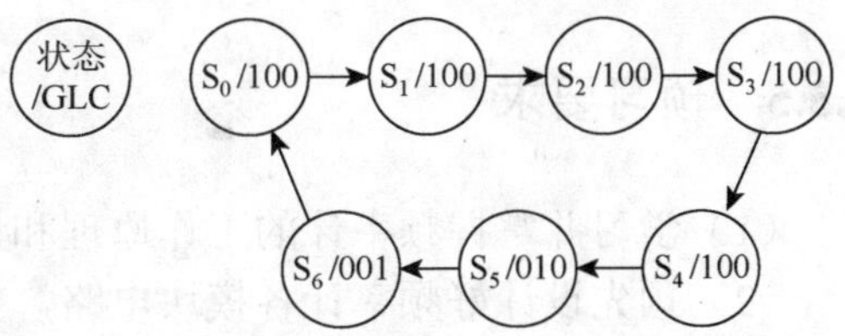

图 8-40　5Hz 时钟脉冲下的状态转换图

7）量程扩展

以上介绍的基本频率计采用了固定的 1s 高电平闸门。当被测频率低于 1Hz 时，则无法完成测量，需要更长的闸门时间才能完成。当被测频率太高时，1s 闸门时间内超出了计数器的容量限制，也无法完成测量。为了让频率计具有更宽的测量范围，可以通过修改时基电路和逻辑控制电路使其产生 10s、1s、100ms、10ms 和 1ms 等不同的闸门信号以控制频率计的量程范围。例如，当闸门信号为 100ms 时，所测量的频率等于测量值×10；闸门信号为 10ms 时，所测频率等于测量值×100。为了解决显示数据的 10 倍数的关系可以通过设计 LED 指示电路指示倍乘系数关系，也可以设计电路直接控制显示数码管中的小数点位置。为了扩大量程也可以在放大整形电路后加入 10 倍系数的分频电路再进行测量。这两种量程的扩展都会带来测量误差的变化，具体误差变化的关系可以参考电子测量等相关书籍。

8.5.3　实验内容和步骤

（1）设计一个简易频率计，其功能要求如下。

基本功能要求如下。

①能对输入的标准 TTL 电平脉冲信号进行频率测量。

②频率测量范围为 10～10^4Hz。

③采用十进制数码显示测量值。

扩展功能如下。

①采用分段测量方式，量程扩展为 1～10^5Hz。

②自动显示量程倍乘关系。

（2）根据要求设计方案，并画出各模块的详细电路图。

（3）可以利用 Multisim 等电路仿真软件对设计进行仿真与验证。

（4）搭建硬件测试环境，完成设计的硬件测试。

（5）分析测试结果，测验是否满足设计要求，如果不满足则修改设计。

8.5.4 实验器材

（1）KHD-2 型实验台。

（2）各型常用 74 系列数字集成块若干。

（3）万用表。

8.5.5 预习要求

（1）学习并掌握频率计的工作原理和设计的基本思路。

（2）预先设计好频率计各模块电路，并完成各模块电路的软件仿真验证。

（3）完成电路的整体设计与软件仿真测试。

（4）设计实验测试方案和实验用表格。

8.5.6 实验报告要求

（1）写出详细设计过程和设计方法。

（2）给出实验测试方案、实验测试数据和测试结论等。

（3）小结简易频率计的设计思路与方法。

（4）实验的心得与体会。

8.5.7 实验注意事项

（1）实验连线的过程中，注意按照一定的步骤和顺序接线，避免多接和漏接的情况。

（2）未用的输入引脚最好给其提供一个高电平信号。

（3）实验结束或者改接线路时，应先断开电源，再修改连线，以保护芯片。

8.6 数字钟综合设计

8.6.1 实验目的

（1）熟悉数字钟的结构和各部分的工作原理。

（2）巩固使用中规模集成电路的设计方法。

（3）巩固常用数字电路单元模块的综合运用。

（4）掌握简单数字系统电路的调试和故障排除方法。

8.6.2 实验原理与范例

数字钟电路本质是可控的 60 和 12/24 进制计数器的有机整合，并配以辅助电路构成的。图 8-41 给出了一种数字钟电路的主体结构图。电路共包括时基电路、计时与校时与进位电路、译码与显示电路和报时电路等。

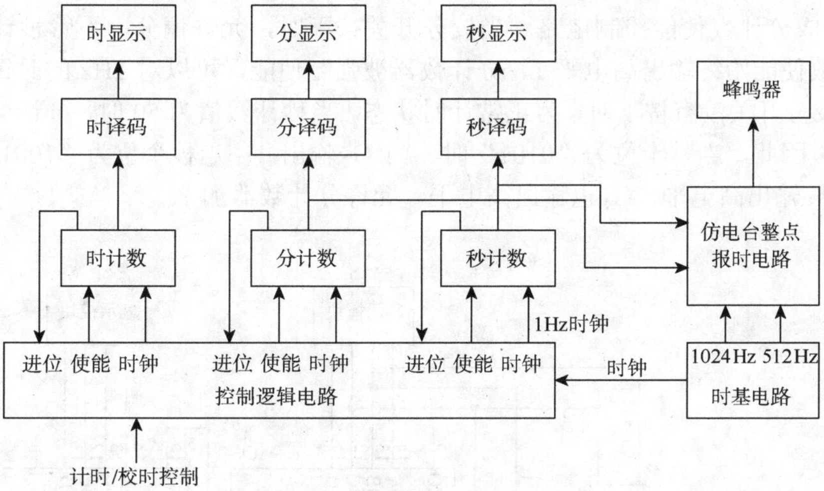

图 8-41　一种数字钟整体结构图

1）时基电路设计

在如图 8-41 所示的数字钟电路方案中，需要时基电路提供控制逻辑电路工作所需要的时钟信号。根据控制逻辑电路的不同要求。该时钟可以是 1Hz 或 10Hz 等不同的频率。时基电路还需要提供仿电台整点报时电路所需要的高低音信号，可以是 1024Hz 和 512Hz。数字钟对时钟信号的频率准确度要求较高，因此，时钟频率的发生最好不要使用 555 等 RC 构成的多谐振荡器，而应采用准确度更高的晶体振荡器来实现。例如，可以采用如图 8-36 所示的电路，从 74HC4060 的第 5 脚输出信号就是 1024Hz，第 4 脚输出信号为 512Hz，从 74HC74 的第 5 脚输出频率为 1Hz。具体电路可参考 8.5 节中“时基电路设计”的知识自主设计。

2）计时与校时电路设计

计时器电路需要分别设计“秒”（60 进制）、“分”（60 进制）、“时”（24 进制或 12 进制）计数器。为了方便显示，计数器的设计一般采用 8421BCD 编码方案。计数器的设计理论上可以选用任意中规模计数器芯片来实现。如果为了简化电路，使芯片数量和芯片类型尽可能少，常选用十进制计数器芯片，尤其是双十进制计数器芯片来实现，如 74LS90、74LS290、74LS390 等，也可以直接采用 74LS92 来实现六进制计数。如果全部采用同步计数器芯片进行全同步设计，虽然芯片数量会多消耗，但可靠性会更高。

校时电路用于对计时时间进行调整。实现校时的主要方案有两种：一种是对于有计数使能的同步计数器方案，可以通过强制控制其使能端有效，再对单次或连续校时脉冲进行计数；另一种是对于没有计数使能的异步计数方案，可以通过控制异步计数脉冲的选通关系来实现时间调整，当正常计时时，选通来自低位的进位脉冲给计数器，校时时选通校时用的手动脉冲或自动脉冲给计数器。

以下给出了一种采用 74HC160 同步计数方案实现的计时与校时电路。图 8-42 为秒计数器和分计数使能产生电路。电路中 IC_1、IC_2 和门 G_1 构成 60 进制 BCD 计数。门 G_2、G_3、G_4 构成分计数使能控制电路。当校分开关按下时，允许调分，不管秒计数是否为 59，分计数使能始终输出高电平 1，分计数器被强制使能，可以对 1Hz 的时钟脉冲直接计数。当校分开关没有按下时，为正常计时状态。当秒计数值为 59 时，分计数使能应输出高电平。因此，当秒十位为“0101”时，门 G_2 输出 1；当秒个位为“1001”时 RCO 为 1。门 G_3 输出高电平，G_4 也输出高电平，允许分计数器加 1。

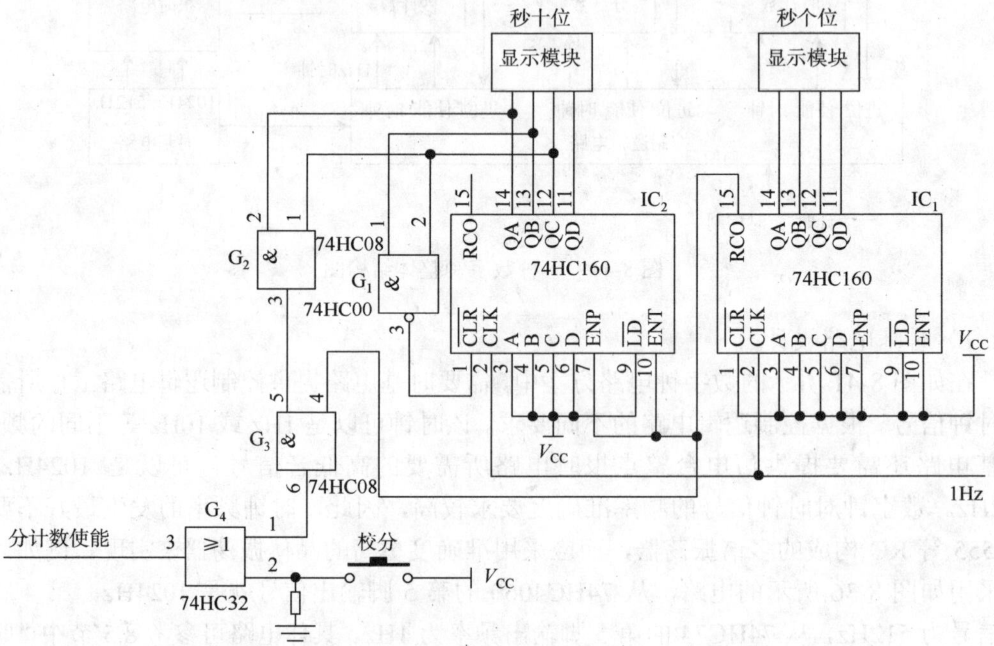

图 8-42　同步计数方案实现的秒计数和分计数使能控制

图 8-43 为分计数器和小时计数使能产生电路。电路中，IC_3、IC_4 和门 G_5 构成 60 进制 BCD 计数。门 G_6、G_7、G_8 构成小时计数使能控制电路。当校时开关按下时，允许调时，不管分和秒的计数是否为 59min59s，时计数使能被强制输出高电平，允许时计数器对 1Hz 的时钟脉冲直接计数。当分开关没有按下时，为正常计时状态，只有当分计数为 59，秒计数也为 59 时，小时计数器使能才应该输出高电平，允许时加 1。当分的十位为“0101”时，门 G_6 输出 1。需要注意的是，根据 74HC160 的数据手册可知，$RCO = QD \cdot QC \cdot QB \cdot QA \cdot ENT$，因此，当分的个位为“1001”且 ENT=1 时，IC_3 的 RCO 端才输出 1。而 ENT 端受分计数使能控制，正常计时状态下，只有当秒计数

的值为 59 时，分计数才使能，ENT 端口才会为高电平。因此，门 G_7 只有在 59min59s 时才为高电平，通过门 G_8 使小时计数器被使能，小时加 1。

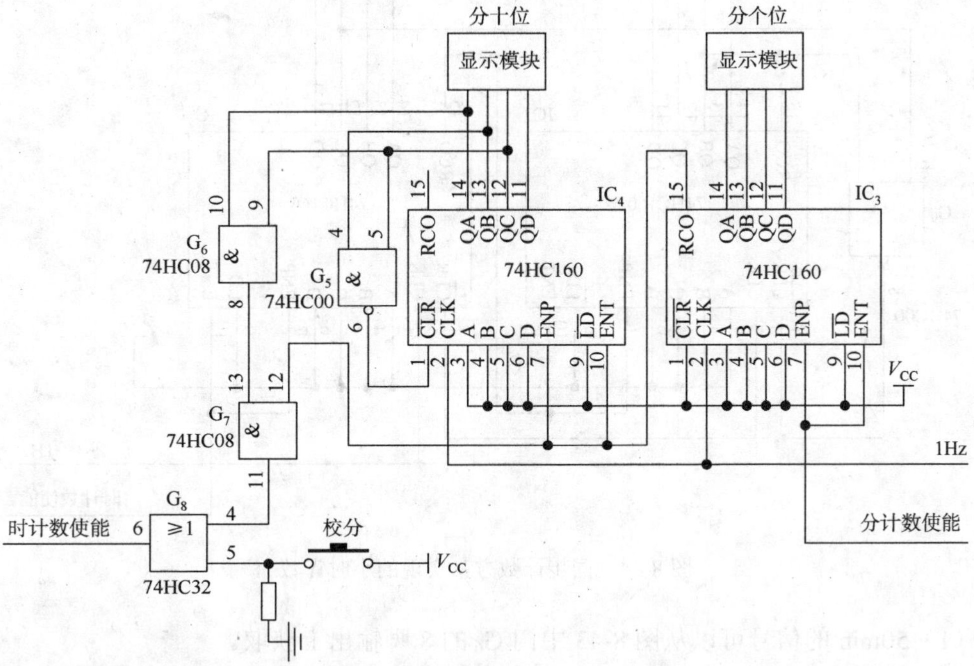

图 8-43　同步计数方案实现的分计数和时计数使能控制

图 8-44 为 24 进制小时计数器。IC_5 和 IC_6 先采用级联法构建了 100 进制计数器，再通过门 G_9，利用状态“0010 0100”（十进制数 24）获取反馈状态，采用整体异步清零，使状态回归“0000 0000”。

3）译码与显示电路设计

译码与显示电路是将“时”、“分”、“秒”用数码管显示出来的电路。一般选用 8421BCD 到 t 段码的译码器和 LED 七段显示器件实现。电路设计可参考 8.5 节图 8-35。

4）仿电台报时

当时计数器在每次计到整点前 10s 时，需要报时。时间为 59min51s、53s、55s、57s 时，产生 1s 的低频报时音。59min59s 时产生 1s 的高频报时音，报时音停止后进入整点。低频报时音可以取 512Hz，高频报时音可以取 1024Hz。

如果用 A_L 代表 512Hz 信号，用 A_H 代表 1024Hz 信号，则整点报时输出 Y 的表达式可以写为

$$Y=[59\text{min}\cdot(51\text{s}+53\text{s}+55\text{s}+57\text{s})]\cdot A_L+59\,\text{min}\cdot 59\text{s}\cdot A_H$$

或

$$Y=[59\text{min}\cdot 50\text{s}\cdot(1\text{s}+3\text{s}+5\text{s}+7\text{s})]\cdot A_L+59\,\text{min}\cdot 59\text{s}\cdot A_H$$

式中，“·”表示与运算；“+”表示或运算。表达式中各部分信号的获取分析如下。

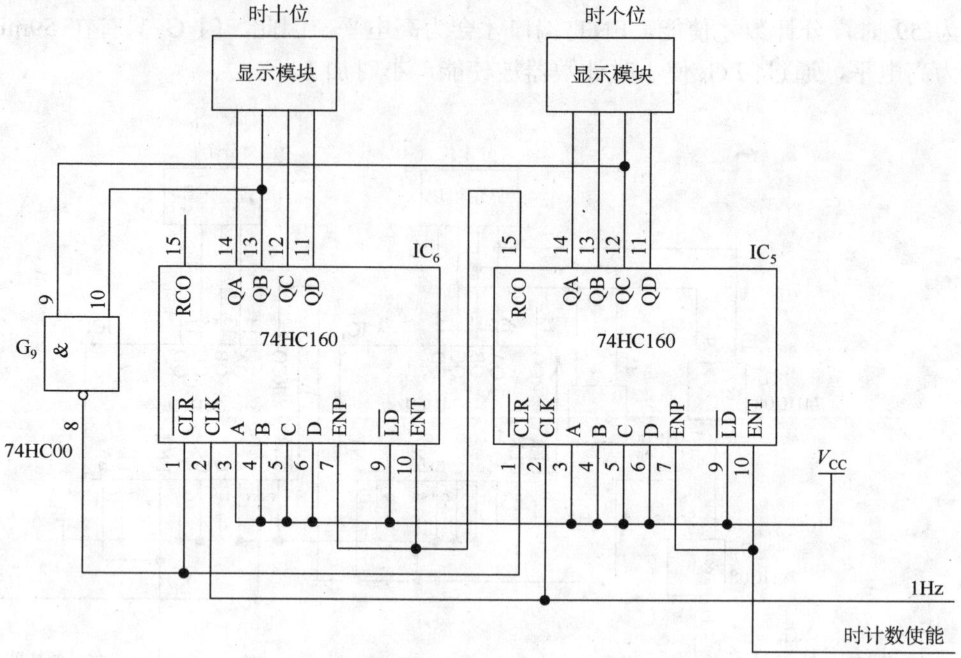

图 8-44　同步计数方案实现的小时计数

（1）50min 的信号可以从图 8-43 中门 G_6 的 8 脚输出上获取。

（2）由于 RCO = QD·QC·QB·QA·ENT，所以，9min 的信号不能直接从 RCO 上获取，可以在图 8-43 中的 IC_3 的输出端上出现“1001”（十进制 9）时通过一个二输入与门将 QD 和 QA 相与后获取。

（3）50s 的信号可以直接从图 8-42 中门 G_2 的输出端 3 脚上直接获取。

（4）因为秒个位计数器的 ENT 固定为 1，所以 9s 的信号可以直接从 IC_1 的 RCO 端上获取。

（5）1s、3s、5s、7s 的信号 Z 可以利用如图 8-45 所示的卡诺图化简，其中变量 D、C、B、A 分别代表秒个位数据输出端 QD、QC、QB、QA。化简后，可知 Z 可以利用一个反相器和一个二输入与门获得。

DC \ BA	00	01	11	10
00	0	1	1	0
01	0	1	1	0
11	0	0	0	0
10	0	0	0	0

$$Z = \overline{D}A$$

图 8-45　1s、3s、5s、7s 的信号获取

（6）时钟信号 A_H 和 A_L 可以从时基电路中直接获取。

基于以上分析，可以设计出如图 8-46 所示的组合逻辑电路实现仿电台整点报时。

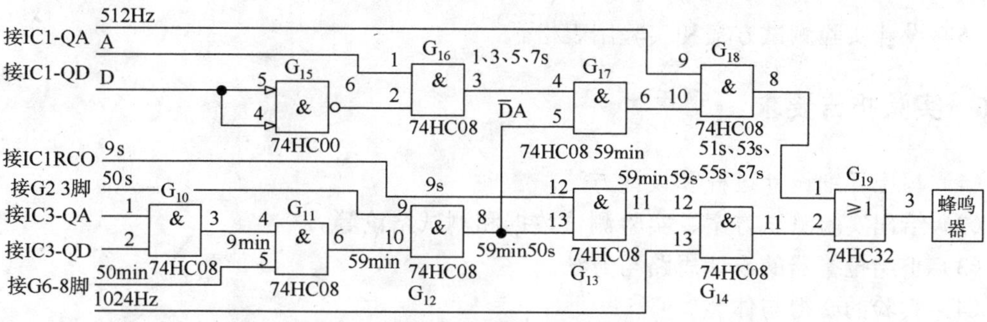

图 8-46　仿电台整点报时电路

8.6.3　实验内容和步骤

（1）设计一个仿电台报时数字钟，其功能要求如下。

基本功能要求如下。

①能够显示时、分、秒。

②采用数码管十进制数显示时间。

③能够校正时间。

扩展功能如下。

①能仿电台整点报时，其中 59min51s、53s、55s、57s 低音鸣报 1s，59min59s 高音鸣叫 1s。

②提高计时准确度。

③其他自由扩展功能，如 12-24 进制切换、时间设置闪烁显示、闹钟设置等。

（2）根据要求设计方案，画出各模块详细电路图，包括振荡器（分频器）电路、计时校时电路、译码器显示电路等。

（3）可以利用 Multisim、Proteus 等电路仿真软件对设计进行仿真、分析与验证。

（4）搭建硬件测试环境，完成设计的硬件测试。

（5）分析测试结果，测验是否满足设计要求，如果不满足则修改设计。

8.6.4　实验器材

（1）KHD-2 型实验台。

（2）各型常用 74 系列数字集成块若干。

（3）万用表。

8.6.5　预习要求

（1）学习并掌握数字钟设计的基本思路与原理。

（2）复习 N 进制计数器、译码显示电路和多谐振荡器的工作原理和设计方法。

（3）熟悉所用器件的功能和外部引线排列等。

（4）完成各模块实验电路的软件仿真测试。

（5）设计实验测试方案和实验用表格。

8.6.6 实验报告要求

（1）写出详细设计过程和设计方法。
（2）给出实验测试方案、实验测试数据和测试结论等。
（3）小结抢答器的设计思路与方法。
（4）实验的心得与体会。

8.6.7 实验注意事项

（1）实验连线的过程中，注意按照一定的步骤和顺序接线，避免多接和漏接的情况。
（2）未用的输入引脚最好给其提供一个高电平信号。
（3）实验结束或者改接线路时，应先断开电源，再修改连线，以保护芯片。

第 9 章　信号与系统综合设计性实验

9.1　MATLAB 在信号分析仿真中的应用（一）——MATLAB 简介

9.1.1　实验目的

由于 MATLAB 是后续课程，所以本实验要求学生全部掌握是比较困难的。开设该实验让学生明白计算机仿真在电子课程教学和实践中的重要性，同时验证在课堂中所学习的有关知识。尽量简单明了，培养和提高学生的专业兴趣。

9.1.2　实验环境

计算机 MATLAB 软件 6.0 版本以上。

9.1.3　实验方法

学生上机验证和练习，逐渐熟悉 MATLAB 的工作环境和简单操作指令。

9.1.4　实验内容

（1）MATLAB 语言的特点是一个高精度的科学计算语言，具有强大的矩阵运算能力。它可将计算、可视化和编程结合在一个容易使用的环境中。

（2）MATLAB 窗口。

① 命令窗口 Command Window。用户可以在命令窗口中输入变量、运行函数和 M 文件。

②命令历史记录窗口 Command History。用户在命令窗口中输入语句行都会记录到命令历史记录窗口中，在该窗口中，用户可以查看先前使用的函数，并且复制和执行所选择的语句行。

③Help 浏览器。利用它可以搜索和查看所有 Math Works 组件的帮助文档。可以单击工具栏上的“？”按钮，或者在命令窗口中输入“helpBrowser”命令之后按回车键，打开 help 窗口。

④当前目录 Current Directory。利用它搜索、查看、打开和改变 MATLAB 相关的目录和文件。

⑤工作空间 Workspace。它由一组在 MATLAB 会话期间创建的变量和存储在内存中的变量组成。

常用的窗口命令如下。

①clc。清除命令窗口。

②clear。清除内存变量命令。

③who。显示内存变量。

④whos。详细显示内存变量信息。

1）变量

（1）变量的命名规则。变量名区分大小写，必须以字母开头，可以由字母、数字、下划线组成，但不能使用标点。

（2）一些特殊的变量。

pi：圆周率	eps：浮点运算的相对精度（计算机的最小数）
inf：无穷大	NaN：表示不定值
i、j：虚数单位	realmax：最大正实数

（3）常用的数学函数有 abs、sin、cos、tan、sqrt、exp、imag、real、log。

2）矩阵

（1）矩阵的输入。

①直接赋值法。在命令窗口中分别输入 a=[1，2；3，4]，b=[4，5；6，7]后回车，即可生成两个矩阵。矩阵的元素排列在方括号内，行与行之间用分号隔开，每行内的元素用空格或逗号隔开。

②增量赋值法。标准格式为 s=初值：增量：终值，其中“：”为分隔识别符。若格式中的增量项省略，则默认增量值为 1。

（2）子矩阵的产生。

子矩阵是从对应矩阵中取出一部分元素构成的，可以分别用单下标和双下标两种方法来产生子矩阵。在命令窗口中输入下面两条命令并观察结果。

>>a（1，2）

>>a（3）

（3）四则运算与幂运算。

“+”、“–”、“*”、“/”（右除）、“\”（左除）、“^”、“.*”、“./”、“.\”、“.^”

在命令窗口中分别输入如下语句，观察结果。

>>a+b

>>a–b

>>a*b

>>a.*b

>>a/b

>>a./b

（4）一些常用的特殊矩阵。

单位矩阵：eye（m，n）；eye（m）。

全零矩阵：zeros（m，n）；zeros（m）。

全 1 矩阵：ones（m，n）；ones（m）。

对角矩阵：diag（m，n）；diag（m）。

随机矩阵：rand（m，n）；rand（m）。

（5）运用矩阵运算解方程组。

已知$\begin{cases} x+y+z=1 \\ 2x+2y+3z=2 \\ 3x+4y+5z=3 \end{cases}$，求$\begin{bmatrix} x \\ y \\ z \end{bmatrix}$。

3）MATLAB 的二维绘图功能

（1）plot 函数，其基本调用格式为

plot（x，y）；plot（x，y，'s'）

式中，x、y 给出的数据分别为 x、y 轴坐标值，s 为选项字符串，用于设置曲线颜色、线型和数据点等。

例 9-1　绘制 0～4π 的正弦函数曲线。

解　T=0：pi/20：4*pi;

y = sin（t）;

plot（t，y）;

根据上述知识绘制取样函数的曲线。结果如图 9-1 所示。

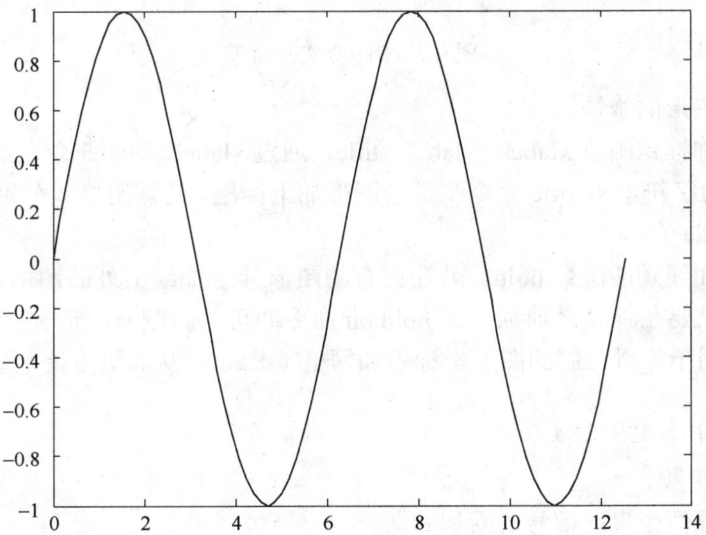

图 9-1　例 9-1 实验结果

（2）stem 函数。对于离散序列，MATLAB 用 stem（）命令实现其绘制。其基本调用格式与 plot 函数一样。

例 9-2　绘制 0～4π 的正弦函数序列。

解　t=0：pi/10：4*pi;

y=sin（t）;

stem（t，y）;

运行结果如图 9-2 所示。

（3）subplot 函数。在一个绘图窗口中显示多个图形，可用 subplot 函数实现。其基本调用格式为 subplot（m，n，k）。该函数表示将绘图窗口划分为 m×n 个子窗口（子图），并在第 k 个子窗口中绘图。

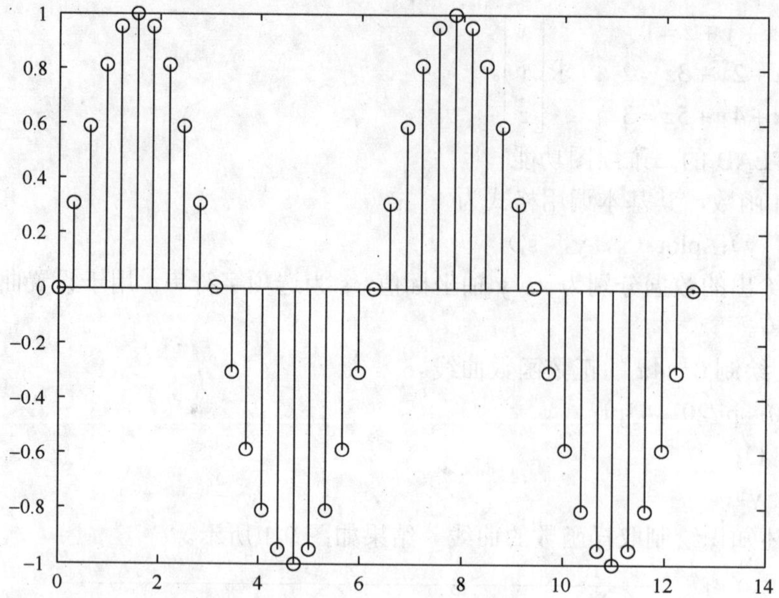

图 9-2　例 9-2 实验结果

（4）二维图形的修饰。

坐标轴名称标识函数 xlabel、ylabel、title，通过 xlabel、ylabel 命令给 X 轴、Y 轴加上名称，标注为字符串 s，title 命令则是给图形加上标题。其调用格式分别为 xlabel（′s′），ylabel（′s′），title（′s′）。

重叠绘制曲线功能函数 hold。若在已有的图形 *A* 上加绘另外的图形 *B*，而不擦除原有的图形 *A*，只要在画 *B* 之前加一条 hold on 命令即可，否则原图形 *A* 会被 *B* 所覆盖。

grid 函数用于为所绘制的图形坐标添加网格（虚线），从而更方便地确定图中各点的指标位置。

4）一些常用的操作函数

（1）conv 函数。

①用于计算两个离散信号的卷积和。

例 9-3　已知两个有限长序列 *a* 和 *b*，求它们的卷积和并画出图形。

解　a=[1，2，3]；n1=–1；

b=[2，3，4，5]；n2=0；

c=conv（a，b）；

n=n1+n2；

n=–1：1；

subplot（3，1，1），stem（n，a，'r'），grid；

n=0：3；

subplot（3，1，2），stem（n，b，'r'），grid；

n=–1：4；

subplot（3，1，3），stem（n，c，'r'），grid；

运行结果如图 9-3 所示。

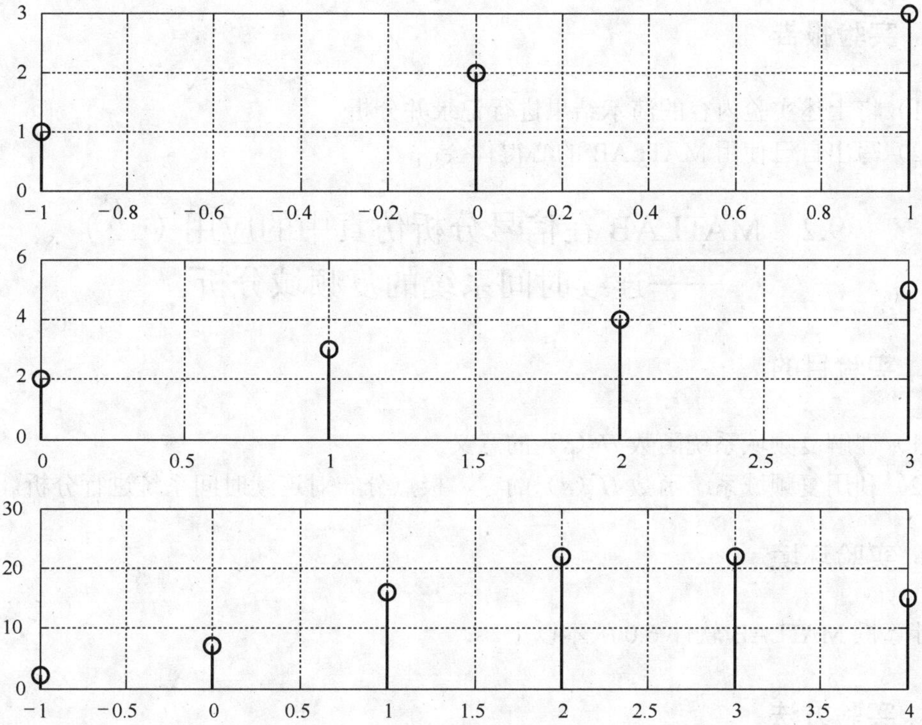

图 9-3　例 9-3 运行结果

②conv 函数还可计算多项式的乘积。

例 9-4　求多项式 $(x^2+3x+4)\times(x+5)$。

解　a=[1，3，4]；

b=[1，5]；

c=conv（a，b）；

（2）roots 函数。用于多项式求根。

例 9-5　求多项式 $f(x)=x^2+7x+12$ 的根。

解　a=[1，7，12]；

roots（a）；

（3）residue 函数。用于对由分母多项式和分子多项式构成的形如下式的传递函数进行部分分式展开。其调用格式为[r，p，k]=residue（b，a）。

$$\frac{b(s)}{a(s)}=\frac{r_1}{s-p_1}+\frac{r_2}{s-p_2}+\dots+\frac{r_n}{s-p_n}+k(s)$$

例 9-6　求表达式 $f(s)=\dfrac{5s^3+3s^2-2s+7}{-4s^3+8s+3}$ 的部分分式展开式。

解　b=[5，3，−2，7]；

a=[−4，0，8，3]；

[r，p，k]=residue（b，a）；

9.1.5 实验报告

（1）将上述实验内容的演示结果进行记录并分析。
（2）写出自己使用 MATLAB 的心得体会。

9.2 MATLAB 在信号分析仿真中的应用（二）——连续时间系统的复频域分析

9.2.1 实验目的

（1）理解复频域系统函数 $H(s)$ 的意义。
（2）利用复频域系统函数 $H(s)$ 的零、极点分布对连续时间系统进行分析。

9.2.2 实验环境

计算机 MATLAB 软件 6.0 版本以上。

9.2.3 实验方法

学生上机验证和练习。

9.2.4 实验原理

1）系统函数与频率响应函数

系统函数只与描述系统的微分方程系数有关，即只与系统的结构、元件参数有关，而与外界因素（激励、初始状态等）无关。系统函数为复频域中的函数，因此，也存在相频特性和幅频特性。而在系统分析时，经常采用的是系统的频率响应 $H(j\omega)$。系统函数与频率响应之间存在一定的关系。

如果利用 MATLAB 来求解系统的频率响应特性曲线，可以用 impulse 函数求出系统的冲激响应，再利用 freqs 函数直接计算系统的频率响应。它们的调用形式分别为 sys=tf（b，a）和 y=impulse（sys，t）。其中，tf 函数中的 b 和 a 参数分别为 LTI 系统微分方程右端和左端各项系数向量，分别对应着系统函数的分子和分母多项式的系数；impulse 函数直接求解系统冲激响应。freqs 函数直接计算系统的频率响应，其调用形式为 H=freqs（b，a，w）。其中，b 为频率响应函数分子多项式系数向量，a 为分母多项式系数向量，它们也分别对应系统函数相应的系数向量；w 为需要计算的频率抽样点向量。值得注意的是，这种方法的前提条件是系统函数的极点全部在复平面的左半开平面，因此，必须先对系统函数的零极点进行分析和判断，只有满足了条件才可以如此求解。

2）系统函数的零极点与系统的稳定性

系统函数 H（s）通常是一个有理分式，其分子和分母均为多项式。分母多项式的根对应着其极点，而分子多项式的根则对应着其零点。若连续系统的系统函数的零极点已知，系统函数便可确定下来，即系统函数的零、极点分布完全决定了系统的特性。

根据系统函数的零极点分布来分析连续系统的稳定性是零极点分析的重要应用之一。在复频域中，连续系统稳定性的充要条件是系统函数的所有极点均位于复平面的左半平面内。因此，只要考察系统函数的极点分布，就可判断系统的稳定性。

在 MATLAB 中，求解系统函数的零极点实际上是求解多项式的根，可调用 roots 函数求出。求出零极点后，可以直接画出零极点分布图，也可以调用 pzmap（sys）函数来画出由 sys 所描述的系统的零极点分布图。

例 9-7　已知系统函数为 $H(s)=\dfrac{s-1}{s^2+2s+2}$，画出该系统的零极点分布图。

解　仿真程序如下。

```
num=[1-1]；den=[1 2 2]；
zs=roots（num）；ps=roots（den）；% 方法 1
figure（1）；
plot（real（zs），imag（zs），'o'，real（ps），imag（ps），'kx'，'markersize'，12）；
axis（[−2 2−2 2]）；grid on；
sys=tf（num，den）；% 方法 2
figure（2）；
pzmap（sys）；
```

仿真结果如图 9-4 所示。

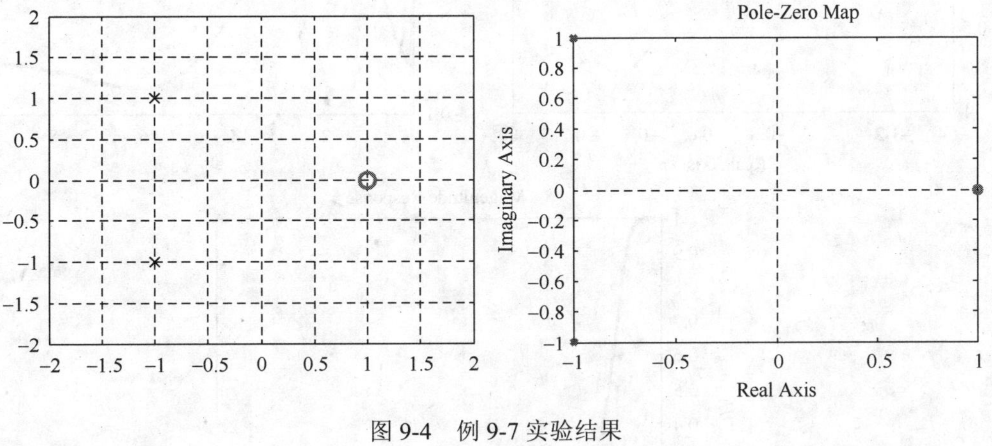

图 9-4　例 9-7 实验结果

从运行结果可以看出，两种方法画出的零极点图是一致的。

例 9-8　已知系统函数为 $H(s)=\dfrac{1}{s^3+2s^2+2s+1}$，利用 MATLAB 画出该系统的零极点分布图，分析系统的稳定性，并求出该系统的单位冲激响应和幅频响应。

解　num=[1]；den=[1 2 2 1]；

```
sys=tf（num，den）;
poles=roots（den）;
figure（1）;
pzmap（sys）;
t=0：0.02：10;
h=impulse（num，den，t）;
figure（2）; plot（t，h）;
xlabel（'t（s）'）; ylabel（'h（t）'）; title（'Impulse Response'）;
[H，w]=freqs（num，den）;
figure（3）;
plot（w，abs（H））;
xlabel（'\omega（rad/s）'）; ylabel（'|H（j\omega）|'）; title（'Magenitude Response'）;
```

运行结果为

poles =−1.0000−0.5000+0.8660i−0.5000−0.8660i

结果表明该系统函数的极点都位于 s 平面的左半平面，因此该系统是稳定的。其极点分布图、单位冲激响应和幅频响应分别如图 9-5 所示。

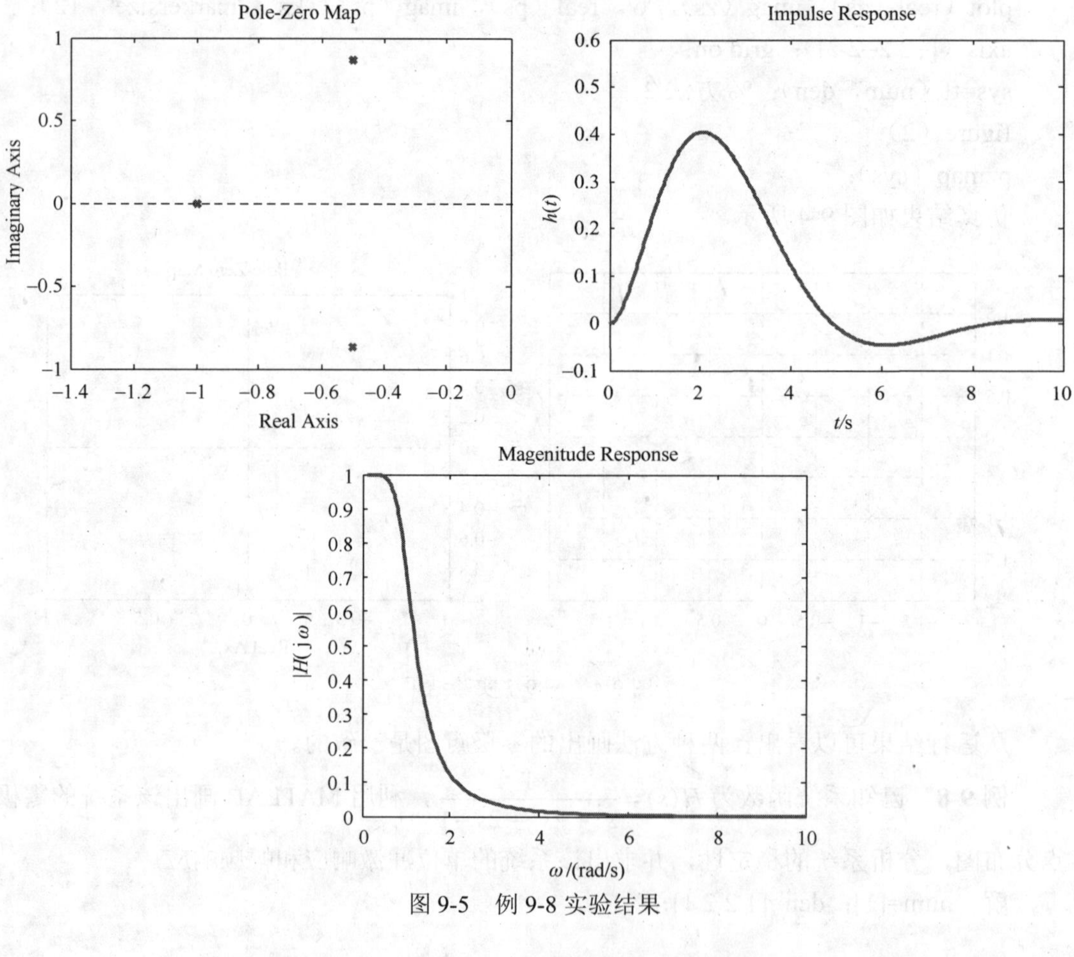

图 9-5　例 9-8 实验结果

9.2.5　实验内容

（1）已知连续系统的系统函数 $H(s)=\dfrac{s^2-4}{s^4+2s^3-3s^2+2s+1}$，试用 MATLAB 画出系统的零极点图，并分析系统的稳定性。

（2）已知系统的系统函数为 $H(s)=\dfrac{s+4}{s(s^2+3s+2)}$，求出系统的冲激响应 $h(t)$ 和系统的幅频响应 $|H(\mathrm{j}\omega)|$。

（3）已知一个自动控制系统采用负反馈技术，前向通道和反馈通道如图 9-6 所示，其中 $H(s)=\dfrac{h_{\mathrm{n}}(s)}{h_{\mathrm{d}}(s)}=\dfrac{1}{s+2}$ ，$G(s)=\dfrac{G_{\mathrm{n}}(s)}{G_{\mathrm{d}}(s)}=\dfrac{s+3}{s^2+2s+3}$。阅读并执行下面的程序，理解每一条语句的作用。

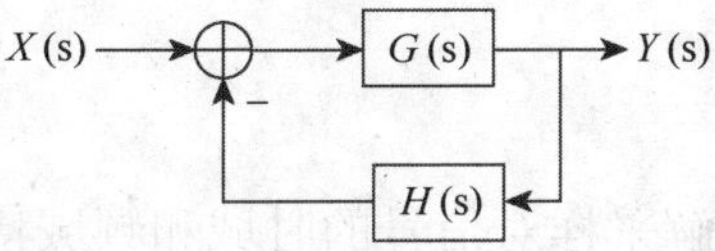

图 9-6　实验内容图

```
hn=[1]；mhn=1；hd=[1，2]；mhd=2；
gn=[1，3]；mgn=2；gd=[1，2，3]；mgd=3；
num=conv（gn，hd）
d1=conv（hd，gd）；md1=mhd+mgd̃1；
d2=conv（hn，gn）；md2=mhn+mgñ1；
if md2>=md1
      d1=[zeros（1，md2̃md1），d1]；
else d2=[zeros（1，md1̃md2），d2]
end
den=d1+d2
bode（num，den），grid
r=roots（den）
k=0
for i=1：3
if real（r（i））<0
         k=k；
else k=k+1
end
end
```

```
if k>0
disp'System is unstable'
else disp 'System is stable'
end
```

9.2.6　实验报告

（1）理解实验原理中给出的例程并进行验证。
（2）整理并给出实验内容的程序代码与产生的图形。
（3）写出自己对本实验的心得体会。

9.3　MATLAB 在信号分析仿真中的应用（三）——连续信号的采样与恢复

9.3.1　实验目的

（1）通过软件仿真加深理解采样对信号的时域和频域特性的影响。
（2）加深对采样定理的理解和掌握。
（3）掌握连续信号在时域的采样与恢复的方法。

9.3.2　实验环境

计算机 MATLAB 软件 6.0 版本以上。

9.3.3　实验方法

学生上机验证和练习。

9.3.4　实验原理

1）信号的采样

信号的采样原理图如图 9-7 所示，其数学模型为

$$f_s(t)=f(t)\times\delta_{Ts}(t)=\sum_{n=-\infty}^{\infty}f(nT_s)\delta(t-nT_s)$$

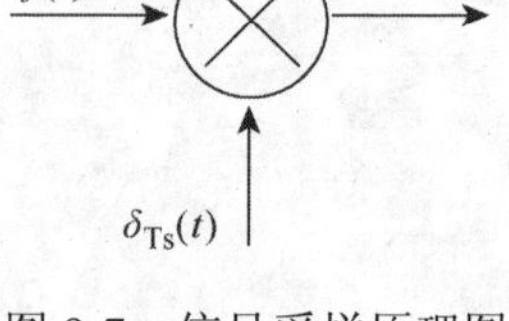

图 9-7　信号采样原理图

式中，$f(t)$ 为原始信号；$\delta_{Ts}(t)$ 为冲激采样信号 $\delta_{Ts}(t)=\sum_{n=-\infty}^{\infty}\delta$ ；$f_s(t)$ 是采样后得到的信号称为采样信号。由此可见，采样信号在时域表示为无穷多冲激函数的线性组合，其权值为原始信号在

采样时刻对应的值。

令原始信号 $f(t)$ 的傅里叶变换为 $F(e^{j\omega})$=FT[$f(t)$]，则采样信号 $f_s(t)$ 的傅里叶变换 $F_s(e^{j\omega})$=FT[$f_s(t)$]=$\frac{1}{T_s}\sum_{n=-\infty}^{\infty}F[j(\omega-\omega_s)]$。由此可见，采样信号 $f_s(t)$ 的频谱就是将原始信号 $f(t)$ 的频谱在频率轴上以 ω_s 为周期进行周期延拓后的结果（幅度为原频谱的 $1/T_s$）。如果原始信号为有限带宽的信号，则有如果取样频率 $\omega_s \geqslant 2w_m$ 时，频谱不发生混叠；否则会出现频谱混叠。

2）信号的重构

设信号 $f(t)$ 被采样后形成的采样信号为 $f_s(t)$。信号的重构是指由 $f_s(t)$ 经过内插处理后，恢复出原信号 $f(t)$ 的过程，因此，又称为信号恢复。

由前面的介绍可知，在采样频率 $\omega_s \geqslant 2\omega_m$ 的条件下，采样信号的频谱 $F_s(e^{j\omega})$ 是以 ω_s 为周期进行延拓。选择一个理想低通滤波器，使其频率特性 $H(j\omega)$ 满足：

$$H(j\omega)=\begin{cases}T_s, & |\omega|<\omega_c\\ 0, & |\omega|>\omega_c\end{cases}$$

式中，ω_c 称为滤波器的截止频率，满足 $\omega_m \leqslant \omega_c \leqslant \omega_s/2$。将采样信号通过理想低通滤波器，输出信号的频谱将与原信号的频谱相同。由于信号的时域表示与频率表示是一一对应的，经过理想滤波器还原得到的信号即为原信号本身。信号重构的原理如图 9-8 所示。

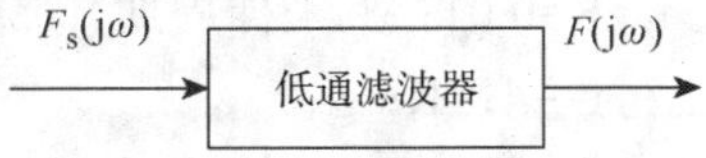

图 9-8　信号重构原理图

通过以上分析，得到如下的时域采样定理：一个带宽为 ω_m 的带限信号 $f(t)$，可唯一地由它的均匀取样信号 $f_s(nT_s)$ 确定，其中，取样间隔 $T_s<\pi/\omega_m$，该取样间隔又称为奈奎斯特（Nyquist）间隔。

根据时域卷积定理，求出信号重构的数学表达式为

$$\begin{aligned}f(t)&=\mathrm{IFT}[F_s(j\omega)]*\mathrm{IFT}[H(j\omega)]\\&=f_s(t)*T_s\frac{\omega_c}{\pi}\mathrm{Sa}(\omega_c t)\\&=\frac{T_s\omega_c}{\pi}\sum_{n=-\infty}^{\infty}f(nT_s)\mathrm{Sa}[\omega_c(t-nT_s)]\end{aligned}$$

式中，抽样函数 Sa（$\omega_c t$）起内插函数的作用。利用 MATLAB 中的抽样函数 Sinc（t）=sin（πt）/（πt）来表示 Sa（t），有 Sa（t）=Sinc（t/π）。于是，信号重构的内插公式也可表示为

$$f(t)=\frac{T_s\omega_c}{\pi}\sum_{n=-\infty}^{\infty}f(nT_s)\mathrm{Sinc}[\frac{\omega_c}{\pi}(t-nT_s)]$$

3）模拟低通滤波器的设计

在任何滤波器的设计中，第一步是确定滤波器阶数 N 和适当的截止频率 Ω_c。对于巴特沃斯滤波器，可使用 MATLAB 命令 buttord 来确定这些参数，设计滤波器的函数为 butter。其调用具体形式为

```
[N，wn]=buttord（wp，ws，rp，rs，'s'）
[b，a]=butter[N，wn，'s']
```

式中，w_p、w_s、r_p 和 r_s 分别为滤波器的通带截止频率、阻带截止频率、通带最大衰减和阻带最小衰减；'s'表示设计滤波器的类型为模拟滤波器；N 和 w_n 为设计得到的滤波器的阶数和 3dB 截止频率；b 和 a 为滤波器系统函数的分子和分母多项式的系数相量。假定系统函数的有理分式表示为

$$H(s)=\frac{B(s)}{A(s)}=\frac{b(1)s^n+b(2)s^{n-1}+\cdots+b(n+1)}{s^n+a(2)s^{n-1}+\cdots+a(n+1)}$$

4）程序示例

例 9-9 选取门信号 $f(t)=g_2(t)$ 为被采样信号。利用 MATLAB 实现对信号 $f(t)$ 的采样，显示原信号与采样信号的时域和频域波形。

解 一般定义 $f_m=1/\tau$ 为门信号的截止频率。其中，τ 为门信号在时域的宽度。在本例中，选取 $f_m=0.5$，临界采样频率为 $f_s=1$，过采样频率为 $f_s>1$（为了保证精度，可以将其值提高到该值的 50 倍），欠采样频率为 $f_s<1$。

显示原信号及其傅里叶变换示例如下。

```
R=0.01；%采样周期
t=–4：R：4；
f=rectpuls（t，2）
w1=2*pi*10；
N=1000；
k=0：N；
wk=k*w1/N；
F=f*exp（–j*t'*wk）*R；% 利用数值计算连续信号的傅里叶变换
F=abs（F）；
wk=[–fliplr（wk），wk（2：1001）]；
F=[fliplr（F），F（2：1001）]；
figure；
subplot（2，1，1）；plot（t，f）；
xlabel（'t'）；ylabel（'f（t）'）；
title（'f（t）=u（t+1）–u（t–1）'）；
subplot（2，1，2）；plot（wk，F）；
xlabel（'w'）；ylabel（'F（jw）'）；
title（'f（t）的傅里叶变换'）；
```

程序运行后的结果如图 9-9 所示。

显示采样信号及其傅里叶变换示例如下。

```
R=0.25；% 可视为过采样
```

```
t=–4：R：4；
f=rectpuls（t，2）；
w1=2*pi*10；
N=1000；
k=0：N；
wk=k*w1/N；
F=f*exp（–j*t'*wk）；% 利用数值计算采样信号的傅里叶变换
F=abs（F）；
wk=[–fliplr（wk），wk（2：1001）]；
F=[fliplr（F），F（2：1001）]；
figure；
subplot（2，1，1）
stem（t/R，f）；
xlabel（'n'）；ylabel（'f（n）'）；
title（'f（n）'）；
subplot（2，1，2）
plot（wk，F）；
xlabel（'w'）；ylabel（'F（jw）'）；
title（'f（n）的傅里叶变换'）；
```

程序运行后的结果如图 9-10 所示。

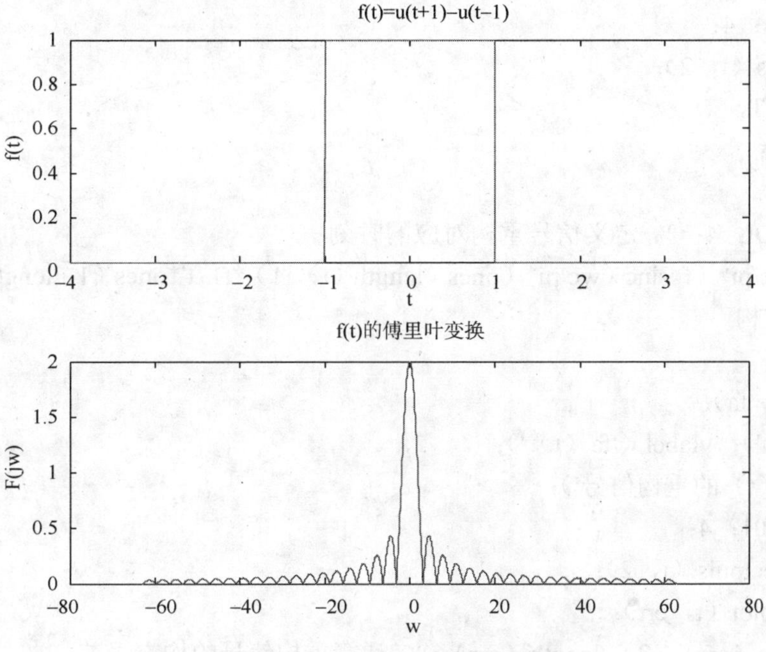

图 9-9　原信号及其傅里叶变换

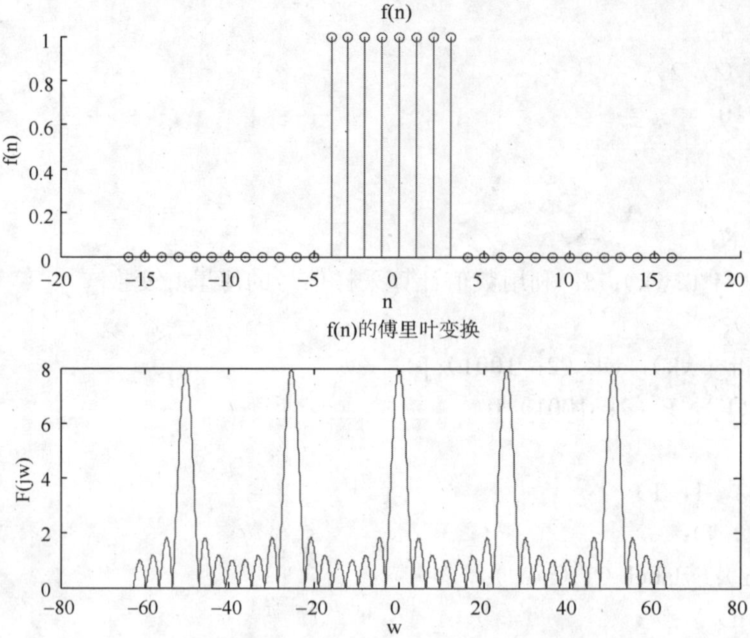

图 9-10　采样信号及其傅里叶变换

例 9-10　利用 MATLAB 编程实现对例 9-9 中采样信号的重构，并显示重构信号的波形。

解　采样信号的重构及其波形显示示例程序如下。

```
Ts=0.25；% 采样周期
t=–4：Ts：4；
f=rectpuls（t，2）；
ws=2*pi/Ts；
wc=ws/2；
Dt=0.01；
t1=–4：Dt：4；% 定义信号重构对应的时刻
fa=Ts*wc/pi*（f*sinc（wc/pi*（ones（length（t），1）*t1–t'*ones（1，length（t1）））））；
%信号重构
figure
plot（t1，fa）；
xlabel（'t'）；ylabel（'fa（t）'）；
title（'f（t）的重构信号'）；
t=–4：0.01：4；
err=fa–rectpuls（t，2）；
figure；plot（t，err）；
sum（abs（err）.^2）/length（err）；% 计算重构信号的均方误差
```

程序运行后的结果如图 9-11 所示。

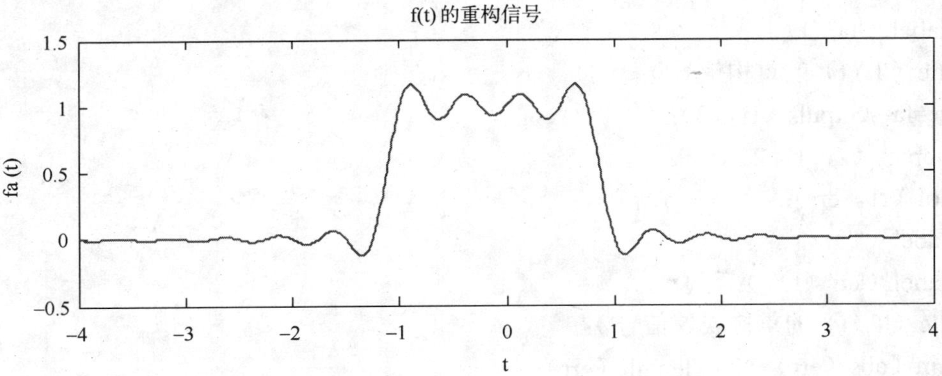

图 9-11　$f(t)$ 的重构信号

例 9-11　通过频率滤波的方法，利用 MATLAB 编程实现对例 9-9 中采样信号的重构，并显示重构信号的波形。

解　采用频率滤波的方法实现对采样信号的重构的原程序如下。

```
Ts=0.25；
t=–4：Ts：4；
f=rectpuls（t，2）；
w1=2*pi*10；
N=1000；
k=0：N；
wk=k*w1/N；
F=f*exp（–j*t'*wk）；
wk=[–fliplr（wk），wk（2：1001）]；
F=[fliplr（F），F（2：1001）]；
Tw=w1/N；
w=–2*pi*10：Tw：2*pi*10；
H=Ts*rectpuls（w，2.*pi/Ts）；
%下面两行为可修改程序
%[b，a]=butter（M，Wc，'s'）；
%H=Ts*freqs（b，a，w）；
Fa=F.*H；%采样信号通过滤波器后的频谱
Dt=0.01；
t1=–4：Dt：4；
fa=Tw/（2*pi）*（Fa*exp（j*wk'*t1））；
figure
subplot（2，1，1）
plot（t1，fa）；
xlabel（'t'）；
```

```
ylabel ('fa (t) ');
title ('f (t) 的重构信号');
err=fa-rectpuls (t1, 2);
subplot (2, 1, 2)
plot (t1, err);
xlabel ('t');
ylabel ('err (t) ');
title ('f (t) 的重构误差信号');
sum (abs (err) .^2) /length (err)
```

程序运行后的结果如图 9-12 所示。

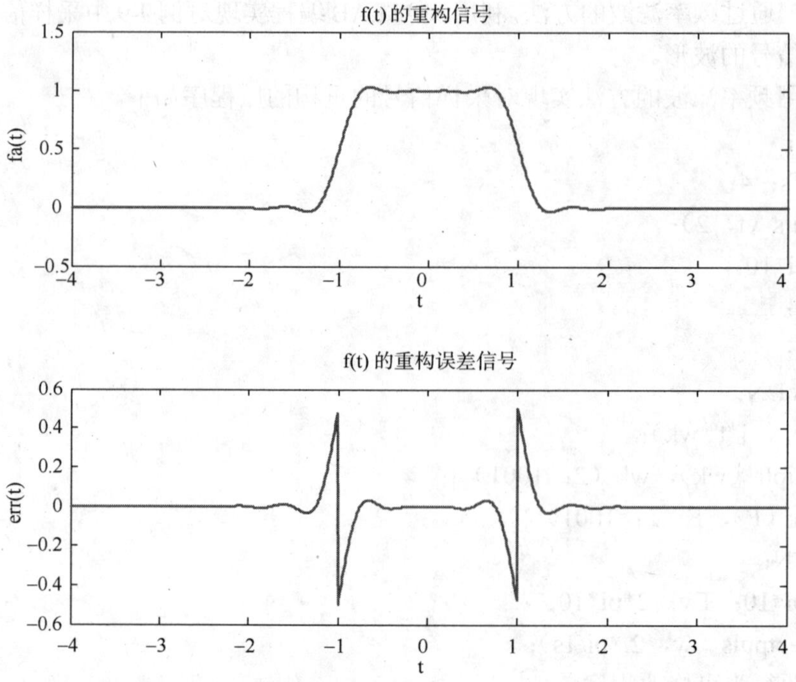

图 9-12　用频率滤波法实现对采样信号的重构

9.3.5　实验内容

（1）修改例题中的门信号宽度和采样周期等参数，重新运行程序，观察得到的采样信号的时域和频域特性，以及重构信号与误差信号的变化。

（2）将原始信号分别修改为抽样函数 Sa（t）、指数信号 $e^{-2t}u(t)$ 时，观察在不同采样频率下，对应采样信号的时域和频域特性，以及重构信号的变化。

（3）利用频域滤波的方法（将采样信号通过一个巴特沃斯低通滤波器），修改例题中的部分程序，完成对采样信号的重构。

9.3.6　实验报告

（1）整理并给出实验内容（1）～（3）中的程序代码与产生的图形，并回答下面的问题。

①根据实验内容（1），说明信号在时域宽度的变化对其频率特性的影响，总结信号在时域的宽度与在频域的宽度的关系。

②根据实验内容（2）和（3），运用采样定理的知识，说明采样周期的变化对重构信号质量的影响。

（2）写出自己对本实验的心得体会。

参考文献

Chapman S J. 2003. MATLAB 编程. 2 版. 北京：科学出版社.

蔡明生. 2004. 电子设计. 北京：高等教育出版社.

金波. 2008. 信号与系统实验教程. 武汉：华中科技大学出版社.

杜志勇，王鲜芳. 2005. 电子测量. 北京：人民邮电出版社.

康华光. 2006a. 电子技术基础（模拟部分）. 5 版. 北京：高等教育出版社.

康华光. 2006b. 电子技术基础（数字部分）. 5 版. 北京：高等教育出版社.

李瀚荪. 2006. 电路分析基础. 4 版. 北京：高等教育出版社.

刘丽君，王晓燕. 2008. 电子技术基础实验教程. 南京：东南大学出版社.

罗珣. 电路·信号与系统实验指导书. 广州：华南理工大学出版社.

孟凤果. 2012. 电子测量技术. 北京：机械工业出版社.

闵大镒，朱学勇. 2000. 信号与系统分析. 成都：电子科技大学出版社.

任亚莉. 信号与系统实验教程. 兰州：甘肃科技出版社.

容太平. 2009. 信号与系统实验指导. 武汉：华中科技大学出版社.

唐介. 2012. 电工学（少学时）. 3 版. 北京：高等教育出版社.

王斌. 2007. 模拟电子技术实验与课程设计. 西安：西北工业大学出版社.

王宏宝. 2005. 电子测量. 北京：科学出版社.

伍爱莲，万家佑，朱光波，等. 2006. 电路与电子技术实验教程. 武汉：华中科技大学出版社.

谢自美. 2000. 电子线路设计·实验·测试. 2 版. 武汉：华中科技大学出版社.

阎石. 2004. 数字电子技术基础. 4 版. 北京：高等教育出版社.

郁汉琪. 2007. 数字电路实验及课程设计指导书. 北京：中国电力出版社.

张德丰. 2009. MATLAB 在电子信息工程中的应用. 北京：电子工业出版社.

张德丰. 2010. MATLAB 通信工程仿真. 北京：机械工业出版社.

张学庄，廖翊希. 1993. 电阻测量与仪器. 长沙：湖南科学技术出版社.

郑阿奇. 2004. MATLAB 实用教程. 北京：电子工业出版社.

钟洪声. 2012. 电子电路设计技术基础. 成都：电子科技大学出版社.

卓郑安. 2009. 电路与电子技术实验教程. 2 版. 上海：上海科学技术出版社.

附录　KHD-2 型数字电路实验台使用方法

KHD-2 型数字电路实验台是一种开放型的实验台，其具有通用性强、适用范围广、容量大、操作方便等特点。其实验板配置情况如下。

（1）电源开关（开关）。左下角有一个电源开关和一只熔断器（1A），用做短路保护。

（2）直流稳压电源。实验板上有四路直流稳压电源，即+5V、–5V 和两路 0～18V 可调直流稳压电源。

（3）脉冲信号源。实验板上脉冲信号源有三种。

①两路单次脉冲源。每按一次单次脉冲按键，在其输出口分别输出一个正、负单次脉冲信号。②频率为 1Hz、1kHz、20kHz 附近连续可调的脉冲信号源。信号源输出频率由“频率范围”波段开关的位置（1Hz、1kHz、20kHz）决定，并通过“频率调节”多圈电位器对输出频率进行细调，有 LED 指示有否脉冲信号输出。③频率连续可调的计数脉冲信号源。本脉冲源能在很宽的范围内（5～2×10^5Hz）调节输出频率，可用做低频计数脉冲源；在中间一段较宽的频率范围，则可用做连续可调的方波激励源。

（4）五功能逻辑笔。这是一支新型的逻辑笔，它是用可编逻辑器件设计而成，具有显示五种逻辑功能的特点。只要开启+5V 电源开关，用锁紧线从“信号输入”口接出，紧锁线的另一端可视为逻辑笔的笔尖。当笔尖点在某个测试点时，面板上的四个指示灯即可显示出该点的逻辑状态：高电平（“高”）、低电平（“低”）、中间电平（“中”）或高阻状态（“高阻”）；若该点有脉冲输入，则四个指示灯将同时点亮。

（5）十六位逻辑电平输出。提供 16 只小型单刀双掷开关与之对应的开关电平输出插口，并有 LED 予以显示。当开关向上拨（拨向“高”）时与之相对应的输出插口输出高电平，且对应的 LED 点亮；当开关向下拨（拨向“低”）时，相对应的输出插口为低电平，则所对应的 LED 熄灭。使用时，只要开启+5V 稳压电源处的分开关，便能正常工作。

（6）十六位逻辑电平输入。在接通+5V 电源后，当输入口接高电平时，所对应的 LED 点亮；输入口接低电平时，则熄灭。

（7）六位 LED 数码显示器。每一位译码器均采用可编程器件设计而成，具有十六进制全译码功能，每位有四个输入插孔，供 BCD 码输入。显示器采用 LED 共阴极绿色数码管（与译码器在反面已连接好）可显示四位 BCD 号码：0、1、2、3、4、5、6、7、8、9、A、B、C、D、E、F。

使用时，只要用锁紧线将+5V 电源接入电源插孔“+5V”处即可工作，在没有 BCD 码输入时，六位译码器均显示“F”。

（8）四位 BCD 码十进制拨码开关组。每一位显示窗指示出 0～9 中的一个十进制数字，在 A、B、C、D 四个输出插口处输出相对应的 BCD 码。每按动一次“+”或“–”键，将顺序地进行加 1 计数或减 1 计数。

（9）插座。实验板上有三种插座。①锁紧、防转、叠插式插座。这类插座在插头插入时略加旋转，即可获得极大的轴向锁紧力，拨出时只要反方向略加旋转即可轻松地播出，而且插头与插头之间可以叠插。②针管插座。此类插座供实验时接插小型电位器、电阻、电容、三极管和其他电子器件。③集成电路插座。集成电路插座共有24 只。

（10）其他。该实验板上还设有报警指示电路（LED 指示与声响电路指示各一个），按钮两只，一只 10kΩ 多圈精密电位器，两只碳膜电位器（100kΩ 与 1MΩ 各一只），四只晶振（32768Hz、4MHz、6MHz 和 12MHz 各一只），电容五只（220μF 一只，0.1μF 与 30pF 各两只）和音乐片、扬声器等。